KB201385

주와 함께 걷는
동행

주와 함께 걷는
동행

자야 내가 너를 이스라엘 족속의 파수꾼으로 세웠으니 너는 내 입의 말을 듣고 나를 대신하여 그들을 깨우치라. 가령 내가 악인에게 말하기를 너는 꼭 죽으리라 할 때 네가 깨우치지 아니하거나 말로 악인에게 일러서 그의 악한 길을 떠나 생명을 구원하게 하지 아니하면 그 악인은 그의 죄악 중에서 죽으려니와 내가 그의 피값을 네에서 찾을 것이고, 네가 악인을 깨우치되 그가 그의 악한 마음과 악한 행위에서 돌이키지 아니하면 그는 그의 죄악 중에서 죽으려니와 너는 네 생명을 보존하리라.

People Living
with
JESUS

김영일 지음

예수처럼

주와 함께 걷는, 동행

초판 인쇄 2014년 11월 10일
초판 발행 2014년 11월 15일

지은이   김영일
발행인   권윤삼
발행처   산수야

등록번호 제1-1515호
주소   서울시 마포구 월드컵로 165-4호
우편번호 121-826
전화   02-332-9655
팩스   02-335-0674

ISBN 978-89-8097-334-7   03230

값은 뒤표지에 있습니다. 잘못된 책은 바꾸어드립니다.

예수처럼은 산수야 출판사의 임프린트입니다.

이 도서의 국립중앙도서관 출판시도서목록(CIP)은
서지정보유통지원시스템 홈페이지(http://seoji.nl.go.kr)와
국가자료공동목록시스템(http://www.nl.go.kr/kolisnet)에서 이용하실 수 있습니다.
(CIP제어번호: CIP2014027379)

머리말

하나님께서 부르신 소명을 이루기 위해 걸어 온 시간들이 꽤 흘렀습니다. 늘 부끄러운 마음이 있지만 주님은 언제나 신실하게 인도해 주셨습니다. 주님의 인도 앞에 겸손히 머리 숙여 감사드리고, 오늘도 주님과 함께 걷기를 진심으로 소원합니다.

그동안 신실하게 인도해 주신 주님의 사랑 안에서 전한 몇 편의 말씀들을 엮어 보았습니다. 이 말씀들이 어떤 분에게든 미약한 것일지라도 도전이 되어 하나님의 은혜가 전해졌으면 하는 간절함이 있습니다. 간절하게 기도하는 마음으로 엮은 책이니 만큼, 단 한 분에게라도 꼭 필요한 자양분이 되기를 소망합니다.

앞서 책을 낸 많은 분들의 글을 읽으면서 마음에 또 다른 감동을 받았습니다. 그 감동 속에 글을 엮는다는 게 정말 어렵다는 것을 새삼 느끼면서, 주님과 동행하는 그리스도인의 모습을 담아 『주와 함게 걷는, 동행』이라는 제목으로 세상에 내놓게 되었습니다.

　『주와 함께 걷는, 동행』은 성도로서 주님이 우리들에게 하시는 말씀, 즉 하나님의 자녀된 자들이 어떻게 그 인생을 걸어가야 하는지에 대하여 초점을 맞추어 보았습니다. 꼭 필요한 은혜가 전달되었으면 더 바랄 것이 없겠습니다. 모든 분들에게 주님의 은혜가 풍성하기를 진심으로 기도드립니다.

김영일

차례

***

네가 악인을 깨우치되 그가 그의 악한 마음과 악한 행위에서 돌이키지 아니하면
그는 그의 죄악 중에서 죽으려니와 너는 네 생명을 보존하리라

***

Chapter 1

담대한 믿음

People Living
with
JESUS

하나님의 부탁

에스겔 3:16-21

* * *

인자야 내가 너를 이스라엘 족속의 파수꾼으로 세웠으니

너는 내 입의 말을 듣고 나를 대신하여 그들을 깨우치라

가령 내가 악인에게 말하기를 너는 꼭 죽으리라 할 때에 네가 깨우치지 아니하거나

말로 악인에게 일러서 그의 악한 길을 떠나 생명을 구원하게 하지 아니하면

그 악인은 그의 죄악 중에서 죽으려니와 내가 그의 피 값을 네 손에서 찾을 것이고

네가 악인을 깨우치되 그가 그의 악한 마음과 악한 행위에서 돌이키지 아니하면

그는 그의 죄악 중에서 죽으려니와 너는 네 생명을 보존하리라

* * *

성도가 이 세상에 존재해야 하는 이유는 여러 가지가 있을 것입니다. 그 이유들 중에 가장 두드러진 것을 찾는다면, 이 세상을 밝히는 빛과 소금과 같은 역할을 통하여 어두워진 세상을 밝은 세상으로 만드는 것입니다. 주님은 우리를 이 세상의 빛과 소금이라고 정의하십니다. 그리고 그 빛과 소금의 역할을 잘 감당하도록 희생해야 한다고 가르치고 있습니다. 성도들에게 이런 섬김과 희생의 마음이 있어 주님이 주신 사명을 충실히 수행할 수 있기를 소원합니다.

에스겔은 하나님으로부터 사명을 받았습니다. 하나님은 그 에스겔에게 사명만 주시는 것이 아니라 사명을 감당하는 동안 하나님의 능력으로 함께 하시겠다는 증거들을 보여주십니다. 하나님의 증거들을 받은 에스겔은 너무 두려운 나머지 떨고 있었습니다. 놀라운 하나님의 환대에 대해 두려움으로 칠 일을 보냈습니다. 그 후 하나님께서 에스겔에게 다시 나타나셔서 선지자의 사명을 재확증합니다.

우선 하나님은 에스겔이 가서 전해야 하는 대상인 이스라엘이 악한 자들이라는 것을 전제합니다. 그리고 이스라엘 백성들이 악하여 두렵더라도 하나님이 그들에게 전하라는 말을 에스겔은 반드시 전할 것을 명령하고 있습니다. 사실 당시의 정황으로 미루어 볼 때 하나님이 전하라는 말씀대로 전한다면, 그들은 강력하게 도전할 것이 분명했습니다.

하나님의 말씀이 던져지면 두 가지 현상이 나타납니다. 선지자를 하나님이 보내신 종으로 인정하여 말씀을 받아 회개하고 믿음을 가지게 되거나, 오히려 더욱 악한 반항으로 나타나게 됩니다.

그런 사실을 알고 있음에도 불구하고 하나님의 말씀은 단호합니다. 그들이 에스겔이 전한 복음을 받든지 그렇지 않든지를 막론하고 선포하라는 것입니다. 만약 두려움이나 헛수고일 것이라는 우려에서 그것을 전하지 않는다면 하나님은 오히려 에스겔에게 재앙을 내릴 수도 있다는 것을 아주 강력하게 말씀하고 있습니다. 에스겔처럼 하나님으로부터 사명을 받은 자가 사명을 잘 감당하면 복이 되지만 그 사명을 소홀히 여기면 오히려 재앙이 될 수 있다는 무서운 경고를 잊지 말아야 할 것입니다.

성도 여러분!

우리에게 주신 이 말씀을 통하여 아주 중요한 하나님의 부탁을 들을 수 있기를 바랍니다. 성도로서 하나님이 우리들에게 전하라고 하신 그 말씀에 대해 사명감을 가지고 순종해야 합니다. 그것은 한 나라를 지키는 국경수비대와 같은 역할이고, 또 다른 면에서는 파수꾼의 역할이 되는 것입니다. 그런 의미에서 오늘 우리들에게 이 시대를 살아가는 영적 파수꾼으로서의 역할을 하라는 주님의 명령에 주목해야 하는 것입니다.

성도는 이단들이 복음의 진리를 대적할 때 그것으로부터 진리를 파수하는 아주 중요한 영적 파수꾼의 역할을 다해야 합니다. 또 동시에 이 악한 세상에서 사탄에 매여 영적으로 생명을 얻지 못하고 있는 모든 사람들을 향한 영적 파수꾼, 즉 생명의 복음을 알리는 역할을 다해야 하는 것입니다. 우리가 이 사명을 소홀히 한다면 하나님의 경고와 매가 있을 수 있습니다.

우리들에게 부탁하시는 하나님의 단호한 말씀을 마음에 새기면서 하나님의 명령에 대해 우리가 순종할 수 있는 길을 찾아 순종함으로 하나님의 복을 누리는 믿음의 백성들이 되시기를 축원합니다.

하나님의 부탁은 '불신자들에게 생명의 길을 알게 하라' 는 것입니다.(17)

요즈음은 다르다고 합니다만 제가 군생활을 할 때 내무반에서는 저녁마다 점호를 했습니다. 사병들의 정신적인 무장, 또 다른 훈련의 한 방편으로 정해진 시간에 점호를 하는데, 10분 전이 되면 당번 사병이나 하사관들 중에서 큰 소리로 '일석점호 10분 전' 이라고 소리를 쳤습니다. 이 소리를 들은 사병들은 점호 준비를 하느라 정신이 없었습니다. 그 소리를 듣고도 긴장을 하지 않는 사병은 찾아보기 힘들었고, 다른 일들을 하다가도 그 소리를 들으면 점호 준비에 온 힘을 다하곤 하였습니다.

제가 어릴 때 아침이나 저녁, 그리고 특별한 경우에는 앞산에 올라가 마을의 중요한 일을 소리치며 알리던 분이 있었습니다. 요즈음은 스피커를 통하여 "아아, 마을 이장입니다. 오늘은 …"이라고 알리지만 전에는 목소리로만 그렇게 소리치던 사람이 있었습니다. 제 생각으로는 그 사람을 '고지기' 라고 불렀던 것 같습니다. 앞산에 올라가서 외치는 그분의 목소리가 어찌나 컸던지 마을 사람들이 알아듣고도 남을 정도였습니다. 그렇게 수고하시는 그분을 위해 마을 사람들은 벼나 보리들을 거두어 주었습니다. 마을 사람들에게 전달해야 할 사항을 일일이 집으로 다니며 전하기 어려우니까 그렇게 앞산에 올라가 소리쳤던 것입니다. 사람들은 그 소리를 들은 대로 행동을 하면 되었습니다.

하나님은 에스겔에게 17절에서 이렇게 말합니다. "인자야 내가 너를 이스라엘 족속의 파수꾼으로 세웠으니 너는 내 입의 말을 듣고 나를 대신하여 그들을 깨우치라"고 합니다. 다시 말하면 하나님께서 에스겔 선지자에게 말씀을 전달했으니, 그것을 이스라엘 백성들에게 알려서 바른 길을 가도록 깨우치라고 말씀하시는 것입니다.

성도는 먼저 그가 하나님의 말씀을 듣고 영생의 소망을 누리는 자가 되어야 합니다. 어떤 사람이든 자기가 체험했을 때 좋지 않았던 것을 다른 사람에게 해보라고 권유할 수는 없는 것입니다. 성도가 영적인 파수꾼이라면 먼저 하나님의 말씀을 듣고 그 말씀에 대해 감격하여 하나님께 영광을 돌려드리고, 다른 불신 이웃들을 깨우치도록 전해야 하는 것입니다. 만약 전하지 않으면 사명을 받은 우리의 책임이 아주 큽니다. 사명을 감당할 때 기쁜 마음으로 복음을 전해야 합니다. 성경은 우리가 전하지 못하여 듣지 못하게 되고, 듣지 못하고 죽어 멸망의 길을 가게 되면 그 사람의 피 값을 전하지 않은 우

리에게서 찾는다고 말합니다.(겔 3:18, 20)

그러나 만약 우리의 외침을 듣고도 그가 돌이키지 않거나 믿지 않으면, 그 책임은 돌이키지 않았던 그들에게 있다고 합니다. 우리는 신실한 그리스도인으로서 불신자들에게 생명의 길을 전하여 주님을 알지 못하는 불신자를 살리는 영혼구원의 사명에 충실한 영적인 파수꾼이 되시기를 주님의 이름으로 축원합니다.

하나님이 우리를 부르신 것은 생명의 길이 있음을 모르고 악한 길로 가는 자들에게 하나님의 심판이 있고, 또한 회개하고 돌아오면 구원의 길이 있다는 것을 가르치고 깨우치기 위한 것입니다. 우리가 하나님의 말씀을 듣고 불신 이웃들을 깨우치도록 전해야 하는 사명이 주어져 있음을 알고, 그 사명을 다하시는 성도들이 되시기를 축원합니다.

하나님의 부탁은 '전하지 않으면 책임을 지라'는 것입니다.(18-20)

군에 대한 이야기를 자주하게 됩니다. 전령이라는 말이 있습니다. 전령이란 군인으로서 상부의 전달사항을 전하는 사병을 말합니다. 그 전령은 명령을 받은 그대로 전달해야 합니다. 만약 그대로 전하지 않으면 큰 책임을 져야 합니다. 사령이라는 말이 있습니다. 사령은 회사의 아주 중요한 문서나 전달사항을 전달해 주는 사람으로서, 그 사람의 책임도 막중합니다. 전달자가 어떻게 전달하느냐에 따라 완전히 결과가 달라지는 것을 봅니다. 가끔은 이 전달자들을 매수하여 중간에서 정보를 빼내어서 큰 손해를 끼치는 사람들을 보는데, 이런 사람들이 구속되거나 많은 벌금을 내야 하는 경우를 목격하기도 합니다.

전달하는 사람은 그 책임이 막중하고, 전달해야 할 정보의 내용에 대해 책임을 져야 하는데, 몇 가지 명심해야 할 사항이 있습니다. 그것은 '들은 대로, 본 대로, 받은 대로' 전해야 한다는 것입니다. 엉뚱한 정보를 전달하면 다 같이 공멸하는 경우가 생기게 됩니다. 가령 적들이 앞에서 공격해 오고 있다는 정보를 뒤에서 오고 있다고 보고하면, 그 정보를 듣고 따르는 사람들은 전멸하게 되는 것입니다. 전달자의 역할이 너무 중요하다는 것을 말하고자 하는 것입니다.

주님이 우리들에게 전해 주신 복음을 전할 때, "예수 그리스도를 믿지 않으면 영원한 심판을 받습니다."라고 말을 해야 하는데, "시간 날 때 믿거나 믿지 않으면 혹 심판을 받을 수도 있답니다."라는 식으로, 애매하게 말하면 결과는 아주 큰 차이로 나타날 수가 있습니다. 따라서 우리는 사명을 받아 전하는 자로서 믿지 않으면 영원한 심판을 받을 수밖에 없다는 것을 분명히 전해야 합니다.

또한 파수꾼에게 있어야 하는 것은 '빨리' 해야 한다는 것입니다. 그것을 듣고 준비하는 시간이 필요하거나 다급한 경우가 있을 수 있기 때문에 들은 다음 가장 빠른 시간에 그것을 많은 사람에게 전해야 합니다. 그래야 준비할 수 있는 시간이 있습니다. 정보는 때가 있습니다. 시간이 지난 후에 주어지는 정보는 아무런 가치가 없습니다. 우리는 각자가 구원을 받아야 할 때는 알지 못하지만, 하나님은 정해 두셨습니다. 우리가 그때를 알지 못하기 때문에 듣는 대로, 가장 빠른 시간에 복음을 전하는 것을 감당해야 합니다.

그리고 '성실하게' 전해야 합니다. 불성실한 태도로 자신의 감정에 따라 어떤 경우는 열심히 하고, 하고 싶지 않을 경우는 하지 않는다면 누가 그의 말을 믿어 줄 수 있겠습니까? 복음을 들고 나아가는 사람들은 성실해야 합니다. 우리는 하나님께서 우리에게 주신 말씀대로 믿는 믿음과 그것을 그대로 전달하는 그리스도인이 되어야 합니다. 우리가 전해야 할 복음을 몇 년 혹은 오랜 시간 동안 우리의 마음속에 머물러 두게 하는 경우가 있습니다. 고린도전서 9장 16절에는 "내가 복음을 전할지라도 자랑할 것이 없음은 내가 부득불 할 일임이라 만일 복음을 전하지 아니하면 내게 화가 있을 것이로다"라고 바울 사도가 말씀하고 있습니다.

주님은 우리에게 그것을 '전하라'고 경고하고 있습니다. 그것을 듣지 못하고 죽는 사람도 있을 수 있기 때문에 우리에게 그 사실을 가장 빠른 시간 안에 전하기를 요청하는 것입니다. 그런데 우리가 그 일을 하려면 사람들에게 인정을 받아야 합니다. 성실하다는 인정을 받아야 우리가 전하는 복음을 사람들이 믿어 줄 것입니다. 우리가 그리스도인으로 합당한 삶의 모습을 가진 자가 될 때 복음은 더욱 효과적으로 전달될 것입니다. 이것이 우리가 불신자들에게 그리스도의 향기가 되자는 운동의 이유가 되는 것입니다.

하나님은 18절에서 20절에 보면, 악인들에게 그들의 심판을 깨우치지 않거나 그 악한 길을 떠나 생명을 구원하도록 하지 않으면 그들의 피 값을 에스겔의 손에서 찾겠다고 하십니다. 그리고 전달하고 깨우치도록 하였음에도 불구하고 거절하였을 경우에는 면책하겠다고 하십니다. 하나님은 악인이라도 선지자가 전하는 말을 듣고 깨달아 자신의 죄를 깨우치고 회개하면 언제든지 충분한 구원의 길을 허락하시는 것입니다.

또한 전하지 않아서 그들이 심판과 멸망을 받으면 그 책임을 우리들에게 묻겠다는 것입니다. 억울하게 느껴질지 모르나 그만큼 은혜를 받은 우리의 사명이 크다는 것을 강조하는 것입니다. 은혜를 받은 사람은 그만큼 책임이 있습니다. 다만 그들이 듣고도 돌이키지 않으면 그 책임은 그들에게 있습니다. 요즈음 공직자들에게 청문회라는 것이 있고, 그것 때문에 곤욕을 치릅니다. 그것은 그만한 위치에 있는 사람에게 책임을 묻는 것입니다.

하나님은 생명의 복음을 전하지 않으면 그 책임을 우리들이 지라고 요구합니다. 그 책임을 우리가 정말 져야 하지만, 그 의미보다는 그만큼 책임감을 가지고 그것을 지키라는 것을 말하는 것입니다. 전하지 않으면 그 책임을 지라는 것은 아주 엄중한 하나님의 경고라는 것을 명심해야 합니다. 이 엄중한 경고에 귀를 기울이는 성도들이 되시기를 축원합니다.

하나님의 부탁은 '거치는 돌이 되지 말라' 는 것입니다.(20)

성도가 불신자들을 고려하지 않고 자유롭게 살면 참 편합니다. 주위를 고려할 필요없이 제맘대로 행동하면 편할 수 있습니다. 그러나 우리는 그 편안함만 생각해서는 안 됩니다. 독불장군이면 특별히 어려운 일도 없겠지만 보람된 일이나 문제해결의 기쁨 등도 없을 것입니다. 오히려 외로움이라는 말이 더욱 우리를 죄어 올 것입니다. 그래서 우울증에 시달리기도 하고, 허전하여 우리의 마음이 더욱 강퍅해지기도 합니다. 성도는 주위의 사람들과 더불어 살아가는 존재로 지음을 받았습니다. 영향을 주고 받으며 살아갈 때 존재감이 충만해진다는 것입니다.

교회의 생활도 이런 부분이 있습니다. 구역의 일이나 모임도 하지 않고, 기관의 일도 적극적이지 않고, 그저 단순히 왔다 갔다 하는 정도의 신앙은 큰 불편도 없겠지만 주님이 주시는 큰 기쁨도 느끼지 못하는 것입니다. 그래서 크게 신앙이 자라지 않고 명맥만 유지할 정도의 신앙만 되는 것입니다. 이것은 주님이 바라는 올바른 신앙인의 삶이 아닙니다. 하나님은 그의 자녀인 성도들이 보다 더 풍요롭고 감사가 넘치는 신앙생활을 하기를 원하는 것입니다.

우리가 다른 사람들과의 관계를 불편해 하는 이유가 있다면 그것은 서로에게 거치는 돌이 되기 때문입니다. 교제를 통해 풍성한 신앙생활보다는 오히려 상처를 주고받는 일이 일상의 관계 속에서 많이 나타나기 때문입니다. 주님은 우리들에게 서로에게 거치는 돌이 되지 않기를 바라고 있습니다.

거치는 돌이 되지 말라는 또 다른 의미는, 다른 성도들의 잘못된 부분을 지적하고 그것을 돌이키도록 가르치라는 적극적인 의미도 있습니다. 즉, 하나님은 우리가 하나님의 말씀을 듣고도 다른 성도가 악의 길로 빠져 들어가는 것을 방치하면, 그 피 값에 해당하는 책임은 우리의 것이 된다고 경고합니다. 그러므로 성도는 자신의 영적인 경건생활도 중요하지만 다른 사람의 영적인 경건생활을 도와야 할 책임도 있다는 사실을 기억해야 합니다.

체스트 필드는 "충고는 좀처럼 환영받지 못한다."라고 말하였습니다. 그러나 그 충고의 가치는 얼마나 큰지 모릅니다. 알렉산더가 왕으로 있던 마케도니아와 다리우스가 왕으로 있던 페르시아가 서로 치열하게 전쟁할 때의 일화입니다. 알렉산더의 반대편에 있던 페르시아 군대의 한 병사가 멤논 앞에서 '위대한 영웅' 알렉산더에 대해 지독한 욕설을 퍼부었습니다. 그 병사는 알렉산더에 대해 저주에 가까운 욕설을 퍼부어서 멤논의 비위를 맞추려고 했던 것입니다. 그러나 멤논은 창으로 그를 툭툭 치면서 점잖게 말했습니다. "친구여, 자네가 알렉산더를 욕하지 않고 그와 직접 싸운다면 자네에게 경의를 표하겠네."라고 말했습니다. 무슨 의미인지 아시겠습니까? 멤논 장군은 그의 부하에게 다른 사람을 비방하는 말보다는 직접 실천하는 것이 좋겠다고 가르치는 것입니다. 멤논은 강하게 책망하면서 가르치는 것보다는 아주 부드럽게 가르치는 방법을 택한 것입니다.

성도끼리 무엇을 가르친다는 것은 아주 어려운 일입니다. 그리고 충고한다는 것도 쉬운 일은 아닙니다. 서로 좋은 사이를 유지하고 있던 성도, 더욱이 복음 안에서 좋은 관계를 가진 성도끼리 충고를 주고받는다는 것은 아주 어려운 일이지만 그리스도인이라면 이런 일을 잘 감당할 수 있어야 합니다.

전도의 삶에도 이런 문제는 있습니다. 불신자들에게 복음을 전하려면 좋은 영향을 끼치는 자가 되어야 합니다. 어떤 사람에게 전도를 하면, "교회에 다니는 친척 누구누구 때문에, 이웃 누구누구 때문에 교회 가기 싫다."는 말을 종종 듣습니다. 이런 말을 들으면 우리의 마음은 복잡해집니다.

복음을 잘 전하려면 우선 우리의 삶이 본받을 만한 정도의 삶이 되어야 합니다. 우리가 하나님의 말씀을 듣고도 불신자들이 악의 길에 빠져 들어가는 것을 그대로 방치하면, 그 피 값에 해당하는 책임은 우리의 것이 됩니다. 따라서 불신자의 생명을 구원하는 일에 온 힘을 다해야 합니다. 그리고 우리가 그들 앞에 거치는 돌이 되어서는 안 됩니다. 즉, 우리의 행위가 아름답지 못하여 낙심하게 된다든지, 우리의 말이 부정해서 구원의 길로 나아오는 것을 막고 있다면 안 된다는 것입니다.

성도 여러분!

성도가 다른 사람에게 거치는 돌이 되지 않기 위해서는 신앙생활을 하되 본이 될 수 있는 신앙이 되어야 하기 때문에 좀 피곤해지기도 합니다. 그리고 다른 연약한 성도를 돌보는 자들이 되어야 하니 피곤할 수밖에 없습니다. 불신자들에게 본이 되는 삶을 살아야 하는 것은 그들에게 거치는 돌이 되지 않기 위해서인데, 그런 삶은 대단히 불편하기도 합니다. 그러나 그리스도인은 성도들에 대해서나 불신자들에 대해서나 거치는 돌이 되지 말고, 오히려 가장 요긴하고 필요한 돌로서 생명을 살리는 자가 되어야 할 것입니다. 주님은 그것을 우리들에게 요구하고 있습니다. 이런 삶을 사시는 주님의 백성들이 되시기를 주님의 이름으로 축원합니다.

하나님에 대한 약속은 '사명에 대한 대가를 주리라'는 것입니다.(21)

본문 21절을 읽어보면, "그러나 네가 그 의인을 깨우쳐 범죄하지 아니하게 함으로 그가 범죄하지 아니하면 정녕 살리니 이는 깨우침을 받음이며 너도 네 영혼을 보존하리라"라고 하였습니다. 전해야 할 복음을 전하여, 그 삶을 돌이키고 주님께로 돌아오면 믿음을 가지고 회개한 그 사람도 삽니다. 또 그를 살리기 위해 복음을 전한 그 사람도 영생을 얻을 뿐 아니라 하나님의 복을 누리게 될 것이라는 말씀입니다. 즉, 사명을 다한 자에게는 하나님이 생명의 면류관을 주시겠다는 말씀입니다.

요셉이라는 사람은 인도에서 근무하는 미국인 의사였습니다. 어느 날 그는 갑자기 폐렴이 악화된 사람에게 왕진을 갔다가 돌아오던

길에 쓰러져 있는 사람을 발견하였습니다. 신음소리를 내는 그 사람은 깊은 상처를 입은 나머지 피를 많이 흘리고 있었습니다. 요셉은 응급처치를 한 다음 그를 차에 태워 병원으로 데리고 가서 치료를 해주었습니다. 다행히 그 사람은 목숨을 건졌으며 건강한 몸으로 감사하다는 인사를 남기며 퇴원했습니다.

제2차 세계대전 말기, 일본군이 인도의 캘거타에 공중폭격을 시작했을 때, '가정을 지키겠다'는 생각으로 난폭해진 사람들의 선동 때문에 인도는 여기저기서 폭동이 일어났습니다. 어느 날 저녁, 요셉과 그의 아내는 저녁식사에 초대받아서 갔다가 돌아오는 길에 폭도들에게 둘러싸이게 되었습니다. 요셉은 전혀 무장을 하지 않은 상태에서 차에서 내려 아내를 어떻게 해서든 보호하려고 갖은 애를 썼습니다.

이때 갑자기 키가 큰 사람이 앞으로 나서더니, "이 두 사람에게는 손을 대지 마라."고 폭도들에게 소리쳤습니다. 그는 아내와 함께 안전한 곳에 이르게 되었고, 요셉의 아내가 그에게 물었습니다. "도대체 그 사람은 누구일까요?", "그 사람이 깊은 상처를 입고 길에 쓰러져 사경을 헤매고 있을 때 내가 치료하여 목숨을 구해 준 적이 있었소. 몇 개월 전의 일이었는데도 그는 기억하고 있었구려."이라고 답했습니다.

하나님의 은혜를 전혀 알지 못하는 불신자도 은혜를 입게 되면 그것을 갚으려는 마음을 갖습니다. 그러므로 성도는 하나님의 구원의 은혜를 받은 사람으로서 기쁨으로 사명을 다해야 할 것입니다. 그런데 우리가 사명을 다하면 하나님은 그에 상응하는 축복을 더하여 주실 것을 약속합니다. 또 하나님의 은혜가 계속 머물며, 우리의 영혼도 아름답게 보존하여 하나님 앞에서 정금같이 세워질 것이라고 약속합니다. 이런 하나님의 축복을 누리시기를 주님의 이름으로 축원합니다.

사랑하는 성도 여러분!

여러분 스스로가 자신에 대해 어떻게 생각하든지 하나님은 성도 한 사람 한 사람을 아주 중요한 사람으로 인정하십니다. 즉, 하나님은 우리를 영적인 파수꾼으로 인정하십니다. 그렇기 때문에 우리들에게 그만한 정도의 삶의 수준을 요구하시고 있습니다. 아주 중요한 사람이기 때문에 아주 중요한 사람다운 모습을 가지기를 원하십니다.

불신자들에게는 생명의 복음의 말씀을 들은 대로 체험한 대로 전하여 그들을 영생의 길로 인도해야 합니다. 그 사명은 소홀히 여길 수 없는 아주 중요한 사명입니다. 저와 여러분들이 이러한 하나님의 요구에 순종해서 하나님의 기쁨이 되기를 바랍니다.

그리고 성도에 대해서는 그들의 삶의 행위를 주님이 원하시는 방향대로 살도록 지도하는 일을 해야 합니다. 대단한 사람이기 때문에 다른 사람을 가르치고 지도하는 것이 아니라 성도들이기 때문에 좀 나은 부분이 있으면 도움을 주고받으며 사는 것이 중요합니다. 여러분 모두가 하나님 앞에서 불신자들에게는 전도하고, 성도들과는 서로 도움을 주고받으며 더불어 사는 삶을 잘 감당하시기를 주님의 이름으로 축원합니다.

삯을 위하여 일하지 말고

마태복음 20:1-16

* * *

주인이 그 중의 한 사람에게 대답하여 가로되

친구여 내가 네게 잘못한 것이 없노라

네가 나와 한 데나리온의 약속을 하지 아니하였느냐

네 것이나 가지고 가라 나중 온 이 사람에게 너와 같이 주는 것이 내 뜻이니라

내 것을 가지고 내 뜻대로 할 것이 아니냐 내가 선하므로 네가 악하게 보느냐

이와 같이 나중 된 자로서 먼저 되고 먼저 된 자로서 나중 되리라

* * *

교회의 일을 잘 감당하려면 교회의 각종 사역에 깊은 관심을 기울여야 합니다. 기도와 물질, 그리고 틈틈이 시간을 내어서 관심을 가지고 봉사하는 성도들은 정말 감사할 일입니다. 그 어떤 대가도 바라지 않고 전적으로 헌신과 희생의 마음으로 주님을 섬기는 성도들로 인해 교회 지도자인 목사는 감동을 많이 받습니다. 다만 수고하신 성도들이 인간적인 그 어떤 위로나 감사의 마음을 받지 못해 속상하신 경우가 없기를 바랍니다. 그리고 주님께서 합당하게 성도들을 위로해 주시기를 축원합니다.

그리스도인으로서 하나님의 일을 하는 사람은, 사실은 세상적인 그 어떤 대가도 기대하지 말고 충성해야 합니다. 물질이나 명예를 얻는 데서 높임받기를 기대하지 말고, 오직 이미 받은 구원에 감사하여 봉사하는 자세를 가지는 것이 옳은 것입니다. 그런데 만약 우리가 주님을 섬기는 일에 세상적인 축복을 기대하면, 주님께서 수고에 대해 주시는 수많은 영적인 복에도 불구하고 주님의 일에 실망하게 되어 있습니다.

반대로 성도가 그런 세상적인 축복을 기대하지 않을 때는 영적인 것뿐만 아니라 오히려 육신적인 그것까지도 풍성히 주시는 것을 종종 보게 되기도 합니다. 왜냐하면 아무런 대가를 기대하지 않는 섬김이 주님이 기뻐하시는 봉사요, 충성이기 때문입니다. 그것이 주님을 섬기는 자들에게 나타내시는 주님의 비밀이기 때문입니다.

본문에는 어떤 사람이 일꾼을 구하기 위해 아침 일찍부터 인력시장에 나가서 사람을 찾았습니다. 새벽녘 이른 시간에 일거리를 기다리고 있는 사람, 해가 뜬 후에 기다리는 사람, 정오에 기다리고 있는 사람, 심지어 해가 져 가는 오후까지 일거리가 없어서 기다리고 있는 사람이 있었는데, 주인은 그들을 각각 자신의 포도원에 들여보내서 일하게 하였습니다. 일거리를 구하고 있었던 모든 사람들은 각각 만족하였습니다. 만약 일거리를 만나지 못하였다면 하루하루의 노동으로 사는 자로서 그와 그의 가족들은 그날 굶을 수도 있었기 때문입니다. 그들 모두에게 동일하게 아주 감사한 일이었습니다.

그리고 일을 마치는 시간이 되어 그들은 모두 품삯을 받게 되었습니다. 품삯은 늦게 온 사람부터 받게 되었습니다. 그런데 제일 늦게 온 사람, 즉 오후 5시쯤에 온 사람에게 주인은 하루의 품삯을 주었습니다. 그리고 오후 3시, 정오, 오전 9시, 그리고 일찍 온 사람까지 하루 품삯을 동일하게 주었습니다. 그러자 일찍 온 사람들이 불만을 갖기 시작하였습니다. 그들의 말은 틀리지 않았습니다. 당연히 일을 많이 한 사람이 더 많은 품삯을 받는 게 옳은 일입니다. 그런데 주인은 말하기를, "내가 여러분 모두와 하루의 품삯을 계약하였기에 동일하게 사랑과 은혜로 주는 것이니까 불평하지 말라"고 합니다. 그것이 주인의 뜻이라는 것입니다. 이 주인의 말 또한 옳습니다. 당연히 그렇게 약속한 것이기 때문입니다.

상식적인 입장에서 이 일을 접근해 보면, 여러분에게도 주인이 이렇게 대우한다면 불만이 없을 사람이 없을 것입니다. 아침 일찍부터 온 사람은 섭섭한 면이 없지 않았을 것입니다. 아니 주인에게 대들면서 말하지는 않아도 누구든지 이상하다는 생각을 가질 것입니다. 여러분이라면 어떤 생각을 가지겠습니까? 저라도 이 점에 대해서는 불만을 표시할 수밖에 없을 것입니다.

우리는 이 본문을 이해할 때 그 이해의 폭을 좀 넓히는 게 좋습니다. 그리고 우리의 일상생활에 적용하지 말아야 합니다. 사실 이 일꾼들은 그와 그 가족들이 사느냐 죽느냐라는 심각한 문제에 있었음이 그들이 일터에 나오는 자세에서 알 수 있습니다. '사느냐 죽느냐'의 문제가 아니라 '조금 더 풍성해지느냐 조금 더 열악해지느냐'의 문제라면 이 본문의 접근방식은 달랐을 것입니다. 사업을 하고, 또 장사를 하고, 하루 일당을 벌기 위해 일하는 것과 똑같이 생각하면 안 된다는 것입니다.

주님은 이 본문의 말씀을 주시면서 우리들에게 아주 중요한 주님의 비밀, 즉 천국의 비밀을 말씀하시고 있습니다. 모두가 은혜 받는 시간이 되시기를 주님의 이름으로 축원합니다.

구원은 공평하게 주어집니다.(1-7)

본문은 예수님을 믿으면 공평하게 주어지는 구원에 대한 말씀입니다. 일찍 믿었다고 구원을 더 받고, 늦게 믿었다고 아주 부족한 구원을 받는 것이 아니라는 것을 말씀하시는 것입니다. 충성을 많이 한 사람은 좋은 천국에 가고, 충성을 적게 한 사람은 좋지 못한 천국에 간다고 말하는 것이 아닙니다. 주님을 만나고, 그 주님을 신뢰하고, 그 주님을 주인으로 모신다면 성도에게는 누구나 동일한 천국의 구원이 주어진다는 것을 말씀하고 있는 것입니다. 그러므로 이 말씀을 정확히 이해했다면 하나님의 은혜로 받는 구원에 대해 오직 감사해야 할 것입니다.

성도들 중에는 부모가 믿음을 가졌기 때문에 태중에서부터나 혹은 아주 어릴 때 주일학교 시절부터 믿음을 가지고 신앙생활을 한 분들도 있습니다. 그들도 주님은 천국의 축복을 주십니다. 그리고 마치 9시쯤 일하러 간 사람처럼 중학교 시절, 즉 십대쯤에 교회에 다니며 믿음을 가지고 주님을 만난 성도도 있습니다. 그런 분들도 주님은 천국의 약속을 주셨고 동일한 구원을 받습니다. 30, 40세쯤에 전도를 받아 교회에 다니면서 주님을 만난 사람도 있을 것입니다. 그런 분들도 주님은 여전히 천국의 복을 주십니다. 그런데 병들거나 60, 70세가 넘어 교회에 다니게 되신 분들도 있습니다. 그런 분들도 주님은 똑같이 천국의 구원을 주시는 것입니다.

이렇게 믿으면 그가 언제 믿었든지 시간에 상관없이 누구나 동일한 구원을 받는다는 것을 주님이 말씀하고 있다는 것을 알게 됩니다. 조금 늦게 신앙을 가진 여러분들도 염려하지 마시고 하나님의 구원을 믿고 감사하시기 바랍니다. 일찍 믿은 여러분들도 주님이 주신 구원에 만족한 삶, 감사하는 삶을 사시기를 축원합니다.

본문은 주인이 모든 사람에게 베풀어 주시는 너그러운 사랑과 은혜를 잘 보여주고 있습니다. 누구든지 구원해 주시고, 어떻게든지 사랑해 주시고, 언제든지 사람들을 구원하시는 하나님의 큰 사랑을 보여주는 것입니다.

그런데 나만 구원을 받아야 한다는 사람이 있습니다. 그것은 잘못된 신앙입니다. 우리만 구원을 받아야지 늦게 믿은 사람도 똑같은 구원을 받아서는 안 된다는 것을 말하는 사람들이 있으면 안 됩니다. 성도로서 구원을 받은 것에 감사하면서 다른 사람들이 오히려 늦게라도 구원을 받은 것을 감사하면서 잔치를 벌이는 것이 우리의 모습이어야 합니다. 누구든지 구원을 받아야 하고, 그 구원을 위해 열심히 전도하는 것으로 보면 여러분들은 주님의 이 구원을 감사하게 생각함이 분명합니다.

그런데 이 본문의 말씀을 악용하는 사람도 있을 수 있습니다. 하나님을 일찍 믿을 필요가 없고, 세상 연락(宴樂)을 즐기면서 타락한 삶을 살다가 늦게 믿는 것이 좋겠다고 생각해서는 안 된다는 것입니다. 누구나 믿음을 가져야 할 때 가장 빠른 시간에 주님을 만나도록 해야 합니다. 그리고 기쁨으로 주님을 위해 일하는 삶을 사는 데 최선을 다해야 합니다.

이런 의미에서 가장 먼저 구원의 길로 초청된 자들은 유대인들일 것입니다. 그래서 사실 유대인들은 자신들만 구원을 받아야 한다고 생각했습니다. 그래서 자신들을 스스로 선민이라고 하면서 우월의식을 가졌습니다. 그러나 주님은 모든 사람을 동등하게 구원하시고 생명을 주신다는 것을 잊어서는 안 될 것입니다.

본문의 말씀을 이해할 때 주인의 편에서 보면, 한 시간을 일하고 하루의 일당을 받아가는 사람에 대해서는 얼마나 많은 손해를 본 것입니까? 만약 주인이 경제적인 관념으로 일을 하시는 분이었다면, 당연히 한 시간으로 쳐서 12분의 일 정도를 주어야 할 것입니다. 그리고 그 일꾼은 그것으로도 충분히 만족할 것입니다. 그런데 주인은 하루 일당을 같이 주었습니다. 주인은 충분히 손해를 본 것입니다. 이것이 한두 사람이 아니라 여러 사람이라면 그 손해는 막심할 것입니다. 그러나 주인은 사람, 그리고 그 가족들의 소중함을 본 것입니다. 사람의 귀중함을 아셨기 때문에, 한 사람의 생명의 가치가 천하보다 귀한 존재임을 증명하신 것입니다.

본문에서 일거리가 없어서, 자신을 사용하여 주는 사람이 없어서 시장에서 놀고 있는 자들은 영적인 의미에서 우리를 의미합니다. 그들과 같이 우리도 주님과는 관계없는 사람, 즉 소망이 없는 자들이었습니다. 그런데 주님은 우리를 부르시고 희생을 치르면서 천국을 값없이 주시는 것입니다. 믿음으로 그저 우리들에게 만족한 구원을 주시는 것입니다. 주님이 불러주시고, 친히 십자가로 말미암아 모든 희생을 치러주시고, 새로운 소망의 부활로 일어나셔서, 믿는 모든 자들에게 아무런 대가를 요구하지 않으시고 그저 구원을 주시는 것입니다. 우리도 전에는 주님과 전혀 상관이 없던 자들이었지만 주님의 사랑으로 구원을 받은 자들이 되었습니다. 주님의 은혜로 구원이라는 말로 형용할 수 없는 복을 받게 된 것입니다.

주님은 모든 천국의 문을 열어 두셨습니다. 주님은 언제, 어디서, 어떤 모습이든지 주님을 만나고 주님의 부름을 받아 믿음으로 화답하면, 세상 모든 사람들에게 바로 그 동일한 구원을 주신다는 것을 잊지 말아야 합니다. 다른 사람들을 보지 말고, 허물과 죄가 많은 나를 구원해 주셨음을 기억하고 감사하면서 하나님께 영광을 돌리는 믿음의 백성들이 되어야 합니다. 그리고 아직도 믿지 않고 사는 사람들이 있다면 그들을 주님의 품으로 인도하여 더불어, 함께 구원의 복을 누리는 믿음의 백성들이 되도록 해야 할 것입니다. 주님의 구원하심에 감사하고, 오직 기쁨으로 충성을 다하시는 믿음의 백성들이 되시기를 축원합니다.

충성과 헌신은 오직 기쁨과 감사로 해야 합니다.(8-12)

주님의 구원을 받은 사람은 성도로서, 하루의 품삯을 위하여 일하지 말고, 불러주시고 구원해 주신 주님을 위해 기쁨과 감사한 마음으로 일해야만 합니다. 구원의 은총을 받았던 처음 자세, 처음 마음의 중요함을 잊지 말아야 합니다. 일꾼으로 써 주는 자가 없어서 간절히 일거리를 찾다가 주인을 만났을 때의 그 마음이 끝까지 변하지 말아야 합니다.

본문의 말씀을 보면, 이른 시간에 일자리를 구하러 나간 사람이나 늦게 나간 사람이나 사실은 다 같은 형편입니다. 일당을 벌어 먹고 사는 것, 사정과 형편이 다 다른 사람들의 모습은 바로 이 세상을 살아가는 우리들의 모습을 의미하는 것입니다. 그들은 일거리가 없어서 장터에서 대기하는 사람들로서, 그것을 불쌍히 여긴 주인은 그들을 포도원으로 들여보내기로 하고 품삯을 약속하였습니다. 그들은 불러주는 주인에게 절을 몇 번이나 하면서 감사해 했을 것입니다. 그리고 그 마음으로 열심히 일을 했습니다. 그들의 마음에는 오로지 품삯을 받는 것만 있었습니다. 그런데 조금만 더 생각해 보면, 오히려 늦게 부름을 받은 사람일수록 품삯보다는 감사하는 마음으로 일을 했을 것입니다. 쓸데없는 자를 불러준 주인이 고마워서 품삯을 얼마를 주든 열심히 일했을 것입니다.

교회당 건축공사를 진행하면서 일용직 일을 하시는 분들이 시간을 계산하는 데 철저한 것을 보았습니다. 5시가 퇴근시간인데, 4시 30분이 지나면 서서히 퇴근 준비에 들어갑니다. 조금만 더 하면 끝맺을 수 있는 것을 다음날까지 가져가는 것입니다. 답답하지만 어쩔 수 없었습니다. 힘든 일이 이해는 되었지만, 그래도 아쉬움은 있었습니다. 그래서 '아, 저분들은 품삯을 위하여 일하는 분이구나.' 라는 생각을 해보곤 했습니다. 그런데 또 어떤 이들은 성실하게 일을 하시는데 그 진정성이 느껴져서 존경심이 우러나왔습니다. 그분을 보면서 '나는 혹시 주님의 일을 하면서 품삯을 위해 일하는 자인가? 감사함으로 일하는 자인가?' 라는 생각을 해보곤 했었습니다.

품삯을 위해 일한 사람들은 결산할 때 불만을 표시합니다. 품삯을 쳐서 받을 때 주인을 향하여 불만을 토로하고 있습니다. 주인을 향하여 불공평한 사람이라고 원망하고 있는 것입니다. 그러나 그 불만조차도 주인은 대답하기를 자신에게 약속한 것을 받았으면 그것으로 만족할 줄 알아야 함을 가르치고 있습니다.

현재 우리가 주님을 위하여 충성을 다하며, 땀을 흘려 봉사할 때 과거에 우리가 주님을 알지 못하고 소망이 없던 죄인이었음을 기억함으로 언제나 감사하는 마음으로 주님의 일을 봉사하고 섬겨야 할 것입니다. 주님이 우리에게 어떤 처분을 내리시더라도 그 주님의 사랑을 생각할 줄 아는 지혜 있는 성도가 되어야 할 것입니다. 삶을 위하여 일하지 말고 아무 쓸모없는 저희들을 구하여 주신 주님의 구원에 감사하여 충성하는 여러분이 되시기를 바랍니다.

우리는 성숙한 그리스도인으로 품삯을 위하여 일하지 말고 하나님이 기뻐하시는 삶을 위하여 일합시다. 오직 불러주신 하나님을 위해 자신에게 주어진 모든 자리에서 최선을 다하여 충성을 다해야 할 것입니다. 주님의 것은 주님께 맡기고 우리는 우리의 것에 충성을 다하여 칭찬을 받을 수 있어야 합니다. 주님의 일을 하는 우리는 이제 품삯을 위하여 일하지 말고 하나님이 기뻐하시는 삶을 위하여 일하는 자가 되어야 합니다.

성도는 자신이 주님께 할 수 있는 최선을 다해야 합니다. 중간에 그 마음이 변하지 않아야 합니다. 사람된 우리는 교만한 속성이 남아 있어서 조금만 다른 생각을 하면 본문의 일꾼들과 같이 됩니다. 그러면 어떤 경우는 일을 많이 하고도 저주를 받는 경우를 흔하게 봅니다. 우리는 항상 주님이 불러주신 것을 생각하여 주님이 기뻐하시도록 일을 해야 합니다. 그 결과 주시는 품삯은 감사함으로 받아야 합니다. 그리고 그 은혜로 만족할 수 있어야 합니다. 다른 형제에 대해서는 지나치게 경쟁자로 여기지 않기를 바랍니다. 사람마다 각각 다른 재능들을 가지고 있습니다. 모든 성도에게 하나님이 주신 재능에는 차이가 있습니다. 그런데 우리는 조금만 지나면 자기가 모든 것을 다 해야 하는 것처럼 생각하게 됩니다. 그 결과 혼자 다 누려야 할 것처럼 욕심을 갖게 됩니다. 그것이 본문에 나타나는 품꾼들의 반응입니다. 그러나 다른 형제들보다 '내가 나아야 한다' 는 인간중심의 섬김이 아니라 '오직 주님만 기뻐하신다면 나는 어떤 대우를 받아도 된다' 는 마음으로 섬길 수 있기를 바랍니다. 그런 섬김이 주님의 마음을 감동시키는 섬김인 것입니다. 그런 섬김이 여러분에게 넘치기를 축원합니다.

주님의 구원은 일보다는 사람이 우선입니다.(13-16)

우리는 일이 우선일 경우가 많습니다. '얼마나 일을 잘하는가, 얼마나 일을 많이 하였는가, 얼마나 오래 일을 했는가' 라는 것이 우선이지만, 주님은 사람이 우선이었습니다. 일이 우선이었다면 아침에 온 사람만으로 일해야 수지가 맞습니다. 오후 늦게 온 사람은 품삯만 허비하는 것같이 보입니다. 주님은 그 사람의 형편을 먼저 고려해서 그를 불러주신 것입니다. 지치고, 주리고, 병약하고, 인생에서 버림받은 것 같고, 소망이 없이 자포자기의 위치에 있는 사람, 바로 그 사람을 주인이 보신 것입니다. 주인의 자비로움과 사랑의 풍성함이 보여지는데 그것이 바로 인생을 위해 이 땅에 오신 우리 예수님의 마음이자 사랑의 모습인 것입니다.

주님의 이 넓고 크신 사랑으로 구원을 받은 우리는, 주님의 것은 주님께 맡기고 우리는 우리의 것에 충성을 다하여 주님의 칭찬을 받을 수 있어야 합니다. 품꾼의 소임은 일하는 것입니다. 주인이 포도원에서 풍성하게 수확할 수 있도록 최선을 다하여 봉사하는 것뿐입니다. 소위 말하는 경영도, 그 경영에 대한 결과도 주인에게 맡기고, 자신과 약속한 것만 기대하면서 일을 하는 것입니다.

세상에서 사업을 하는 경영주는 그래도 욕심을 가지고 일을 합니다. 지나치게 이익을 얻기 위하여 노동력을 착취하는 경향도 있습니다. 하지만 그런 행동은 우리 주님께는 결코 용납될 수 없는 일입니다. 본문의 주인이 일꾼들의 노동력과 품삯을 착취한 것은 그 어디에도 나타나지 않습니다. 그러므로 그들은 모두 정당한 대우를 받은 것입니다. 주인이 약속한 한 데나리온씩을 공평하게 받게 된 것입니다. 세상의 경영자들은 불합리한 일이 있을 수 있겠지만, 주님은 조금의 불합리한 점도 없는 분이십니다. 그렇기 때문에 주님의 일을 위해 일하는 성도들은 그 모든 결과에 대한 평가나 사랑은 주님께 전적으로 맡기고 묵묵히 충성을 다하는 것이 중요합니다.

　주님 안에서 하는 모든 일에는 무슨 일이 있어도 사람이 우선이어야 합니다. 종종 '법이 그러니까' 라는 말을 듣습니다. 그런데 그 법도 사람을 위하여 있는 것임을 잊어서는 안 됩니다. '사정이 그래서' 라는 말을 하기도 합니다. 그 사정도 사람을 위하여 있는 일이라는 점을 잊지 말아야 합니다.

　본문에 나타나 있는 주인이신 예수님은 사람을 소중히 여기셨습니다. 그래서 바로 그 사람인 우리를 부르시고, 일꾼들을 먹여주듯이 세상의 모든 일에 지치고 주린 우리들을 구원하시고 사랑해 주시는 분이셨습니다. 이 주님의 사랑을 기억하셔서 우리도 사람의 영혼을 소중히 여기시는 믿음의 백성들이 되시기를 축원합니다.

　성도 여러분!
　주님을 위하여 충성을 다하시는 성도 여러분, 주님은 항상 성도들이 자신의 예전 모습을 기억하고 항상 감사하는 마음이 있기를 바라십니다. 과거에 구원받지 못하고 하나님과 상관없는 불쌍한 영혼이었을 때를 기억하면서 현재 충성을 다해야 합니다. 그리고 자신에게 부여된 시간 안에서 최선을 다하는 섬김이 있기를 바라십니다. 최선을 다하는 자들을 향하여 이미 하나님의 풍성한 약속이 예비되어 있습니다. 그러므로 완전하신 주님께 우리의 모든 상급을 맡기고 삶을 위하여 일하는 품꾼과 같은 자세가 아니라 아버지의 영광을 위하여 일하는 자가 되기를 바랍니다. 예수님이 기뻐하시는 섬김을 다하는 아들, 딸과 같은 우리가 되어 영광을 주님께 돌리는 성도들이 되시기를 주님의 이름으로 축원합니다.

담대한 믿음

다니엘 6:10-23

* * *

다니엘이 이 조서에 왕의 도장이 찍힌 것을 알고도

자기 집에 돌아가서는 윗방에 올라가

예루살렘으로 향한 창문을 열고 전에 하던 대로

하루 세 번씩 무릎을 꿇고 기도하며 그의 하나님께 감사하였더라

* * *

세상 사람들이 즐겨 부르는 노래 중에는 '배신자' 라는 노래가 있습니다. 그 가사를 들여다보면, '더벅머리 사나이에 상처를 주고 너혼자 미련 없이 떠날 수가 있을까 배신자여 배신자여 사랑의 배신자여' 라는 부분이 있습니다. 이 노래는 남녀 간의 사랑에 대해 한쪽에서 배신을 했다는 것을 말하며, 상대방에 대해 아쉬움을 표시하며원망하면서 부르는 것 같습니다.

신앙을 저버리고 배신하는 것을 우리는 '배교자' 라고 합니다. 물론 사정에 따라 신앙을 지키기 어려운 경우도 없지는 않을 것입니다. 신앙생활을 하고는 싶지만 여러 가지 사정으로 신앙생활을 쉬고있는 사람을 우리는 배교자라고 하지 않고, 신앙생활에 대해, 또는예수님에 대해 적극적으로 비난하고 대적하는 사람들을 배교자라고합니다.

우리 주위에 있는 어떤 교회의 이야기입니다. 어떤 사람이 교회의중직자의 직분을 가지고 열심히 봉사를 하다가 사소한 일로 교회의다른 성도들과 의견이 나누어지고 말았습니다. 그는 자기의 의견을고수하기 위하여 몇 번 시도를 하다가 제대로 반영되지 않자 교회를뛰쳐나가고 말았습니다. 그랬더라도 바른 복음을 가진 교회로 나가야 하는데, 이단적인 사설을 주장하는 곳으로 빠지고 말았습니다. 그러더니 자신이 다니던 교회의 다른 성도들을 점점 끌어들이면서교회를 어렵게 만들어 갔습니다. 여러 가지 교활한 방법으로 교회를방해하는 자가 되었습니다. 이런 자를 우리는 그리스도에 대한 배교자라고 하는 것입니다.

그러나 반대로 여러 가지 어려움을 무릅쓰고 신앙을 지키기 위하여 생명을 거는 사람들의 모습을 우리는 많이 대하게 됩니다. 초대교회 때 믿음의 사람들은 신앙을 지키기 위하여 생명을 아끼지 않았습니다. 사도들의 신앙은 물론이고, 로마의 핍박 하에서 신앙을 지키기 위하여 지하로 굴을 파고 들어가서, 낮에는 토굴 안에서 찬송과 기도를 하고, 밤에는 양식을 구하기 위하여 바깥으로 나와서 생활하였던 자들이 있었습니다. 최근 그들의 흔적들이 발견되어 '카타콤의 지하 묘소' 라는 이름으로 불리는 곳이라든가, 베드로전서에 나타나는 갑바도기아라는 지역의 동굴교회들, 데린쿠유라는 지하도시 등으로 나타나고 있습니다. 발굴 현장을 살펴보면 몇몇 앙상한 뼈들이 서로 끌어안고 죽어 있는 모습 등 초대교회 성도들의 생활상은 참으로 비참하였습니다.

우리나라에도 이런 일은 있었습니다. 일제 치하에서 신앙을 지키기 위하여 최선을 다하여 살았고, 그러다 매를 맞기도 하고 감옥에서 죽음을 당하기도 하였던 신앙의 인물들이 있었습니다. 여수 애양원의 '손양원 목사님' 은 복음을 위하여 생명을 드리면서 주님을 따라갔던 대표적인 인물입니다. 혀가 잘리는 고통 가운데서도 찬송하며 순교의 길을 걸어갔던 '주기철 목사님' 은 정말 귀감이 되는 분입니다. 이런 분들의 아름다운 신앙 사수의 순교가 있었기에 오늘 우리에게 신앙의 자유가 있으며 값진 신앙유산이 되었습니다.

그러면 이 시대를 살아가고 있는 우리는 어떤 신앙을 가지고 나아가야 할까요? 다니엘을 통하여 바른 신앙, 담대한 신앙을 배워 하나님을 기쁘시게 해드리는 믿음을 가질 수 있기를 바랍니다.

본문은 유다가 바벨론에게 멸망당하게 되었습니다. 나라가 망하게 되니 나라의 모든 소유권이 넘어가게 된 것입니다. 그래서 다니엘과 세 친구, 즉 사드락, 메삭, 아벳느고로 알려진 지혜로운 청년들도 포로가 되어 바벨론으로 잡혀갔습니다. 왕의 수하에서 특별히 교육을 받은 자들로서 아주 뛰어난 지혜를 가지고 있었습니다. 그런데 그들의 지혜가 얼마나 뛰어났던지 바벨론이라는 나라가 메데의 다리오 왕에게 넘어갔을 때 그 다리오 왕이 아주 잘 알만큼 대단한 인물들이었습니다. 다리오는 그들을 특별히 사랑하여 다니엘은 총리로, 다른 친구들은 방백으로 삼아 일을 보게 하였습니다.

속국의 포로가 총리가 되어 다스리는 것을 못마땅하게 여긴 다른 총리들과 방백들이 다니엘을 고소할 빌미를 찾던 중에 다니엘이 하나님을 섬기고 있다는 것을 알게 되었습니다. 그들은 다리오 왕에게 구하기를 삼십일 동안 왕 외에 다른 신이나 사람에게 절하거나 구하면 사자 굴에 던져 넣기로 왕의 조서에 어인을 찍어서 영을 내렸습니다. 그런데 다니엘은 하나님께 하루에 세 번을 기도해야만 하기 때문에 이 금령을 어길 수밖에 없었습니다. 그래서 다니엘은 변할 수 없는 왕의 조서로 인해 다른 신하들에게 고소를 당하여 붙잡히게 됩니다.

그런데 왕은 다른 신하들보다 다니엘을 사랑했기 때문에 다니엘을 사자 굴에 넣지 않기 위하여 온종일 시간을 끌며 보내지만 간청하는 신하들을 이기지 못하고 다니엘을 사자 굴에 던져 넣도록 허락합니다. 다니엘을 넣은 사자 굴의 입구를 인봉하고 어인을 찍어서 아무도 열지 못하게 하고 왕은 처소로 돌아가서 밤새 금식하며, 기악을 그치고, 잠도 자지 않았습니다. 그것은 다니엘을 아끼는 왕의 마음입니다. 그러면서 왕은 다니엘을 죽이기 위한 신하들의 모함이라는 사실을 알게 된 것입니다.

그리고 날이 새자 왕은 다니엘이 던져진 사자 굴로 달려가 슬피 소리 질러 다니엘에게 말하기를 "살아 계시는 하나님의 종 다니엘아 네가 항상 섬기는 네 하나님이 사자에게서 너를 구원하시기에 능하셨느냐"라고 묻습니다. 그러자 다니엘은 왕에게 말하기를 "왕이여 원컨대 왕은 만수무강 하옵소서. 나의 하나님이 이미 그의 천사를 보내어 사자들의 입을 봉하셨으므로 사자들이 나를 상해치 아니하였사오니 이는 나의 무죄함이 그 앞에 명백함이오며 또 왕이여 나는 왕의 앞에도 해를 끼치지 아니하였나이다."라고 말하는 것입니다. 왕은 즉시 다니엘을 끌어올리고 다니엘을 모함하였던 신하들을 대신 그 굴에 넣어 죽게 만듭니다. 하나님의 역사가 다니엘에게 나타난 것입니다.

이 본문의 말씀을 통하여 다니엘이 가진 담대한 세 가지의 믿음을 마음에 새기면서 은혜 받는 시간이 되시기를 축원합니다.

담대한 믿음은 기도에 생명을 거는 신앙입니다.(10)

본문 10절의 말씀을 보면, "다니엘이 이 조서에 왕의 도장이 찍힌 것을 알고도 자기 집에 돌아가서는 윗방에 올라가 예루살렘으로 향한 창문을 열고 늘 하던 대로 하루 세 번씩 무릎을 꿇고 기도하며 그의 하나님께 감사하였더라."고 하였습니다. 하나님께 기도하면 죽인다는 왕의 어인이 찍힌 벽보가 붙었고, 그것은 왕이 내린 것이기 때문에 왕이라도 특별한 사정이 없으면 거둬들일 수도 없습니다. 그러니까 한마디로 변할 수 없는 것이라는 말입니다.

사실 이 계략은 신하들이 다리오 왕을 정말 존경해서 왕을 신처럼 여기고, 왕 외에 다른 신에게 기도하지 못하도록 하는 것이 아닙니다. 신하들이 포로인 유다의 다니엘이 자기 나라의 총리가 된 것이 못마땅하여 제거하려고 계략을 꾸민 것입니다. 그렇지만 그들이 쳐놓은 '왕 외에는 다른 사람이나 신에게 절하거나 구하지 말라' 라는 덫을 다니엘은 알고 있었지만 하나님을 부인하고 자신의 안위만을 생각하여 피해갈 수 없다는 것을 알았습니다.

다니엘은 하나님께 기도하면 '사자 굴에 던져 넣는다' 는 명령에 왕의 어인이 찍혀 있다는 것을 분명히 알았습니다. 그러나 그는 평소에 예루살렘으로 향한 문을 열어 놓고 하루에 세 번씩 하나님께 기도하는 일을 공개적으로 하였습니다. 그것은 왕의 어인이 찍힌 조서에 정면으로 대항해서라도 하나님을 섬기는 일을 중단하지 않는 행동이었습니다. 즉, 하나님을 섬기는 일에 대해서 그는 목숨을 거는 결단적인 신앙, 순교적인 신앙을 가졌습니다. 그것은 곧 다니엘의 삶이며, 다니엘의 신앙이며, 다니엘의 생활이었습니다.

상황이 좋으면 신앙생활을 잘하고, 상황이 어려우면 그것을 어겨도 되는 그런 것은 담대한 믿음이라고 할 수 없습니다. 다니엘은 악인의 덫이 있었지만 그것보다도 더 확실한 믿음으로 하나님을 믿었기에 하루에 세 번 기도하는 것을 멈추지 않았던 것입니다. 기도하다가 죽으면 죽겠다는 각오로 하나님께 기도한 담대한 믿음이었습니다.

키에르 케고르라는 실존주의 철학자가 말하기를 "기도란 하나님이 내게 나오시는 것이 아니라 내가 하나님의 은총의 보좌 앞으로 나아가는 것이다."라고 했습니다. 기도를 많이 했고 기도의 비밀을 알았던 링컨 대통령은 남북전쟁이 시작되어 많은 병사가 죽을 때마다 동족이 죽는 쓰라린 아픔 때문에 하나님 앞에 눈물로 기도했습니다. 그는 병사의 숫자가 많고 또 여러 가지 여건으로 보아서 다 유리한대도 하나님 앞에 하루에 두세 시간씩 기도했다고 합니다.

우리도 왕의 칙령 앞에서도 굽히지 않고 하나님을 섬기며 굳건하게 신앙을 지키며 기도한 다니엘의 용기 있는 믿음을 배워야 할 것입니다.

하나님께 기도하는 생활이나 예배하는 일에 우리는 방해를 받지 않아야 합니다. 어떠한 상황이라도 신앙중심의 판단과 행동을 중단하지 않아야 합니다. 지금 우리는 다니엘의 상황과 다르지만 또 다른 유혹과 핍박이 항상 우리를 기다리고 있습니다. 결단하는 심령으로 하나님 중심, 예배 중심, 신앙생활 중심으로 나아가야 할 것입니다. 이런 담대한 기도의 사람들이 되시기를 주님의 이름으로 축원합니다.

담대한 믿음은 말씀에 생명을 거는 신앙입니다.(16)

본문 16절의 말씀을 보면, "이에 왕이 명령하매 다니엘을 끌어다가 사자 굴에 던져 넣는지라 왕이 다니엘에게 이르되 네가 항상 섬기는 너의 하나님이 너를 구원하시리라 하니라"라고 하였습니다. 다니엘이 왕의 명령을 어겼으니, 왕의 신하들이 원하던 대로 사자 굴에 던져지게 된 것입니다. 다니엘을 아끼던 왕이 어쩔 수 없이 다니엘을 사자 굴에 던져 넣지만, "네가 항상 섬기는 너의 하나님이 너를 구원하시리라"고 선언하는 것입니다. 이것은 다니엘을 살리는 길은 하나님의 약속의 말씀이라는 것입니다. 하나님의 말씀은 사람을 살리는 길임을 다니엘은 알고 믿었습니다. 그저 하나님의 말씀대로 믿는 믿음을 가진 것입니다.

도저히 빠져나갈 수 없는 확실한 올무, 그 어떤 인간적인 방법에도 도무지 길이 보이지 않는 상황에서 하나님의 말씀을 의지하여 죽기를 각오한 순교적 신앙이었습니다. 하나님의 말씀을 그대로 믿었고, 그대로 행동하는 믿음을 가졌던 것입니다. 이것이 다니엘의 담대한 믿음이었습니다. 다니엘의 담대한 믿음은 처음에는 불신자들에게 융통성이 없는 자라고 인정을 받지 못할 수 있으나, 시간이 지나면서 철두철미한 신념을 가진 자라는 인정을 받는 신앙입니다.

죽음이 코앞에 다가오더라도 꿈쩍하지 않고 믿음을 지킨 다니엘은 하나님을 정말 신실하게 의지한 사람이었습니다. 그와 대조적으로 다니엘을 해치려는 세력의 계획과 작전도 치밀하였습니다. 이것은 성도들과 그 성도를 공격하는 사탄의 행동을 상징하는 것입니다. 조금도 흔들리지 않고 신앙을 지키는 사람인 다니엘은 결국 사자 굴에 던져집니다. 그런데 놀라운 것은 믿음의 사람이 바르게 살면 불신자에게도 인정을 받게 된다는 것입니다. 불신자인 다리오 왕이 하나님께서 다니엘을 지켜줄 것이라고 확신하였고, 그 역시 다니엘을 위하여 금식하고 잠을 자지 않았습니다. 다니엘의 믿음이 불신자인 왕을 감동시킨 것입니다.

다니엘은 포로의 신분이었지만 신앙 중심으로 살았고, 그 외의 사회적인 책임에는 최선을 다하는 봉사의 자세를 가졌습니다. 결국 그는 이방인이지만 인정을 받아 총리가 되는 영광을 누리게 됩니다. 본문 14절과 18절을 보면, 불신자인 다리오 왕에게 인정을 받아 왕이 다니엘을 살리기 위하여 백방으로 애쓰고, 본문 20절에는 그 이튿날 왕이 직접 사자 굴로 달려가서 다니엘의 생명에 대해 애착을 가집니다.

찰스 스탠리의『역경을 이기는 법』이라는 책의 내용을 세 가지 정도로 요약하면 첫째는, 분명하지 않는 믿음, 어정쩡한 자세로 믿는 신앙은 언젠가는 실패한다는 것입니다. 그 이유는 인생에는 반드시 역경이라는 것이 있는데, 그 역경이 찾아오면 배신한다는 것입니다. 둘째는, 믿음이 자라지 않는 것은 죽은 믿음이라는 것입니다. 영적으로 날마다 말씀과 기도로 성장을 계속해야 하며, 그것은 큰 믿음이 되며, 어떤 어려움도 이길 수 있다고 합니다. 그런데 이런 믿음을 가진 사람이 적다는 것이 문제라고 합니다. 셋째는, 인생에 우선순위가 정해지지 않는 사람은 역경이 찾아오면 넘어진다는 것입니다. 그러므로 그리스도인은 분명히 주님 말씀대로의 신앙이 삶의 우선순위에서 가장 높은 자리를 차지해야 합니다. 그리될 때 인생에서 당하는 역경조차도 더욱 큰 기쁨과 평강의 수단이 될 수 있다는 것을 말하고 있습니다. 그리스도인은 누구든지 하나님을 믿는 과정에 어려움을 당하나 그것을 하나님을 더욱 신뢰하는 길로 삼을지언정 연약하여 하나님을 대적하는 자가 되면 망하게 됩니다. 다니엘은 사자 굴에 들어가도 하나님을 신뢰하는 끈을 놓지 않았더니 놀라운 축복이 주어진 것입니다.

성도가 올바른 믿음을 지키려고 할 때 처음부터 인정을 받는 경우도 있지만 대부분의 경우는 처음에는 인정을 받지 못하지만 조금씩 그 진가가 나타나고 후에는 많은 사람들로부터 성실한 사람, 매사에 최선을 다하는 사람, 믿을 수 있는 사람이라는 인정을 받게 됨으로 더욱 그리스도의 증인이 될 수 있는 것입니다. 하나님께서도 다니엘을 인정하셔서 천사를 보내어 다니엘을 지켜 주셨습니다. 이런 멋진 말씀대로의 담대한 믿음이 있기를 축원합니다.

담대한 믿음은 주님의 은혜로 만족하는 신앙입니다.(22-23)

본문 22절과 23절에는 사람들은 누구도 만족을 줄 수 없으며, 주님이 담대한 믿음을 소유한 자에게 참 만족을 주신다는 것을 증거하고 있습니다. 즉, 주님께 생명을 거는 신앙을 가졌더니, 하나님께서 불신자인 다리오 왕이 다니엘을 살려내려고 무진 애를 다 쓰고, 오히려 다리오 왕이 하나님을 부르며, 금식하고, 침수를 폐하고, 직접 사자 굴로 달려가는 수고를 아끼지 않게 하십니다. 그리고 하나님은 천사를 보내어 다니엘의 생명을 해하지 못하도록 사자의 입을 막으셨습니다.

담대한 믿음은 이미 받은 은혜로 만족하는 신앙과 도와주실 것에 대한 확신입니다. 다니엘은 하나님이 자신의 상황을 도와주실 것이라는 믿음을 가졌다고 하기보다는 오히려 하나님이 자신의 하나님이 되심에 대한 합당한 믿음의 모습을 보였다는 것이 맞을 것입니다. 즉, 하나님이 자신에게 있어서 모든 것이기 때문에 삶과 죽음을 초월하여 하나님을 의지하는 절대적인 믿음을 가졌다는 말입니다. 무엇을 바라고 믿음을 지킨 것이 아니라 이미 하나님으로부터 모든 것을 받았으니 그 하나님을 위하여 자신을 드릴 수 있다는 헌신의 자세인 것입니다.

다니엘의 세 친구인 사드락, 메삭, 아벳느고의 이야기를 알고 있습니다. 이 세 친구들이 왕의 금 신상에 절하지 않았다는 이유로 풀무불에 던져지게 되었습니다. 이때 그들은 신앙을 고백합니다. 다니엘 3장 17절과 18절에서 "왕이여 우리가 섬기는 하나님이 계시다면 우리를 맹렬히 타는 풀무불 가운데에서 능히 건져내시겠고 왕의 손에서도 건져내시리이다 그렇게 하지 아니하실지라도 왕이여 우리가 왕의 신들을 섬기지도 아니하고 왕이 세우신 금 신상에게 절하지도 아니할 줄을 아옵소서"라는 담대한 고백을 합니다. 메데파사의 법은 왕의 어떤 자비로도 구할 수 없는 강력한 힘을 가지고 있기 때문에 다니엘의 세 친구들은 이미 하나님을 위하여 죽기를 각오한 순교적 신앙을 고백하고 있는 것입니다.

참된 신앙은 하나님이 이미 우리를 구원하여 주셨고, 사랑하시기에 나도 그 하나님을 향하여 바른 신앙의 고백을 하는 것입니다. 사람들은 신앙생활을 하면서 계속 무엇인가를 바라고 있습니다. 하나님이 주신다고 약속한 것은 기대하고 바라면서도 희생을 요구하는 순간에는 주님을 부인하는 경우가 많이 있습니다. 끝까지 신앙을 지키는 우리가 되기를 바랍니다.

도망하다가 절벽에서 떨어진 어떤 사람이 가까스로 작은 나뭇가지를 붙잡을 수 있었습니다. 그는 무서워 아래를 내려다보지도 못하고 대롱대롱 매달려서 "하나님, 만약 당신께서 살아계신다면 저를 구해 주십시오. 그러면 당신을 믿겠으며, 당신이 살아계신 것을 전하겠습니다."라고 기도했습니다. 그런데 그때 하나님의 음성이 들려왔습니다. "인간이란 어려움에 처하면 다들 그렇게 말하지 않느냐!" 그러나 이 사람은 더욱 힘을 주어 "하나님, 정말 저를 구해 주시면 생명을 바쳐 살아계심을 전하겠습니다." 그러자 하늘에서 다시 음성이 들려 왔습니다. "네 결심이 대단하구나. 좋다. 너를 구해 주마. 이제 그 나뭇가지에서 손을 놓아라." 이 말을 들은 사나이는 분개하며 말했습니다. "아니 나더러 나뭇가지에서 손을 놓으라고요? 살려달라고 했더니 고작하시는 말씀이 손을 놓아 죽으라고 하다니, 정말 믿을 수가 없군요." 그러다 이 사람은 하나님을 원망하며 투덜거리다가 힘이 빠져 손을 놓아버리고 말았습니다. 그런데 죽을 줄 알았는데 바로 아래가 바닥이었던 것입니다. 우리는 이 사람처럼 행동하고 살고 있지는 않는지 모르겠습니다.

성도 여러분!

하나님은 그의 백성들인 우리를 위하여 엄청난 희생을 주저하지 않았습니다. 우리는 다니엘과 같이 하나님 앞에 바른 신앙의 고백과 다른 사람들 앞에서 우리가 하나님의 자녀라는 사실에 대해 순교적인 자세로 나타나며, 그 어떤 희생도 두려워하지 않는 신앙을 가져야 할 것입니다. 간절한 기도의 담대한 믿음, 말씀대로 믿는 믿음,

주님이 주시는 은혜만으로 만족하는 믿음을 가진 신앙으로 살아갈 수 있기를 바랍니다. 이러한 신앙을 가진 사람들을 하나님은 사랑하시고 큰 기적을 베풀어 주시는 것입니다. 이런 은혜와 사랑을 풍성히 누리시기를 주님의 이름으로 축원합니다.

아사 왕의 개혁과 신앙고백

역대하 14:1-12

* * *

아사가 그의 하나님 여호와께 부르짖어 이르되

여호와여 힘이 강한 자와 약한 자 사이에는 주밖에 도와줄 이가 없사오니

우리 하나님 여호와여 우리를 도우소서

우리가 주를 의지하오며 주의 이름을 의탁하옵고

이 많은 무리를 치러 왔나이다

여호와여 주는 우리 하나님이시오니 원하건대

사람이 주를 이기지 못하게 하옵소서 하였더니

여호와께서 구스 사람들을 아사와 유다 사람들 앞에서 치시니

구스 사람들이 도망하는지라

* * *

요즈음 우리사회의 이슈 중에 '국가개조'라는 말이 있습니다. 왠지 요즈음은 개혁, 개조라는 말이 들어가지 않으면 시대에 뒤진 사람으로 오해를 받을 수 있는 상황이 되었습니다. 그런데 실제로 개혁, 개조라는 말을 즐겨 사용하지만 개혁되어지는 것이 아주 적다는 것을 실감하게 됩니다. 개혁은 말로 이루어지는 것이 아니라 삶의 실천을 통하여 이루어지는 것이기 때문입니다.

정치인을 비롯하여 개혁, 개조를 외치지만 그것은 사실 생활 속에서 아주 작은 것부터 기본을 지켜나갈 때 이루어지는 것입니다. 마틴 루터에 의해 시작된 종교개혁은 없었던 것을 새롭게 만드는 창조가 아니라 이미 하나님이 주셨던 말씀 중심의 바른 신앙으로 돌아가자는 운동이었던 것을 기억해야 합니다. 지금 우리사회도 마치 하늘에서 떨어진 것과 같은 기이한 것을 만들기보다는 기존의 것을 잘 지키는 것부터 시작해야 합니다.

우리의 신앙생활 중에서도 몰랐거나 없었던 것을 만들어서 지키자는 것보다는 이미 주신 하나님의 말씀에 대해 기본적인 마음의 자세가 아는 것에서 실천으로 바뀌어야 합니다. 이 사실을 바르게 알고 고치는 것이 현 시점에서 우리가 감당해야 할 중요한 개혁이 되는 것입니다. 여러분에게 이런 중심으로 주님을 기쁘시게 해드릴 수 있기를 바랍니다.

본문의 말씀을 통하여 주시는 교훈을 받기를 원합니다. 본문에는 '아사'라는 구약시대의 한 왕이 등장합니다. 아사 왕이 그 아비 아비야 뒤를 이어 왕이 된 후에 그 아비가 잘못한 부분에 대해 대대적인 개혁을 단행합니다. 자기 민족의 신이 아닌 우상들을 들여와서 섬기던 일들은 그동안 그와 그의 민족을 인도하셔서 승리하게 해주신 하나님의 마음을 진노하게 만드는 것이라는 사실을 알고 그 모든 것을 제거하는 일을 합니다. 그리고 해이해진 백성들의 신앙적인 상태를 똑바로 인도하는 일을 하였습니다. 이 모습을 보신 하나님이 그와 그의 민족들을 다시 불쌍히 여기셔서 평안과 복을 허락해 주신 것입니다.

성도로서 하나님 앞에서 사는 자답게 우리의 삶을 고쳐가야 합니다. 말씀을 통하여 아사 왕의 진정한 신앙의 모습을 마음에 새겨 하나님의 뜻을 이루어가는 자로서의 삶을 회복하는 시간이 되기를 바랍니다.

아사 왕은 하나님 앞에서 선과 정의를 행하였습니다.(2-5)

아사 왕은 하나님이 기뻐하시지 않는 우상숭배를 철저히 배격하였습니다. 그래서 그는 우상을 제거하는 결단을 보입니다. 그동안 우상을 숭배하고 산당을 만들었던 것을 하나님 중심의 신앙으로 바꿨습니다. 이런 그의 의지와는 달리 그의 어머니 마아가가 하나님이 싫어하시는 가증한 우상을 만들어 섬기자 태후의 자리를 패하는 결단을 내리기까지 하면서 하나님 중심으로 살았습니다.(대하15:16) 하나님을 경외한 아사 왕은 제사장 오뎃과 아사랴가 전하는 하나님의 말씀대로 완전하신 하나님 중심으로 개혁을 단행했습니다.

아사가 왕이 된 후에 그는 여호와 하나님이 보시기에 선과 정의를 행하여, 여러 가지 이방의 제단과 산당을 없애고, 아세라의 목상을 비롯한 우상을 다 깨뜨려 없앴습니다. 이는 하나님이 싫어하시는 우상을 숭배하는 일에 대해서는 완전히 결단을 내리는 자세입니다.

이스라엘 백성들은 하나님의 놀라운 축복을 누렸습니다. 애굽으로부터 해방을 얻었던 것은 이스라엘의 힘이 아니라 하나님의 은혜요 사랑이었던 것입니다. 이때까지 반복되는 다른 나라들의 공격으로부터 이길 수 있었던 힘은 오직 하나님의 도우심뿐이었습니다. 당연히 이스라엘 백성들은 하나님을 기쁘시게 해드리며 또한 순종하는 삶을 살아야 마땅했을 것입니다. 그러나 그들은 하나님을 잊어버리고 우상을 따르는 악한 일을 행함으로서 하나님을 떠난 삶을 살았습니다.

하나님은 이스라엘 전 백성들에게 약속하셨습니다. 하나님은 계명의 말씀을 순종하고 지키면 천대까지 은혜를 베풀어 주시겠다고 하셨습니다. 만약 하나님의 말씀을 어기고 불순종한다면 스스로 백성들이 하나님께 벌을 받겠다고 다짐까지 해 놓은 상태입니다.(출 24:7) 이 사실을 다시 생각하고 결단하는 아사 왕은 백성들에게 무슨 일이든 하나님의 뜻을 중심으로 생각하고 행동하도록 하고, 하나님이 세우신 완전한 율법과 명령을 행하도록 요구하였습니다. 이런 바른 자세를 가지자 하나님은 그들에게 평안의 세월을 주심으로 복을 누리게 하였습니다. 곧 아사 왕은 왕으로서 백성들을 가장 평안하며 복을 받는 민족으로 인도하는 훌륭한 왕이 되었던 것입니다.

성도는 삶의 전반적인 영역에서 그리스도인으로서의 바른 삶을 회복하는 일에 앞장서야 합니다. 해서는 안 되는 일을 알면서도 망설이며 분명하지 못한 자세를 지니는 것을 피해야 합니다. 자신의 삶에 대해서는 엄격한 잣대로 자신을 담금질하여야 하며, 다른 사람의 허물에 대해서는 관용을 베푸는 주님의 마음을 닮은 자들로 살아야 합니다. 하지만 현실적인 우리의 삶은 자신의 행동에 대해서는 아주 관대합니다. '나만 그러는가? 다른 사람은 더 나쁜데 이쯤은 괜찮겠지! 다른 일에는 내가 많이 착했으니까 이번만은 문제가 없을 거야.' 등등의 생각으로 자신의 부정을 가리려는 자세를 취합니다.

우리는 아사 왕에게서 이런 삶이 바르지 않다는 것을 배우며, 새롭게 결단하는 자세가 있어야 합니다. 우리 스스로 우리 속에 새로워져야 할 목표를 세우고, 하나하나 살피면서 목록을 정하고, 작은 것에서부터 큰 것까지 하나님이 원하시는 바른 삶으로의 개혁이 있어야 합니다. 우리 속에 계시는 예수님의 마음을 아프게 하지 않고, 그의 아름답고 밝은 삶을 닮아가는 신앙이 되시기를 주님의 이름으로 축원합니다.

하나님이 이스라엘에 평강을 주셨습니다.(6-8)

아사 왕의 신앙고백은 우리가 하나님을 찾을 때 그것을 기쁘게 여기신 하나님이 그 땅에 평안을 주셨음을 고백합니다.(6-7) 뿐만 아니라 오뎃의 아들 아사랴의 예언의 말씀을 듣고 하나님 중심의 결단을 하게 됩니다. 그러자 하나님은 그와 이스라엘에 평강을 주셨습니다. 하나님을 경외한 아사 왕은 하나님을 찾을 때 자기에게 기쁨을 주셨다는 신앙의 고백을 하나님께 하고 있습니다.(6-7)

아사 왕의 조상들은 하나님을 떠난 삶을 살면서도 양심의 가책을 조금도 느끼지도 않았습니다. 하나님께 큰 도움을 받아 승리하는 세월을 살았음에도 오히려 하나님을 욕하고 비방하는 삶을 살았습니다. 그러면서 하나님의 도움이 아니라 헛된 우상의 도움이나 자신의 능력으로 그런 복을 누리게 되었으니 오히려 우상을 숭배하고 자기를 섬기도록 요구했습니다.

그러나 아사 왕은 그럴 수 없었습니다. 그는 성실과 정의로 왕의 자리를 지켰습니다. 하나님이 인도하시기 때문에 행복을 누릴 수 있다는 사실을 알았고, 이스라엘의 모든 승리가 하나님의 전적인 사랑의 결과라는 것을 잊지 않았습니다. 하나님은 그 아사 왕의 아름다운 마음을 기억하사 땅위의 축복을 허락하신 것입니다.

우리가 아는 것과 같이 왕으로서의 최고의 영광은 그를 따르는 백성들의 마음을 평안하게 해주는 것입니다. 아사 왕은 그 백성들에게 희망을 주는 정치를 하였습니다. 백성들을 동원하여 무너진 성벽을 쌓고, 성곽을 새롭게 지으므로 용기를 북돋는 일을 하였습니다. 적의 위협으로부터 나라의 안위를 도모하고, 평강의 세월을 이루어 가는 왕이 되었습니다. 그리고 그는 하나님이 이 평안을 주셨다고 고백하고 있습니다.

아사 왕은 하나님이 주신 복에 대해서는 잊지 않고 감사하는 삶을 살았습니다. 그것이 그의 신앙고백이었습니다. 그리고 백성들에게 하나님의 도우심으로 승리할 수 있었다는 것을 가르치고, 그들로 하여금 성벽을 쌓는 일이나 성곽을 쌓는 일 등은 하나님의 도우심과 축복 안에서 행하려고 하였습니다. 하나님의 은혜만이 그의 승리의 비결임을 고백했습니다.

하나님께 감사하는 사람에 대한 이야기가 있습니다. 「우리 생애 최고의 해」라는 영화가 있습니다. 2차 세계대전 중 헤롤드 럿셀이라는 공수부대원이 전투에 나갔다가 포탄에 맞아 두 팔을 잃어 장애인이 됩니다. 그는 참혹한 좌절에 빠집니다. '나는 이제 쓸모없는 하나의 고깃덩어리가 되었구나.' 그런 가운데 그에게 차츰 진리의 마음이 싹트기 시작했습니다. 점점 더 그는 아직도 잃은 것보다 가진 것이 많다고 자각하게 된 것입니다.

의사가 그에게 의수를 만들어 주었습니다. 그것으로 글을 쓰고 타이프도 치기 시작합니다. 그의 이야기는 영화화되어 주인공으로 출연하게 됩니다. 그는 정성을 다해 연기를 합니다. 그 해 그는 이 영화로 아카데미 주연상을 탑니다. 그 상금은 상이용사를 위해 기부합니다. 어떤 기자가 찾아와 물었습니다. "장애라는 신체적인 조건이 당신을 절망케 하지 않았습니까?" 그러자 그는 결연히 대답합니다. "아닙니다, 육체적인 장애는 나에게 도리어 가장 큰 축복이 되었습니다. 여러분은 언제나 잃어버린 것을 계산할 것이 아니라 남아 있는 것을 생각하고 하나님께 감사하며 남은 것을 사용할 때 잃은 것의 열 배를 보상받습니다."

우리가 잃어버린 것에만 눈을 돌릴 때 그곳에는 오직 절망밖에 보이지 않습니다. 불가능밖에 없습니다. 그러나 잃은 것을 넘어 가진 것을 세어 보면 더 많은 가능성이 언제나 기다리고 있습니다.

하나님을 믿고 사는 성도들은 자신에게 행하신 하나님의 사랑과 은혜에 대해 증거할 수 있어야 합니다. 즉, 하나님을 향하여 감사의 고백과 충성의 다짐을 할 수 있어야 합니다. 그리고 다른 사람에게는 하나님을 믿고 변화된 자신의 삶이나 기쁨을 증거할 수 있어야 합니다.

하나님을 믿고 진실로 따르는 자들에게 하나님은 평강과 은혜를 주십니다. 성도에게 하늘로부터 떨어지는 복이 임하는 것은 아니지만 하나님은 우리를 당신의 자녀들처럼 사랑하시고 인도하시는 것입니다. 우리가 삶의 현장에서 하나님의 말씀 앞에 순종하며 나아가면 진실로 그의 자녀들인 우리에게 '하나님이 우리를 사랑하셨다.'라는 고백을 드릴 수밖에 없도록 인도하시는 것입니다. 이런 진실된 신앙의 고백이 우리에게 가득하기를 바랍니다.

아사 왕은 하나님을 의지하는 신앙을 가졌습니다.(11-12)

아사 왕의 신앙고백은 11절의 말씀에 보면, "강한 자와 약한 자 사이에는 도와주실 이가 여호와뿐이시오니"라고 고백하며 오직 여호와의 이름만 의탁하고 나아갑니다. 그는 하나님의 절대전능하심을 의지하고 믿는 믿음을 가졌습니다. 오직 하나님의 기쁨이 되기를 원했습니다. 하나님을 경외하는 아사 왕에게도 어려움은 있었지만, 그 어려움을 극복하는 힘은 하나님을 향한 바른 신앙의 고백이었습니다.

하나님을 경외하고 바른 믿음의 길을 걸어가던 아사 왕에게도 어려움이 찾아왔습니다. 다른 왕 같으면 하나님이 우리를 어렵게 만들었다고 불평을 하였겠지만 아사 왕은 오히려 어려움을 당할 때 신앙고백이 더욱 확실해지고 하나님을 의지하려는 믿음이 더욱 강해집니다.

아사 왕은 왕이 된 이후에도 하나님을 경외하며 살았지만 구스의 침략을 받게 되었습니다. 이 침략을 받았을 때 이스라엘의 군대는 8절에 의하면 "큰 방패를 잡은 자가 30만이요, 작은 방패를 잡고 활을 쏘는 자가 28만"이라고 하였습니다. 그러나 반대로 구스의 군대는 100만 명과 병거가 300승이나 되었습니다. 100만 명도 많은 것이지만 300승이나 되는 병거들은 오늘날의 탱크와 같은 것으로 사람들과 비교하면 엄청난 힘을 발휘하는 것이기에 구스의 군대가 이스라엘 군대의 다섯 배가 넘는 수라고 해도 틀림이 없는 수치입니다.

엄청난 적과의 전쟁을 앞둔 상황이라면 누구나 초조하고 긴장이 될 것입니다. 이 전쟁을 앞둔 아사 왕은 불안하고 초조했겠지만 그의 신앙의 자세에는 불안하거나 초조함이라고는 전혀 느낄 수 없이 하나님께 이렇게 고백하고 기도합니다. 본문 11절의 말씀에 보면 "여호와여 강한 자와 약한 자 사이에는 주밖에 도와줄 이가 없사오니 우리 하나님 여호와여 우리를 도우소서. 우리가 주를 의지하오며 주의 이름을 의탁하옵고 이 많은 무리를 치러왔나이다. 여호와여 주는 우리 하나님이시오니 원컨대 사람으로 주를 이기지 못하게 하옵소서."라고 하나님께 기도하며 의지합니다. 이 얼마나 멋진 신앙의 고백입니까? 전적으로 하나님만 의지하는 아사 왕의 신앙의 모습을 만나게 되는 것입니다.

이것은 하나님께 기도하는 왕의 모습으로 하나님만이 우리 인생의 승리자가 된다는 고백입니다. 이전까지의 왕들은 승리가 자신의 힘과 군대의 능력에 있다고 믿었지만 아사 왕은 하나님을 의지하는 믿음에 있다고 확신했습니다. 그런 간절한 고백과 하나님을 의지하는 믿음이 그로 하여금 큰 승리를 거두게 했던 것입니다.

어두움이 가득할 때 빛의 가치가 더하는 것처럼 어려움을 만날 때 성도는 더욱 아름다운 모습을 보일 수 있는 것입니다. 대부분의 사람들은 어려움을 당하게 되면 절망하고 포기하는 경우가 많지만 성도는 오히려 하나님을 만날 수 있는 기회요, 더 큰 승리와 축복을 위한 다른 통로라는 사실을 꼭 기억하고 나아가야 할 것입니다.

그러나 세상은 우리가 생각하는 것만큼 만만하지 않습니다. 마치 구스의 군대처럼 강한 모습입니다. 이럴 때 우리는 아사 왕의 고백과 같이 하나님의 힘과 능력을 의지하고 나아가 승리하는 길을 택해야 합니다. 크던 작던 간에 하나님께 항상 기도함으로 모든 일에 대처하는 지혜 있는 성도가 되어야 합니다. 그것이 승리의 길이며 지혜인 것입니다.

어려움을 당할 때 하나님을 의지하지 않고 자신의 힘을 의지하면 불안해지고 맙니다. 그래서 성급하게 판단하고, 포기하고, 교만해지기 일쑤입니다. 어려움을 당할 때는 하나님께 기도하고, 아름다운 승리를 얻었을 때는 하나님께 진심으로 감사하는 신앙인이 되어야 합니다.

성도 여러분!

하나님을 사랑하는 자는 항상 하나님의 말씀을 의식하고 그 말씀을 따라 살도록 노력해야 합니다. 하나님을 의식하고 사는 삶은 크게 두 가지로 나누어지는데, 하나는 하나님이 싫어하시는 일을 하지 않는 것입니다. 하나님을 사랑한다고 하면서 하나님이 싫어하시는 일에 핑계를 대면서 꾸역꾸역 나아가면 결국은 상처만 남게 됩니다.

다른 하나는 하나님이 기뻐하시는 일에 대해서는 적극적으로 애쓰고 노력해야 합니다. 가끔 제게 "꼭 그래야 합니까?"라는 말을 하시는 분들이 있습니다. 복음을 전하는 일에 노력하라고 하면 이런 말을 하곤 합니다. 그것은 하나님이 원하시는 것이고 기뻐하시는 것이며, 반드시 전해야만 하는 것인데 핑계를 대면 안 됩니다. 주님의 기쁨이 되지 못하면 우리가 주님을 사랑하지 않는 것입니다.

그리고 우리는 주님을 향하여 바른 신앙의 고백으로 감사하는 마음과 충성하는 마음을 가져야 합니다. 불평보다는 감사의 마음을 가져야 합니다. 하나님은 감사하는 자에게 더 큰 감사를 주시는 법입니다.

어려움을 당할 수 있습니다만, 어리석게 세상의 일들을 혼자의 힘으로 대처하고 이기려는 마음을 가지지 않도록 하시기 바랍니다. 하나님을 의지하고 하나님께 도움을 요청하는 지혜 있는 성도가 되어야 합니다. 이런 삶을 사시는 여러분이 되셔서 하나님의 남김 없는 사랑과 은혜를 누리시기를 주님의 이름으로 축원합니다.

하나님을 찬송하는 자들

계 7:9-17

* * *

내가 말하기를 내 주여 당신이 아시나이다 하니 그가 나에게 이르되

이는 큰 환난에서 나오는 자들인데 어린양의 피에 그 옷을 씻어 희게 하였느니라

그러므로 그들이 하나님의 보좌 앞에 있고 또 그의 성전에서

밤낮 하나님을 섬기매 보좌에 앉으신 이가 그들 위에 장막을 치시리니

그들이 다시는 주리지도 아니하며 목마르지도 아니하고

해나 아무 뜨거운 기운에 상하지도 아니하리니

이는 보좌 가운데에 계신 어린양이 그들의 목자가 되사 생명수 샘으로 인도하시고

하나님께서 그들의 눈에서 모든 눈물을 씻어 주실 것임이라

* * *

하나님께서 말씀을 주실 때는 두 가지 면을 포함하고 있습니다. 즉, 말씀을 주실 당시의 시대적인 형편을 반영하고 있음과 동시에 미래에 대한 하나님의 메시지를 담고 있습니다. 그런 의미에서 요한계시록도 말씀을 주시던 그 시대적인 상황을 잘 반영하고 있습니다.

당시의 그리스도인들은 여러 가지 핍박과 환란을 당하고 있었습니다. 절대적인 권위를 가진 로마의 황제는 그리스도인들이 자기를 숭배하기보다는 예수님을 섬기는 것이 심히 못마땅하였습니다. 그래서 그리스도인들에게 예수님보다 황제를 섬기라고 강요했는데 이것이 바로 황제숭배사상이었습니다. 그런데 그리스도인들은 황제를 숭배하기보다는 예수님을 섬기는 일을 포기하지 않고 따랐습니다. 이에 황제들은 그리스도인들을 핍박하여 매로 때리기도 하였고, 심지어 죽이기까지 하였습니다. 이러한 불이익을 그리스도인들이 당하였지만 인내하였습니다. 당시의 그리스도인들이 신앙생활을 한다는 것이 참으로 어려웠습니다. 그 결과 신앙을 버리고 교회를 떠나는 사람도 생겼습니다.

그러므로 엄청난 박해와 고난을 당한 그들에게 적절한 격려와 소망이 필요했습니다. 주님은 두 가지 면에서 격려를 주시는데, 하나는 삶을 통하여 성실하게 사는 그리스도인에게는 하나님의 보상이 주어질 것이라는 점이고, 또 다른 하나는 사탄의 하수인인 황제와 그를 추종하는 세력들을 반드시 하나님이 철저히 심판할 것이라는 점입니다. 그러나 끝까지 믿음을 지키는 자들에게는 이 땅의 어떤 보상보다도 뛰어난 하나님의 큰 위로를 주실 것이라는 소망으로 격려하고 있는 것입니다.

그러므로 우리는 이런 맥락에서 계시록의 말씀을 보아야 합니다. 물론 계시록에는 신비로운 비유가 많이 나타나고 있지만 그 모든 것들도 이런 맥락을 벗어나 해석해서는 안 됩니다. 그릇된 자들은 이러한 신비적인 모습과 환상을 당시 현실을 무시한 미래에 대한 불투명한 사실들로 해석하여 사람들을 미혹하기 때문에 우리는 이를 경계해야만 합니다.

잘못된 자들은 계시록을 자기 나름대로 해석하여 교회와 성도들을 유혹하고 있습니다. 심지어 '신천지' 같은 이단은 하나님의 말씀을 왜곡하여 가르침으로, 주님이 피를 흘려 사신 교회들을 공략해서 분열시키는 전략에서 더 나아가 통째로 삼키는 전략으로 교회를 공격해 오고 있습니다. 교회를 비난한다든지, 또 목회자와 성도들 사이를 이간시킨다든지, 다른 곳에서 성경공부를 하자고 권하는 등 결국은 교회에 큰 시험을 가져오게 만듭니다. 이런 형태의 접근에 대해서 성도는 철저히 경계해야 하고, 교회의 지도자들에게 상황을 전달하여 하나님의 거룩한 교회를 향한 악한 사탄의 도전을 사전에 완전히 차단해야 할 것입니다.

하나님은 이 시대를 살고 있는 우리들에게도 경고의 말씀을 주십니다. 경건함을 갖지 않고 악한 세상의 기준에 따라 살면 마지막 날에 행하시는 엄중한 심판을 받을 수 있다는 것을 명심해야 할 것입니다. 그리고 그 하나님의 엄중한 심판은 우리가 견딜 수 없을 만큼 엄청난 것임을 기억하고, 오늘 우리들에게 주어진 자리에서 성실과 진정으로 어떤 환란과 핍박에도 굴하지 않고 믿음을 지켜 주님을 섬기는 성도가 되어야 합니다. 계시록의 말씀을 통하여 소망과 감사가 여러분에게 더욱 넘치시기를 축원합니다.

우리는 하나님의 준엄한 심판의 말씀에 대해서는 결코 넘어지거나 악에 빠지지 않아야 한다는 것을 명심하고, 또 끝까지 믿음을 잘 지키는 그리스도인들에게는 한없는 소망과 격려를 주신다는 것을 잊지 말아야 할 것입니다. 그리고 우리는 오히려 아직도 하나님의 말씀을 모르고 악한 길에서 헤매고 있는 전도대상자들이 어떤 이들이며, 그들을 위하여 복음을 전해야 하는 중요한 사명이 있음을 생각하는 성도가 되기를 바랍니다.

그리고 또 본문을 통하여 하나님을 찬송하는 자들에 대해 살펴봄으로 이 시대에 믿음으로 굳게 서는 은혜가 있기를 주님의 이름으로 축원합니다.

온 천하가 하나님을 찬송하고 있습니다.(1-12)

본문 요한계시록 7장을 전체적으로 보면, 초반부에는 하늘에서 하나님을 찬송하는 자들에 대해 기록하고 있습니다. 하나님이 통치하시는 하나님의 나라에서 어떤 일이 벌어지는가를 보여주는 것입니다. 즉, 고난과 환란을 잘 견디고, 끝까지 믿음을 지킨 자들이 하늘나라에서 어떻게 살고 있는가를 보여주는 것입니다.

모두가 하나님을 찬송하고 있습니다. 우선 하나님을 찬송하는 부류들이 누구인가에 주의를 기울여야 합니다. 하나님의 인침을 받은 자들입니다. 다시 말하면 하나님의 인침을 받은 자가 아니면 아무도 하나님을 찬양할 수 없음을 보여주는 것입니다. 이는 구원을 받은 자가 아니면 천국에 들어갈 수가 없기 때문이며, 하나님 앞에 설 수도 없기 때문입니다. 그러므로 하나님의 인침, 즉 구원을 받는 것은 너무나 중요합니다. 소망이 있는 자는 구원을 받아 하나님 앞에서 하나님을 찬양하는 자가 되어야 합니다.

다음으로 하나님의 인침을 받은 부류들을 기록하고 있습니다. 먼저 유대인들입니다. 유대인들 전부가 아니라 각 지파별로 일만 이천 명씩 12지파에서 십사만 사천 명이라고 말합니다. 모든 유대인들은 그때까지만 해도 선민으로서 구원을 받아 하늘나라에 갈 것이라고 생각했고, 또한 자신들만 천국백성이기 때문에 이방인들을 짐승처럼 여겼습니다. 그런데 하나님은 "아니다, 오히려 너희들은 복음을 거부하고 악을 행함으로 소수밖에는 구원을 받을 수가 없을 것이라"고 말씀하셨습니다. 그런데 여호와의 증인이라는 이단과 거기서 파생된 일부의 이단들은 이것을 마치 세계 모든 민족 중에서 자기들만 구원을 받는다고 주장하고 있습니다. 이는 주님께 정죄를 당한 유대인의 행동을 그대로 따라 하는 것이라고 말할 수 있습니다.

하지만 다음의 말씀을 보면, 이것이 얼마나 잘못된 생각인지를 더욱 잘 알 수 있습니다. 9절의 말씀을 보면, "이 일 후에 내가 보니 각 나라와 족속과 백성과 방언에서 아무도 능히 셀 수 없는 큰 무리가 나와 흰옷을 입고 손에 종려 가지를 들고 보좌 앞과 어린양 앞에 서서"라고 하고 있습니다. 이스라엘 사람들 중에서는 십사만 사천 명밖에는 구원을 못 받는다는 것은, 그 숫자의 실제적인 의미가 아니라 아주 제한된 수를 의미하는 것입니다. 그리고 그 수에 들지 못한 이스라엘 사람들에 대한 저주의 말씀이라는 것을 기억해야 합니다. 오히려 유대인들이 구원받지 못할 짐승이라고 조롱했던 이방인들 중에는 찬송하는 자의 수가 얼마나 된다고 하고 있습니까? '각 나라와 족속과 백성과 방언에서 아무도 능히 셀 수 없는 큰 무리' 라고 합니다. 훨씬 더 많은 무리가 있는 것입니다. 그 많은 무리들이 나와서 하나님께 엎드려 찬송하며 경배를 드립니다.

그리고 하나님을 찬송하는 세 번째 부류들은 11절 말씀을 보면 "모든 천사가 보좌와 장로들과 네 생물의 주위에 서 있다가 보좌 앞에 엎드려 얼굴을 대고 하나님께 경배하여"라고 하였습니다. 천사들이 하나님을 찬양하고 있습니다. 이들은 이미 하늘나라에 있었던 천사들이며, 하나님의 거룩한 일에 동참한 자들입니다. 그러니 그들은 하나님의 구원하심을 보고 그 영광을 찬양하고 있는 것입니다.

하나님을 찬송하는 이들은 인종 제한이 없습니다. 오히려 소수의 유대인들, 그리고 이루 헤아릴 수 없는 정도의 엄청난 수의 세계 각

나라의 모든 이방인들, 심지어 하나님을 섬기는 천사들이 하나님께 엎드려 경배합니다. 그러므로 이것을 한마디로 말하면 온 세상의 모든 피조물은 다 하나님의 창조의 섭리 안에서 그 성호를 찬송하는 것입니다.

하나님을 찬양하는 자들을 어느 민족, 얼마간의 숫자로 제한하는 것은 불신앙입니다. 성경에 나와 있는 숫자는 이스라엘 민족이 주님의 사역을 방해하였기 때문에 오히려 소수의 무리들만 겨우 구원을 받는다는 징계의 선언이라는 것을 생각해야 합니다. 지금 유대인의 수가 수백만인데 그 중에 십사만 사천 명은 2%도 안 되는 수입니다.

우리를 미혹하는 자들 중에는 천국에서 영생을 누리는 것은 십사만 사천 명뿐임으로 자신들의 무리에 들지 않으면 안 된다고 합니다. 교묘하게 이것을 빠져나가기 위해서 믿지 않는 자들의 영혼은 공중에서 없어져 버린다는 말을 함으로 성도들을 혼란에 빠뜨리곤 합니다. 그것은 성경적이 아닙니다. 성도들을 큰 아픔에 빠뜨리는 것과 신앙생활을 아주 느슨하게 만들어 혼란에 빠뜨리려는 의도로 접근하는 것입니다.

처음부터 말씀을 맡았던 자들인 육신적인 이스라엘 백성들과 영적인 이스라엘 백성들은 구원의 조건에 있어서는 조금도 차별이 없습니다. 어느 민족에게든지 주님은 구원의 길을 열어 놓으시고 우리를 부르시는 것입니다. 로마서 10장 13절에서 "누구든지 주의 이름을 부르는 자는 구원을 얻으리라"는 말씀을 기억해야 합니다. 연세가 많이 드셔서 크게 힘을 쓰실 수 없는 분도 주님은 크게 환영하십니다. 가난하신 분들도, 어려운 형편에 처하신 분들도 주님은 환영하십니다. 단지 여러분은 주님을 향하여 바른 믿음의 고백과 확신을 가지고 있어야 합니다. 여러분 모두 우리의 속죄를 위한 주 예수 그리스도의 십자가와 소망의 부활을 믿음으로 주님께 나아가시기를 축원합니다.

정결한 자들이 하나님을 찬송하고 있습니다.(13-14)

본문 9절을 보면, "능히 셀 수 없는 큰 무리가 나와 흰옷을 입고 손에 종려 가지를 들고"라고 하였습니다. 찬송하는 자들은 '흰옷을 입은 자들'이라고 하였는데 그것은 정결한 자들이 되어야 한다는 것을 말합니다. 하나님을 찬송하는 이들은 흰옷을 입은 자들이며, 그들이 정결하게 되는 길은 오직 어린양의 피에 그 옷을 씻어 희게 한 자들입니다.

본문 14절을 보면, "내가 말하기를 내 주여 당신이 아시나이다 하니 그가 나에게 이르되 이는 큰 환난에서 나오는 자들인데 어린양의 피에 그 옷을 씻어 희게 하였느니라"고 하였습니다. 이것은 장로 중의 한 사람이 "흰옷을 입고 찬송하는 저들이 누구입니까?"라고 묻자 답을 해주는 장면에서 나온 것입니다. 하나님을 찬송하는 이들은 흰옷을 입은 자들로서 '어린양의 피에 그 옷을 씻어 희게 한 자들'임을 잊지 말아야 할 것입니다. 이 세상의 어느 누구도 그리스도의 보혈의 피로 정결함을 받지 못한 자들은 구원의 복을 누릴 수 없을 뿐 아니라 하나님을 찬양할 수도 없습니다. 예수 그리스도의 보혈로 정결함을 받은 자, 즉 흰옷을 입은 수많은 무리들이 큰 소리로 하나님을 찬송합니다.

하나님께 나아가는 자는 흰옷을 입은 자들이라고 하였습니다. 이 것은 우리가 착용하는 의복을 말하는 것이 아닙니다. 영혼의 옷을 말하는 것입니다. 사람들은 누구나 원죄와 세파에 시달려 영혼의 옷이 더러워질 대로 더러워져 있습니다. 더러워지지 않은 사람이 없다고 말씀하십니다. 로마서 3장 10절에서 "의인은 없나니 하나도 없으며"라고 했습니다. 그러므로 누구나 영혼의 옷을 깨끗하게 씻어야 합니다. 영혼의 옷을 씻는 유일한 도구는 '예수 그리스도의 보혈의 피'입니다. 그래서 우리는 예수님을 믿어야 하고, 믿을 때에 우리 영혼의 옷은 눈보다 더 희게 씻어지는 것입니다. 그때 비로소 우리는 '주의 보혈 흐르는데 믿고 뛰어 나아가 주의 은혜 내가 입어 깨끗하게 되었네'라고 찬송하게 되는 것입니다.

본문 10절과 12절은 모든 자들이 하나님을 찬송하는 내용입니다. 하나님께 나아온 자들이 하나님과 어린양 되신 예수님께 드리는 찬송은 다 같이 "구원은 오직 하나님의 은혜와 예수님께 있으며, 찬송과 영광과 존귀를 받으시기에 합당하다"고 찬송하고 있습니다. 여기에는 아주 중요한 의미가 있습니다. 당시에는 로마의 황제가 신처럼 여겨졌던 사회입니다. 당시의 성도들은 '모든 구원과 축복이 신이신 황제로부터 온다'라고 믿고 따르던 불신자들로부터 핍박을 당하였습니다. 그러므로 믿음이 연약한 성도들 중에는 가끔 당하는 환란을 견디지 못하고 흔들리기도 하였습니다. 주님께서 약해진 성도들을 바로 세우기 위하여 요한을 통하여 영생의 구원, 천국의 구원은 오직 주님으로부터만 온다는 확신을 보여주시는 것입니다.

쓰러져가는 회사를 경영해 본 경험이 있는 사장을 알고 있습니다. 그분은 자기보다는 함께 일하는 사람들이 어떻게 될 것인가를 고민하다가 병에 걸렸습니다. 진정한 지도자의 모습이라고 생각했습니다. 요한의 경우 하나님의 약속은 있지만 아직 이루어지지 않는 상황에서 핍박으로 점점 더 고통을 당하는 성도들을 보며 그의 마음은 괴로웠을 것입니다. 굶주림과 핍박으로 죽어가는 사람들을 보며 자신은 끝까지 믿음을 지킬 수 있겠지만, 과연 연약한 성도들에게 어떻게 끝까지 믿음을 지키라고 강조할 수 있겠습니까? 많은 갈등에 시달리던 그에게 하나님은 환상을 통하여 계시로 본문을 보여주시는 것입니다.

여러분, 성경의 내용을 그림으로 머리에 그려보십시오. 하나님이 보좌 가운데에 앉아 계시고, 예수님이 계시는데 수많은 사람들이 종려나무 가지를 들고 나아와 '구원하심이 보좌에 앉으신 우리 하나님과 어린양께 있도다'라고 찬송합니다. 오직 구원이 어린양 되신 예수 그리스도께 있다는 확신에 찬 수많은 사람들의 음성이, 요한으로 하여금 그의 성도들에게 목청을 높여 "여러분, 끝까지 믿음을 지키세요. 그의 구원을 붙잡으세요."라고 열변을 토할 수 있게 했던 것입니다.
니다.

구원은 오직 하나님과 예수 그리스도를 믿는 믿음으로 말미암아 주어집니다. 이미 믿어 주님께 나아가 구원의 흰옷을 입으신 여러분들은 어떤 핍박과 어려움과 고난이 있을지라도 더욱 굳게 소망을 붙잡으시고 주를 따르는 자들이 되시기를 축원합니다. 그래서 하나님이 이루어 주시는 승리와 축복을 누리시는 은혜가 여러분과 여러분의 가정에 충만하시기를 축원합니다.

찬송하는 자들을 하나님이 보호하십니다.(15-17)
하나님은 찬송하는 이들 위에 장막을 치시고, 보호하시고, 생명수 샘으로 인도하시고, 그 눈에서 믿음을 지키기 위해 흘린 눈물을 씻어 주십니다. 하나님은 당신의 백성들을 결코 외면하지 않습니다. 하나님을 찬송하는 백성들에게 은혜와 복을 주시는 것입니다. 그런데 그 복은 현세와 내세에서도 동일하게 나타나는 것입니다. 하나님의 성호를 진정한 마음으로 찬송하는 자들에게는 지금도 여전히 마음의 평안과 생활의 풍성으로 채우시고, 하늘의 영광으로도 채워주시는 분이십니다.
본문 성경 15절에서 17절을 다시 읽어보면, "그러므로 그들이 하나님의 보좌 앞에 있고 또 그의 성전에서 밤낮 하나님을 섬기매 보좌에 앉으신 이가 그들 위에 장막을 치시리니 그들이 다시는 주리지도 아니하며 목마르지도 아니하고 해나 아무 뜨거운 기운에 상하지도 아니하리니 이는 보좌 가운데에 계신 어린양이 그들의 목자가 되사 생명수 샘으로 인도하시고 하나님께서 그들의 눈에서 모든 눈물을 씻어 주실 것임이라"고 하였습니다. 하나님이 얼마나 자상하게 그 백성을 돌보시는지를 보여주고 있습니다.

흰옷을 입은 자들이 하나님을 떠나지 않고 그 앞에 있고, 밤낮 하나님을 섬기고 있다고 말씀합니다. 그러자 어린양이신 주님이 그들이 힘들지 않도록 그 위에 장막을 치고, 네 가지의 축복을 그들에게 베푸십니다. 현재 그들이 당하고 있는 굶주림의 문제를 해결해 주시고, 매로 말미암아 상한 것에 대해 상하지 않게 하시고, 순교를 당한 것에 대해 생명수의 샘으로 인도해 주시고, 주님 때문에 흘린 눈물을 닦아주시는 사랑과 은혜의 축복을 베푸시는 것입니다.

이런 하나님의 약속은 이 본문에만 나타나는 것은 아닙니다. 요한복음 4장 14절에 보면 "내가 주는 물을 마시는 자는 영원히 목마르지 아니하리니 내가 주는 물은 그 속에서 영생하도록 솟아나는 샘물이 되리라"고 말씀했습니다. 또 우리는 우리를 생명의 길로 인도해 주시는 목자가 되신 예수님을 찬양해야 함을 이사야 49장 10절에서 "그들이 주리거나 목마르지 아니할 것이며 더위와 볕이 그들을 상하지 아니하리니 이는 그들을 긍휼히 여기는 이가 그들을 이끌되 샘물 근원으로 인도할 것이라"고 말씀했습니다. 거칠고 험한 광야와 같은 세상에서 많은 고통을 당하는 성도들을 주님은 분명히 생명수 샘으로 인도해 주십니다.

주님께서는 우리가 육체적인 한계 상황 아래서 당하는 고통과 아픔으로 다시는 울지 않도록 위로를 베풀어 주십니다. 요한계시록 21장 4절에 보면 "모든 눈물을 그 눈에서 닦아 주시니 다시는 사망이 없고 애통하는 것이나 곡하는 것이나 아픈 것이 다시 있지 아니하리니 처음 것들이 다 지나갔음이러라"라고 말씀했습니다. 베드로전서 5장 7절에서 우리의 모든 염려를 다 주께 맡기고, 빌립보서 4장 7절에 아무것도 염려하지 말고 오직 모든 일에 기도와 간구로 우리의 구할 것을 감사함으로 하나님께 아뢰어야 합니다. 그리할 때 시편 23편 1절과 2절에서 목자가 되신 주님께서 모든 것에 부족함이 없도록 인도해 주시고, 푸른 초장과 쉴 만한 물가로 인도해 주실 줄 믿습니다.

성도 여러분!

우리의 신분, 계층, 연령에 상관없이 오직 우리를 정결케 하시는 어린양이 되신 예수 그리스도의 보혈로 말미암아 영혼의 옷을 희게 씻음을 받은 자만이 구원의 복을 누리게 됩니다. 어느 누구의 유혹에도 흔들리지 마시고 이 믿음을 끝까지 지키시기를 바라고, 어떤 핍박과 환란에도 흔들리지 않고 믿음을 끝까지 지키시기를 바랍니다. 주님은 우리를 이미 아시고, 여러분을 위한 모든 축복과 위로를 준비하시며 주님을 섬기고 나아가시는 여러분에게 머지않아 놀라운 것으로 채워주시리라 믿습니다. 여러분에게 이런 주님의 위로와 축복이 넘치시기를 우리 주 예수 그리스도의 이름으로 축원합니다.

하나님이 주시는 성공을 누리는 사람

민수기 14:1-10

***

여호와께서 우리를 기뻐하시면 우리를 그 땅으로 인도하여 들이시고 그 땅을 우리에게 주시리라

이는 과연 젖과 꿀이 흐르는 땅이니라

다만 여호와를 거역하지는 말라 또 그 땅 백성을 두려워하지 말라

그들은 우리의 먹이라 그들의 보호자는 그들에게서 떠났고 여호와는 우리와 함께 하시느니라

그들을 두려워하지 말라 하나 온 회중이 그들을 돌로 치려 하는데

그때에 여호와의 영광이 회막에서 이스라엘 모든 자손에게 나타나시니라

***

이스라엘 백성들이 출애굽하여 광야로 나왔습니다. 상당한 시간을 광야에서 지나다가 가데스 바네아라는 지역에서 하나님께서 모세에게 명령하셨습니다. 각 지파에서 대표자 한 사람씩을 뽑아 가나안 땅으로 정탐꾼을 보내라고 합니다. 그렇게 한 이유는 광야를 방황하던 이스라엘 백성들에게 그곳이 얼마나 아름다운 땅인지를 보여주시기 위해, 그 백성들에게 오히려 꿈과 비전을 주기 위해 하나님이 모세에게 명령하신 것입니다.

가나안 땅을 정탐하고 돌아온 사람들이 모세와 백성들 앞에서 가나안 땅에 대한 보고를 하는 장면이 본문에 나타납니다. 그런데 보고를 하는 자리에서 백성들이 통곡하고 있습니다. 하나님이 의도하셨던 것과는 전혀 다른 반응이었습니다. 보고하는 사람들의 의견이 첨예하게 나누어졌습니다. 다시 말하면 여호수아와 갈렙을 제외한 10명의 지파대표자들은 가나안 땅에 대하여 좋은 평가를 하면서, 가나안 땅에 살고 있는 사람들의 외모와 강함에 두려움을 느껴 백성들 앞에서 '가나안 땅에 들어가면 이미 살고 있는 가나안 7족속들에 의해 죽음을 면치 못할 것이라'는 보고를 하였던 것입니다.

이 보고를 들은 이스라엘 백성들은 본문 1절에서 5절에 보면, 목놓아 통곡하고 있습니다. 지금까지 그 어려운 출애굽을 통하여 애굽에서 나왔고, 또 천신만고 끝에 광야를 통과하여 가나안 땅 앞에 도달하게 되었는데, 그 땅에 들어가면 죽는다고 하니 얼마나 기가 막히는 일입니까? 이스라엘 백성들의 마음을 우리는 충분히 이해하고도 남음이 있습니다.

그런데 여호수아와 갈렙은 그렇게 낙심하고 있는 이스라엘 백성들 앞에서 10명의 정탐꾼들과는 전혀 다른 보고를 하고 있습니다. 12명의 정탐꾼들은 가나안 땅의 아름다움, 즉 하나님의 축복을 받은 땅임을 증거하고 있습니다. 그런데 10명의 정탐꾼들은 가나안 땅에 살고 있는 족속을 보았고, 여호수아와 갈렙은 하나님의 전능하심과 살아계심을 보았습니다. 아무리 사람들이 강할지라도 하나님의 전능하심이 더 위대하다는 것을 증거하고 있는 것입니다. 뿐만 아니라 그렇게 아름다운 땅이기 때문에 하나님께서 자신들에게 주시기를 원하신다는 것을 증거하고 있습니다.

똑같은 사실을 두고 사람들은 각자 다른 반응을 보입니다. 반쯤 차 있는 물 컵을 보고, 어떤 사람은 물이 반밖에 없다고 하고, 어떤 사람은 반이나 있다고 말합니다. 아름다운 가나안을 보고 감동하는 것은 같지만, 그 모든 것을 주관하시는 분이 하나님이라는 믿음을 가진 사람과 인간이 주인이라고 믿는 사람들이 있습니다.

우리 모두는 하나님으로부터 한평생이라는 똑같은 인생을 부여받았습니다. 그런데 부여받은 삶을 좋은 면으로 이끌어 나가고 새 역사를 창조하는 자가 있는 반면, 이를 파괴시키고 남에게 악을 행하며 슬픔을 주고 괴로움을 주는 자들이 있습니다. 어렵고 힘든 일을 만날 때 하나님이 함께 계신다는 것을 믿는 사람은 다시 일어날 용기를 갖지만, 하나님을 믿지 않는 사람은 좌절하고 포기하기 일쑤인 것입니다. 본문을 통하여 하나님이 주시는 진정한 승리, 성공을 원하는 믿음의 사람들의 자세를 찾아서 믿음으로 소망이 가득해지는 시간이 되시기를 주님의 이름으로 축원합니다.

하나님이 주시는 성공을 누리는 사람은 믿음의 눈으로 미래를 내다보는 자입니다.(6-7, 9)

본문에 두 종류의 사람이 나타나고 있습니다. '현실만 보는 눈을 가진 사람'이 있고, '현실과 그 현실을 이끌어 가시는 하나님을 보는 눈을 가진 사람'이 나타나고 있습니다.

현실만 보는 눈을 가진 사람은 가나안 땅의 기골이 장대한 아낙 자손들을 보았습니다. 그들이 기골이 장대한 아낙 자손들과 자신들과 비교하니 그 차이가 심하게 나고 있었습니다. 그들의 표현을 그대로 쓴다면, 이스라엘 백성들은 가나안 땅에 있던 족속들과 비교할 때 '메뚜기처럼 보였다'고 증거하고 있습니다. 가나안 땅의 일부에서 잘 먹고 건강하게 지낸 그들과 싸워서 하나님이 예비하신 축복의 땅을 차지한다는 것이 불가능해 보였던 것입니다. 그것이 그들의 현실이었습니다.

그런데 인생의 주관자이신 하나님을 보는 눈을 가진 여호수아와 갈렙은 달랐습니다. 현실을 인정하고 그 현실을 주관하시는 살아계신 하나님을 믿고 의지하였기 때문에 오히려 힘을 얻을 수 있었던 것입니다. 분명히 가나안 사람들은 힘이 세고 탁월한 전술을 구사하는 사람이지만, 역사를 주관하시는 하나님이 우리와 함께 하시기 때문에 반드시 승리할 것이라는 확신을 가진 자들이었습니다. 하나님이 함께 하시기 때문에 아무리 강한 아낙 자손들이라 할지라도 그들은 하나님께서 그들 앞에 차려놓은 밥상, 먹이에 불과하다고 강하고 담대하게 말하고 있는 것입니다.

다윗의 현실을 생각해 봅시다. 다윗 앞에 서 있는 골리앗의 엄청난 키와 쩌렁쩌렁 울리는 목소리로 울부짖는 그 기세에 눌릴 수밖에 없는 것이 현실이었습니다. 그 현실은 이스라엘의 모든 군대들이 다 같은 마음으로 느끼고 있는 것이었습니다. 그래서 모든 군인들이 골리앗의 소리와 키에 눌려서 꼼짝하지 못하고 있었습니다. 그것이 사실이고 현실이었습니다. 그러나 다윗은 달랐습니다. 하나님이 함께 하시기 때문에 비록 어린아이에 불과하였지만 장대한 골리앗을 두려워하지 않을 수 있었습니다. 다윗은 골리앗을 물리치고 하나님의 승리, 성공을 누릴 수 있었던 것입니다. 하나님의 인도와 능력을 보는 믿음의 눈을 가진 사람은 반드시 성공하게 되어 있습니다.

우리나라의 훌륭한 선각자이자 위인 중에 율곡 이이라는 분이 있습니다. 그는 10년을 내다보면서 병사를 양성하여 나라를 지켜야 한다는 '10만 양병론'을 중요하게 여겼습니다. 당장 눈앞에 보이는 것만 바라보는 자는 늘 쫓기는 인생을 살게 되어 있습니다. 영국의 유명한 수상인 윈스턴 처칠은 앞으로 다가올 영국의 20년을 내다보았습니다. 그래서 해가 지지 않는 나라를 이루는 일에 크게 쓰임을 받았습니다. 현명한 그리스도인은 현실을 직시하되, 그 현실 속에 함께 하시는 하나님을 의지하고, 하나님이 주시는 지혜를 받아 다가오는 한 시대를 내다보는 자가 되어야 합니다.

성도가 믿음의 눈으로 미래를 내다본다는 것을 다른 말로 표현하면, 하나님의 역사를 믿고 하나님을 의지한다는 것입니다. 어차피 우리는 내일의 시간을 하나님께서 우리들에게 주셔야 하는 것이기 때문에 하나님을 바라보는 것이 가장 현명한 일임을 잊어서는 안 될 것입니다.

여호수아와 갈렙처럼 젖과 꿀이 흐르는 가나안 땅을 바라보거나 또는 척박한 광야를 바라보는 것은 그리 큰 문제가 아닙니다. 이스라엘 백성들은 항상 불평과 원망이 가득하였습니다. 광야에 살 때는 고기를 먹을 수 없는 현실을 불평하면서 애굽으로 돌아가자고 모세를 원망하였습니다. 지금은 가나안 땅에 살고 있는 기골이 장대한 아낙 자손들을 보면서 두려운 마음에 또 다른 불평과 통곡을 하고 있는 것입니다. 좋은 일이 있으면 좋은 일이 있는 대로, 나쁜 일이 있으면 나쁜 일이 있는 대로 원망하고 불평하는 자들이었습니다. 하나님이 없는 사람은 이렇게 늘 불평할 수밖에 없는 인생이 되고 마는 것입니다.

진정한 성공을 바라보는 자는 현실 가운데서, 그 현실을 주장하시고 이끄시는 하나님을 바라보고 소망을 갖는 것입니다. 그리고 믿음을 가지고 하나님께 구하는 자들이 되어야 하는 것입니다. 현실을 직시하고, 그 현실을 주장하시는 하나님을 바라보면서 믿음으로 성공의 복을 누리시는 믿음의 백성들이 되시기를 축원합니다.

하나님이 주시는 성공을 누리는 사람은 믿음으로 하나님을 기쁘게 하는 자입니다.(8)

본문 8절에서 여호수아와 갈렙은 '하나님이 우리를 기뻐하시면 우리를 그 땅으로 인도하여 들이시고 그 땅을 우리에게 주시리라' 고 합니다. 이 믿음의 고백은 우리들에게 아주 중요한 도전을 줍니다. 참 성공의 복은 하나님이 주신다는 것입니다. 성공의 주체가 하나님이시라는 것입니다. 그러니까 하나님이 주셔야 성공할 수 있는 것이지 인간이 아무리 발버둥을 친다고 해서 성공을 얻을 수 있는 것이 아니라는 것입니다. 성공의 기준이 하나님 안에 있다는 것을 말하는 것입니다.

전도서 2장 26절에 보면, "하나님은 그가 기뻐하시는 자에게는 지혜와 지식과 희락을 주시나 죄인에게는 노고를 주시고"라고 하였습니다. 하나님을 기쁘시게 하면 하나님은 세상을 사는 지혜와 지식을 주셔서 성공하게 하신다는 것입니다. 요한복음 8장 29절에서는 "나를 보내신 이가 나와 함께 하시도다 나는 항상 그가 기뻐하시는 일을 행하므로 나를 혼자 두지 아니하셨느니라"고 하였습니다. 이 말씀의 의미는 예수님께서 하나님이 기뻐하시는 일을 하였기 때문에 항상 하나님이 동행하여 주셨다고 말하고 있는 것입니다. 이것을 우리들에게 적용시켜 보면, 우리가 하나님을 기쁘시게 하면 하나님은 우리와 항상 동행하여 주신다는 것입니다. 하나님이 기뻐하시도록 우리의 삶을 살면 하나님이 동행해 주시는 것입니다.

종종 하나님이 아니더라도 얼마든지 성공할 수 있다고 자신있게 말하는 사람들이 있습니다. 그래서 하나님 없이도 잘 살 수 있다고 말하곤 합니다. 진정한 성공이란 모든 것이 다 잘되어야 합니다. 만약 물질의 성공을 얻었다고 하더라도 그 사이에 건강을 잃었다면 그는 진정한 성공을 이룬 사람이 아닙니다. 그리고 물질을 많이 얻는 성공과 건강을 얻는 데는 성공했지만 그 사이에 가정을 잃었다면 이 또한 진정한 성공을 이룬 게 아닙니다. 많은 성공자들이 어깨에 힘을 주면서 성공했다고 하지만 조금만 다른 부분을 살펴보면 그는 실패자라는 것이 금방 탄로가 나고 맙니다.

진정한 성공은 하나님이 주시는 것입니다. 하나님의 은혜가 아니면 진정한 성공은 누릴 수 없다는 것을 결코 잊지 말아야 합니다. 그러므로 우리가 하나님을 기쁘시게 하고 하나님이 주시는 성공을 누리는 자들이 되시기를 바랍니다.

하나님을 기쁘시게 하면 하나님도 우리를 기쁘게 하십니다. 그리고 나머지 모든 문제를 해결하십니다. 우리 마음의 소원을 이루어

주십니다. 우리는 하나님을 기쁘시게 하는 일만을 하는 자가 되어야 합니다. 성도가 하나님을 도외시하고 성공했다면 그것은 분명히 문제가 있는 성공이 된다는 것을 기억하고, 비록 실패하더라도 하나님과 함께 실패하면 하나님이 모든 것을 책임져 주신다는 것을 알고 믿음으로 나아가는 성도들이 되시기를 축원합니다.

하나님이 주시는 성공을 누리는 사람은 믿음으로 불의와 싸우는 자입니다.(9)

성도는 화평을 이루는 자들이 되어야 합니다. 그러나 죄악에 대해서는 히브리서 12장 4절에서 "너희가 죄와 싸우되 아직 피흘리기까지는 대항하지 아니하고"라고 하였습니다. 성도에게 죄악에 대해서는 피흘리기까지 싸우라는 명령을 주시는 것입니다. 화평을 누리는 것이 성도라고 해도 죄와 불의에 대해서는 단호히 싸우는 자로 사는 것이 신앙인의 자세라는 것을 반드시 견지해야 하는 것입니다.

이스라엘 백성들이 가나안 땅에 들어가서 가나안 족속들을 물리치고 그 땅을 차지하는 것이 하나님의 뜻이었습니다. 가나안 땅에서 우상을 숭배하면서 사는 자들은 우리가 상상할 수 없는 잔인한 방법으로 우상들을 숭배하기도 하였습니다. 하나님은 그들을 결코 기뻐하지 않았습니다. 그래서 가나안 땅에 들어가서 그 땅을 이스라엘 백성들이 차지하도록 하는 것은 하나님의 일이었습니다. 출애굽기 14장 14절에서 "여호와께서 너희를 위하여 싸우시리니 너희는 가만히 있을지니라"고 하였습니다. 그런데 이스라엘 백성들은 하나님이 하실 일을 분명히 알면서도 자신들이 가나안 땅을 정복하려고 하니 불안하고 두려움으로 가득 찰 수밖에 없었습니다.

그리고 하나님은 이스라엘 백성들에게 가나안 땅에 살고 있던 백성들을 물리칠 때 잔인하게 물리치게 했습니다. 신명기 13장 15절에서 17절에 보면, "너는 마땅히 그 성읍 주민을 칼날로 죽이고 그 성읍과 그 가운데에 거주하는 모든 것과 그 가축을 칼날로 진멸하고 또 그 속에서 빼앗아 차지한 물건을 다 거리에 모아 놓고 그 성읍과 그 탈취물 전부를 불살라 네 하나님 여호와께 드릴지니 그 성읍은 영구히 폐허가 되어 다시는 건축되지 아니할 것이라 너는 이 진멸할 물건을 조금도 네 손에 대지 말라 그리하면 여호와께서 그의 진노를 그치시고 너를 긍휼히 여기시고 자비를 더하사 네 조상들에게 맹세하심 같이 너를 번성하게 하실 것이라"고 했습니다. 잔인하게 모든 것을 제거하라고 하신 이유는 죄악에 대해 단호한 하나님의 의지를 보여주시기 위해서였습니다. 나아가 이스라엘 백성들이 가나안 땅 사람들의 죄악에 물들지 않게 하기 위해 하나님께서 철저히 제거하라고 한 것입니다.

하나님은 죄악을 가까이 하지 말라고 하시고, 하나님의 백성들이 불의한 일에 빠지는 것을 싫어하십니다. 그래서 하나님은 그들을 깨끗하게 하시려고 친히 그들을 위해 싸우시는 것입니다. 이 하나님의 말씀을 거역하는 불의를 방관하는 것은 하나님의 역사에는 도움이 되지 않는 것입니다. 9절 말씀을 보면, "오직 여호와를 거역하지 말라. 또 그 백성을 두려워하지 말라. 그들은 우리의 먹이다"라고 합니다. 성도가 불의와 싸울 때에 하나님은 그 성도들과 함께 하십니다. 우리를 지켜주시므로 우리의 모든 싸움은 하나님을 위한 싸움인 것입니다. 하나님께서 불의와 싸우는 자들과 함께 하십니다. 성도로서 불의와 싸우는 믿음의 승리자가 되기를 바랍니다.

하나님은 성도된 백성들이 불의와 타협하고, 죄악에 물든 인생을 사는 것을 기뻐하지 않습니다. 오히려 그 죄악에 대항하여 마치 전쟁하듯이 싸우라고 하시는 것입니다. 그래서 죄악에 대해서는 피 흘리기까지 싸우며 정결함을 유지하라고 하시는 것입니다. 주님의 은혜 안에 사는 우리들이 죄를 멀리하고 하나님의 뜻을 행하는 믿음의 백성으로 승리하며, 하나님이 주시는 성공을 누리시는 주님의 백성들이 되시기를 주님의 이름으로 축원합니다.

하나님이 주시는 성공을 누리는 사람은 믿음으로 역사에 남는 자입니다.(10, 38)

민수기 14장 38절의 말씀에 "그 땅을 정탐하러 갔던 사람들 중에서 오직 눈의 아들 여호수아와 여분네의 아들 갈렙은 생존하니라"고 했습니다. 믿음으로 하나님을 따른 사람 여호수아와 갈렙만 생존했다고 했습니다. 그것은 그 땅을 정탐하러 간 12명 중에 여호수아와 갈렙만 아름다운 땅을 보고 들어갈 수 있었다는 것입니다. 그리고 나머지 10명은 하나님의 치심을 받아 죽게 되었습니다.

아무리 많은 사람들이 있어도 하나님의 뜻에 맞는 자만 하나님의 역사에 참여할 수 있는 것입니다. 모든 사람이 그토록 가나안 땅에 들어가려고 애썼지만 출애굽 당시 20세 이상된 자들 중에는 그들만 들어갔고 하나님께 인정을 받았습니다. 여호수아는 하나님의 역사를 새롭게 창조하는 일에 쓰임을 받았고, 결국 그는 모세 이후 민족 지도자의 대권을 이어받아서 이스라엘을 인도하여 가나안 땅에 들어가도록 했습니다. 그 믿음대로 되었고, 하나님께서 함께하셨고, 믿음의 눈으로 본대로 복을 받았습니다. 즉, 진정한 성공자가 된 것입니다. 불의와 싸운 대로 승리자가 되었던 것입니다. 하나님의 약속대로 가나안 땅의 일곱 족속들을 마치 먹이처럼 정복하고 하나님의 은혜로 승리한 것입니다.

거듭되는 실패를 결국 성공으로 바꾼 한 사람의 이야기가 있습니다. 1832년에 그는 실직자가 되었습니다. 1833년에 사업을 시작했으나 실패했습니다. 1836년에 사랑하는 아내를 잃었습니다. 설상가상으로 자신도 그 해에 신경성 질환으로 고생했습니다. 1844년에는 국회 하원에 출마했으나 낙선했습니다. 1849년에 토지등기소 직원으로 취직하려고 했으나 거절당했습니다. 1856년에는 상원의원 선거에서도 낙선했습니다. 또 부통령 지명전에서도 실패했습니다. 그러나 1860년, 그는 마침내 대통령 선거에서 승리했습니다. 그는 시민전쟁으로 북군에게 배척받고 남군에게는 원망을 사는 가운데 대통령직을 수행하게 되었습니다. 그는 혼자 모든 결정을 할 수 없었기 때문에 집무실에 따로 기도실을 만들어 놓고 기도했습니다. 대통령직은 보장받지 못하는 것이었기 때문입니다. 그가 바로 미국 역사상 가장 위대한 성공적인 대통령 중의 한 사람인 링컨이었습니다.

우리가 행하는 것이 보장받을 수 없는 광야의 행진이라고 할지라도 우리는 계속해야 합니다. 약속의 소망을 따라 게으르지 말고, 포기하지 말고, 끝없이, 중단 없는 전진을 해야 합니다. 링컨은 이미 그가 죽은 지 150년이 되었지만, 미국의 역사상 가장 존경하는 인물에서 항상 1, 2위권에 자리하고 있습니다. 하나님을 의지하고 믿음을 가진 사람, 그의 행적은 수많은 사람들의 영혼을 지금도 움직이는 위대한 인물이 된 것입니다.

여러분은 인생의 진정한 성공이 무엇이라고 생각합니까? 여러분이 사는 동안에 하나님을 기쁘시게 하고, 또 여러분들이 가신 다음에도 언제나 사람들의 마음에 남아 있는 사람이 되면 좋겠습니다. 30년이 되지 않는 목회의 길에도 마음에 잊혀지지 않는 분들이 계십니다. 여러분들은 하나님의 교회의 역사에, 그리고 가까이는 지난한 해 동안에도 필요한 삶을 산 성도들이 되면 좋겠습니다. 우리도 그러한 자가 되어야 합니다. 그래서 하나님이 보실 때 진정으로 성공한 인생을 사는 자가 되시기를 주님의 이름으로 축원합니다.

성도 여러분!

성공이라는 것은 세상 사람들이 말하는 많은 물질을 얻었다고, 높은 자리에 올랐다고, 대단한 학식을 가졌다고 말할 수 있는 것이 아닙니다. 진정한 성공이란 하나님 앞에 남는 것이어야 합니다. 베드로 사도는 베드로전서 1장 7절에서 "너희 믿음의 확실함은 불로 연단하여도 없어질 금보다 더 귀하여 예수 그리스도께서 나타나실 때에 칭찬과 영광과 존귀를 얻게 할 것이니라"고 하였습니다. 하나님을 믿는 믿음으로 믿음의 성공자가 되어야 합니다. 그래서 하나님의 나라에서 기억에 남는 자가 되어야 합니다. 그러면 하나님은 아직도 남아 있는 이 땅에서도 진정한 성공자로 살도록 힘주시고, 능력을 주시는 것입니다. 하나님을 신뢰하는 일에 성공자가 되셔서 여호수아와 갈렙처럼 하나님께 인정받는 믿음의 성공자로 세워지는 은혜가 충만하시기를 주님의 이름으로 축원합니다.

복음의 진수

People Living
with
JESUS

성숙한 성도

빌립보서 2:15-18

* * *

이는 너희가 흠이 없고 순전하여 어그러지고 거스르는 세대 가운데서

하나님의 흠 없는 자녀로 세상에서 그들 가운데 빛들로 나타내며

생명의 말씀을 밝혀 나의 달음질이 헛되지 아니하고 수고도 헛되지 아니함으로

그리스도의 날에 내가 자랑할 것이 있게 하려 함이라

* * *

바울 사도는 빌립보 교인들에게 '예수 그리스도의 마음을 품으라' 고 권한 후에, 현재의 위치에서 보다 성숙한 삶을 항상 이루어가라고 요청합니다. 예수 그리스도의 마음은 한마디로 정의하기에는 너무 위대하시기 때문에 어렵지만, 빌립보서 2장 5절에서 11절의 내용은 '겸손, 순종' 으로 요약할 수 있습니다. 하나님과 동등한 권세를 가졌지만 그는 그 하늘의 자리를 비워 인간들의 죄를 속하기 위해 속죄양으로 이 땅에 오셔서 십자가를 지신 겸손함을 가지신 분이십니다. 또 하나님 아버지께서 인간의 구원을 위한 속죄양으로 살기를 원하실 때 주저함 없이 십자가를 지기까지 순종하신 분이십니다. 주님의 성품은 겸손하시고, 하나님 아버지에 대해 전적인 순종의 삶을 사신 분이십니다.

　　바울 사도가 이렇게 예수님의 겸손함과 순종을 말한 후에, 믿음을 가진 성도들이 예수님의 겸손과 순종을 배워 성숙한 그리스도인이 되기를 원하신다는 말씀을 주십니다. 그리스도인들이 '얼마나 진실하게 겸손과 순종의 삶을 이루었는가?' 라는 것이 성숙의 정도라고 말하고 있는 것입니다. 즉, 성도들이 영적인 성숙을 위해서는 '항상 복종하여 두렵고 떨림으로 주님의 성품을 이루어가야 하는 것' 이라고 말합니다. 이미 예수 그리스도의 십자가를 통하여 완전히 이루어 놓은 구원을 믿음으로 받아들인 후에, 구원받은 하나님의 자녀로서의 합당한 삶을 구현해 가야 한다고 바울은 우리에게 가르치고 있습니다.

성도는 하나님의 사랑으로 구원을 받은 후에는 반드시 주님의 겸손과 순종의 삶을 닮아가는 영적인 성장과 성숙한 삶을 이루어 가야 합니다. 그 성숙한 성도의 모습을 본문에서는 세 가지로 가르치는데 우리가 이 시간 그것을 잘 살펴봄으로 함께 은혜 받는 시간이 되시기를 주님의 이름으로 축원합니다.

성숙한 성도는 성숙한 신앙생활이 있습니다.(12)

본문 12절의 말씀을 보면, "나의 사랑하는 자들아 너희가 나 있을 때 뿐 아니라 더욱 지금 나 없을 때에도 항상 복종하여 두렵고 떨림으로 너희 구원을 이루라"고 했습니다. 성도는 그 생활의 면에서 하나님의 자녀답게 항상 성숙한 그리스도인이 되기를 힘써야 합니다.

본문의 말씀을 자세히 보면 이해하기 쉽지 않는 말이 있습니다. 그것은 '구원을 이루라' 는 말입니다. 구원은 주님의 보혈의 공로로 말미암아 우리들에게 값없이 주는 것으로 우리가 믿음으로 받는 것입니다. 그런데 바울 사도는 우리들에게 구원을 이루라고 합니다. 구원은 우리가 영원한 멸망을 받을 수밖에 없을 때 주님께서 십자가를 통하여 하나님의 자녀로 삼아 주신 것입니다. 그것은 변함없는 사실입니다. 그렇지만 우리는 구원을 받았다고 그대로 주저앉아 있으면 안 됩니다. 하나님의 자녀답게, 하나님의 자녀다운 모습으로 날마다 변화되고 자라가야 하는 것입니다.

예수 그리스도를 믿고 구원을 받았다고 해서 모든 것이 끝난 것이 아닙니다. 죄로 말미암아 엉망진창인 우리의 삶 속에 여전히 그대로 머물러 있으면 안 됩니다. 날마다 고쳐야 하고, 새롭게 되어야 하고, 누가 보더라도 하나님의 자녀라는 인정을 받을 수 있도록 변화되어야 하는 것입니다. 이런 것을 바울 사도는 '우리의 구원을 이루는 것'이라고 합니다. 믿고 구원을 받은 저와 여러분이 주님의 자녀답게 날마다 변화되어서 아주 거룩한 사람으로 성숙해져 가는 은혜가 있기를 바랍니다.

바울 사도는 빌립보 교인들을 향하여 하나님의 자녀로서의 삶은 바울 사도가 함께 있든, 떠나 있든 상관하지 않고 이루어야 할 구원의 모습이라고 말합니다. 선생이자 복음을 전해준 사람인 바울이 머물고 있을 동안에는 성숙한 신앙생활을 하는 것처럼 보였는데, 바울이 떠나고 나면 어떻게 살지 걱정이 되었고, 또 떠난 후에 문제가 많이 발생했던 것입니다. 즉, 그리스도인의 삶은 사람을 의식하기보다는 하나님의 자녀로서 하나님 앞에서의 신앙생활이 되어야 합니다. 바울이 빌립보 교인들에게 영향력이 있는 사도이기는 하지만, 그래도 그와 상관없이 하나님 앞에서 성도의 바른 삶을 살아야 하는 것입니다. 만약, 사람에 의해 좌우되는 신앙을 가진다면 언제든지 넘어질 수 있는 신앙이 되기 쉽습니다.

지금 우리는 어떻습니까? 주위에 있는 사람에 상관없이 하나님을 믿고 따르는 신앙생활을 하고 있습니까? 하나님을 의식하는 삶보다는 사람을 의식하는 모습이 너무 많은 것 같지는 않습니까? 성도는 하나님 앞에서의 신앙으로 살아야 합니다.

성도는 하나님이 기뻐하시는 것을 행할 때 비로소 하나가 될 수 있습니다. 하나님의 자녀로서 성숙한 신앙을 가졌다는 것은 마음속에 하나님을 기쁘시게 해드리는 일에 소원을 가지고 섬기게 된다는 것을 의미합니다. 모든 성도가 그런 마음을 가지고 섬길 때 성도 각자와 교회가 티나 흠 없이 하나가 되어 하나님의 나라를 더욱 아름답게 건설해 가게 되는 것입니다. 그 결과 하나님을 영화롭게 하는 것과 어그러지고 거스르는 세대 가운데 있는 사람들에게 하나님의 자녀, 빛의 자녀로 인정받는 아름다운 일이 있게 되는 것입니다.

하나님의 자녀로 성숙한다는 것은 하나님을 더 많이 기쁘시게 하는 것과 다른 사람에게 하나님의 자녀로 합당한 모습을 보이는 것을 의미합니다. 주 안에서 이런 그리스도인의 성숙한 신앙의 삶을 보이는 여러분들이 되시기를 축원합니다.

성숙한 성도는 성숙한 인간관계를 가집니다.(13-15)

성도는 다른 성도들과 형제자매의 위치에서 항상 성숙한 그리스도인이 되기를 힘써야 합니다. 본문 13절과 15절을 보면, "너희 안에서 행하시는 이는 하나님이시니 자기의 기쁘신 뜻을 위하여 너희에게 소원을 두고 행하게 하시나니 모든 일을 원망과 시비가 없이 하라 이는 너희가 흠이 없고 순전하여 어그러지고 거스르는 세대 가운데서 하나님의 흠 없는 자녀로 세상에서 그들 가운데 빛들로 나타내며"라고 하였습니다. 그러니까 하나님은 성도에게 일어나는 일이 우연히 되는 것이 아니며, 반드시 하나님의 깊은 뜻이 있다는 것입니다. 그러므로 갑자기 생각지도 않던 좋은 일이 생긴다고 해서 '이것은 하나님의 축복이라'고 미리 생각해서도 안 되고, 안 좋은 일이 있다고 해서 '이것은 하나님의 저주'라고 생각하거나 다른 사람 때문에 일어난 일이라고 원망하거나 불평하는 것은 바람직하지 않습니다. 오히려 어려운 일이 있을 때는 하나님의 뜻을 바라면서 믿음으로 그것을 이기려고 해야 합니다.

성도들은 성도들끼리 원망하거나 미워하는 일을 해서는 안 됩니다. 하나님을 아버지로 모시고 사는 성도들은 그리스도 안에서 형제이며 자매입니다. 하나님을 기쁘시게 하는 일에 하나가 되어야 합니다. 예레미야 시대에 그다랴라는 총독은 정말 진심으로 그 백성을 사랑하고, 비록 자기를 죽이려는 마음을 가지고 있다는 것을 확인해도 결코 그 대적을 미워하거나 해치려고 하지 않았습니다.

아무리 많은 성도라고 하더라도 하나님을 기쁘게 하는 일에 소원이 있다면, 성도들은 서로에 대해 형제애를 느끼게 될 것이며 원망이나 시비는 없어지게 되는 것입니다. 그러나 아무리 적은 성도라고 해도 자기자신을 기쁘게 하는 일에 소원이 있다면 늘 원망과 시비 가운데 휘말리게 되는 것입니다. 주님의 일은 지나치게 성취주의이기보다는 형제가 하나되어 하나님을 섬기는 최선의 삶에 있다는 것을 잊지 말아야 합니다.

어떤 일에 걸림돌이 되는 사람이 있다면 그 사람을 제거하는 것이 인간들의 일입니다. 독재자들은 반대자들을 제거합니다. 몽골에 갔을 때 들은 이야기입니다. 우리나라의 여의도광장처럼 '수흐바타르광장'이 있었는데, 얼마 전에 '칭기즈칸광장'으로 바뀌었다고 했습니다. 그 이유는 현재 정권을 잡은 사람이 혁명가인 '수흐바타르'를 싫어하기 때문에 칭기즈칸광장으로 바꿔버렸다는 것입니다.

형제가 다투는 중에는 아름다운 것이 없습니다. 형제의 다툼은 부모의 인격에 치명타를 가하고, 형제의 다툼은 다른 사람에게 불신을 주며, 형제의 다툼은 안식처를 잃게 되는 아픔을 가져다줍니다. 이삭의 두 아들인 에서와 야곱의 다툼이나 갈등은 헤어져서 20년 이상을 지나야 하는 아픔을 가져오고, 또 고통을 가져오게 되는 것입니다. 그러므로 성도가 성숙된다는 것은 서로에 대해 관대해지며 하나님의 영광을 생각하므로 자연스런 열매로서의 형제애가 나타나게 되는 것입니다. 그것은 곧 하나님 나라의 확장으로 이어지게 되는 것입니다. 거기에서 머물지 않고 더 나아가 자신과 가르치는 자들의 상급과 열매가 되는 놀라운 축복이 되는 것입니다.

오래전 한 아가씨가 스코틀랜드 주일학교에서 장난꾸러기 소년만 모인 반의 담임을 자청하고 나섰습니다. 그 중에서도 보비라는 소년은 다룰 수 없는 골칫거리 아이였습니다. 주일학교에서는 이 여선생님에게 새 옷 한 벌을 가지고 보비의 집을 방문하여 계속 출석을 잘할 수 있도록 당부했습니다. 여선생님이 보비의 집을 방문했을 때 보비는 씻지 않아 땟물이 흐르는 얼굴에 머리는 헝클어져 있었고, 입고 있는 옷은 진흙에 뒹굴어 거의 걸레가 되어 있었습니다. 여선생님은 보비에게 새 옷을 입히고 교회에 잘 나오도록 부드럽게 얘기했습니다. 그러나 보비는 또 더러워졌고 교회도 나오지 않았습니다.

여선생님은 다시 보비를 방문했습니다. 이미 새 옷은 더러워져 걸레가 되어 있었습니다. 또 한 벌의 새 옷을 선물하고 잘 타일렀습니다. 그러나 여전히 보비는 달라지지 않았습니다. 여선생님은 힘이 빠지고 말았습니다. 주일학교 부장을 찾아가 이제 더 이상 힘들겠다고 했습니다. 그러나 주일학교 부장은 "용기를 잃지 말고 계속해 보십시오." 하고 격려했습니다. 그 여선생님의 계속적인 노력으로 고삐 풀어진 망아지 같은 이 소년은 나중에 훌륭하게 성장하여 중국에 선교사로 갔습니다. 그가 바로 로버트 스미슨 목사입니다. 그는 성경을 중국어로 번역하여 수백만의 영혼을 주께로 나오게 했습니다.

우리는 예수 그리스도로 인해 구원을 얻은 주님의 백성으로 하나님을 기쁘게 하는 오직 한 가지의 일 안에서 하나가 되고, 다른 사람을 진실로 사랑하는 사람이 되어 사람을 변화시키는 사랑의 사람이 되어야 합니다. 우리가 성숙하여 다른 형제자매를 사랑하는 축복의 일이 이어지기를 주님의 이름으로 축원합니다.

성숙한 성도는 성숙한 사명의식이 있습니다.(16-18)

성도는 부여된 사명을 가진 자의 위치에서 항상 성숙한 그리스도인이 되기를 힘써야 합니다. 본문 16절에서 18절을 보면, "생명의 말씀을 밝혀 나의 달음질이 헛되지 아니하고 수고도 헛되지 아니함으로 그리스도의 날에 내가 자랑할 것이 있게 하려 함이라 만일 너희 믿음의 제물과 섬김 위에 내가 나를 전제로 드릴지라도 나는 기뻐하고 너희 무리와 함께 기뻐하리니 이와 같이 너희도 기뻐하고 나와 함께 기뻐하라"고 했습니다. 성숙한 성도는 '주님이 주신 사명감과 그 사명에 대한 헌신과 그 헌신에 대한 진정한 기쁨'이 있습니다.

성숙한 그리스도인은 일방적으로 받는 자리에 있지 않습니다. 성숙한 그리스도인은 줄 때 줄줄 알고, 받을 때 받을 줄 아는 자들입니다. 하나님이 자신을 부르신 이유가 무엇인지를 알아야 합니다. 그것이 사명감입니다. 선교여행에서 정말 가슴이 아팠던 것은 "모든 개척교회들이 겨울 난방걱정을 하고 있다."라는 것입니다. 그런데 한 교회 전도사님의 "경찰이 되면 많은 돈을 벌 수 있는데, 복음을 위해 그것을 포기하고 어려운 경제생활을 선택하겠다."라는 말을 들으면서 정말 마음이 뭉클했습니다.

하나님의 영광을 위하여 버려야 할 때 버릴 줄 알고, 주님이 주신 축복이 무엇인지를 알고 충분히 감사할 줄 아는 자들이 되어야 합니다. 즉, 주님을 위하여 일하는 사람, 희생을 두려워하지 않는 사람이 되어야 할 것입니다. 주님을 위해 일하는 것은 물론이고, 그 일을 위해 헌신하는 것 자체가 기쁨이 되어야 합니다. 바울은 그 기쁨이 충만했고, 앞서간 성도들은 그런 기쁨이 충만했습니다.

약 60년 전 뉴욕의 이야기입니다. 한 처녀가 등대지기에게 시집을 왔습니다. 총각의 이름은 제이콥 워커(Jacob Walker)였습니다. 이 두 젊은이는 등대 하나만 있는 외딴 섬 로빈스 리프(Robins Reef)에 살아야만 했습니다. 신부는 이런 데서는 도저히 못살겠다고 1개월간이나 짐을 풀지 않았으나 혼자 떠날 수도 없어 그럭저럭 정착하였습니다. 그러나 3년 뒤 남편 제이콥은 폐렴에 걸리게 되어 스태튼 아이랜드 병원에 입원하였으며, 얼마 뒤에 세상을 떠났습니다. 임종하기 전에 제이콥이 남긴 마지막 말은 "등대에 마음을 써 달라(Mind the light)"는 것이었습니다. 남편을 등대가 보이는 언덕 위에 묻고 20대인 워커 부인은 등대를 지키기 시작했습니다. 수백 번 섬을 떠나고 싶은 생각이 들었고, 고생과 고독의 연속이었으나 만 70세까지 41년간을 이 여성은 혼자서 등대를 지켰던 것입니다. 마음이 변하려는 때마다 언덕 위에서 "등대에 마음을 쓰라"는 남편의 음성이 그녀의 발을 붙잡았다고 합니다.

그리스도인의 사명은 하나님으로부터 받은 것입니다. 그것은 하나님을 기쁘시게 하는 일과 어그러지고 거스르는 세대들에게 하나님의 자녀로서의 빛을 비춰주는 일입니다. 바울은 이 일을 위하여 자신을 관제로 드릴지라도 기뻐할 수 있는 일이라고 말합니다. 그리스도인들은 하나님을 위하여 자신을 희생할 줄 아는 자가 될 때 성숙해지는 것입니다. 또 그리스도인들은 다른 성도의 기쁨을 나의 기쁨으로 승화시킬 수 있을 때 비로소 성숙한 그리스도인 되는 것입니다. 여러분에게 이런 성숙한 신앙이 넘치기를 축원합니다.

성도 여러분!

바울 사도는 모든 그리스도인들이 하나님의 자녀로서 성숙한 자녀들, 진정한 성도들이 되기를 원하십니다. 성도들이 믿음으로 구원을 받은 확신을 가지고 있다면, 이제는 그 생활이 하나님의 자녀로서 합당한 모습을 가지도록 해야 합니다. 믿음에 걸맞는 생활이 동반되어야 능력 있는 그리스도인으로 나타날 수 있습니다. 또한 성도는 다른 성도들과의 인간관계가 바르게 정립이 되어야 합니다. 하나님 앞에서 사는 성도들이 하나 되지 못하면 하나님의 마음은 기쁘지 않습니다. 다른 성도들을 믿어주고, 그들을 위로하며 함께 하는 그리스도인으로 살아야 합니다. 성도는 하나님 앞에서 받은 사명을 알고, 그것을 기쁘게 감당하는 자가 되어야 합니다. 하나님의 일에 대해 기쁘게 하는 것은 놀라운 하나님의 일이 됩니다. 그러나 불평으로 하면 그것은 은혜로운 일이 될 수 없습니다.

하나님을 섬기는 형제자매로서의 화평을 누리는 일과 부여된 사명에 대해 희생할 줄 아는 성숙한 그리스도인이 되시기를 우리 주님의 이름으로 축원합니다.

복음의 진수

고린도전서 15:1-11

* * *

내가 받은 것을 먼저 너희에게 전하였노니

이는 성경대로 그리스도께서 우리 죄를 위하여 죽으시고

장사 지낸 바 되셨다가 성경대로 사흘 만에 다시 살아나사

* * *

기본이란 아주 중요합니다. 기본이 제대로 되어 있지 않으면 우선은 그런 대로 흘러가는 것처럼 보이지만 얼마 가지 않아서 모두 무너져 버리고 맙니다. 그런 예는 우리 주위에 얼마든지 찾아볼 수 있습니다. 건축을 할 때 기초가 보이지 않는다고 하여 무시하고 지으면, 그 안에 거주하는 사람들의 생명을 일순간에 앗아갈 수 있습니다. 다리를 건설할 때 그 기본을 무시하면 우선은 편리하게 빨리 지을 수 있으나 나중에는 아주 큰 아픔을 초래할 수 있습니다. 선진국일수록 기초학문이나 기본을 소중히 여깁니다. 당장에는 돈이 되지 않지만 장기적으로는 훨씬 더 유익할 수 있기 때문에 미래를 보는 눈이 있다면 기초, 기본에 충실하게 되는 것입니다.

나라를 운영하는 원리에도 이 원리는 적용됩니다. 우리나라의 경우는 그때그때마다 임기응변식의 정책으로 나라를 운영하다보니 오늘날과 같이 혼란스러운 모습을 가지게 된 것입니다. 지나치게 융통성을 발휘하여 다스리는 것보다는 우선은 불편해 보이고, 반대의견이 있더라도 정해진 기본과 기초에 따라 성실함으로 운영해 가는 것이 중요합니다. 기본을 무시하면 우선은 문제가 없을 수 있으나 시간이 지남에 따라 문제는 점점 심각해지는 것입니다.

교회를 섬기는 신앙생활에도 기본을 잘 지키는 것은 아주 중요합니다. 이 기본을 어기면 아무리 효과적으로 일을 수행하였다고 해도 결코 하나님은 기뻐하지 않습니다. 그러므로 성도는 신앙생활을 할 때 기본을 알고 그 기본으로 섬겨 나아가야 합니다.

신앙생활의 기본은 하나님의 영광입니다. 그 하나님의 영광을 위하여 바르게 나아가려면 말씀을 통하여 주시는 하나님의 뜻에 귀를 기울여야 하므로 말씀을 읽고 듣는 일과, 묵상하는 일에 집중하여야 합니다. 하나님과 교제하는 기도에도 마음을 들여야 합니다. 말씀이 하나님께서 우리에게로 내려오는 것이라면 기도는 하나님께 우리가 올리는 것인데, 하나님과 우리와의 교통이 원활할 때 올바른 신앙생활이 되는 것입니다. 그런데 이것은 믿음을 가지고 사는 성도들이 그 삶을 하나님께 드리는 기본이 되는 것입니다. 여러분들은 이 삶을 잘 감당하셔서 하나님이 기뻐하시는 신앙생활을 살아가시기를 바랍니다.

믿음으로 말미암아 신앙생활을 하게 되면 구원을 받게 됩니다. 군부대에서 훈련을 받을 때 '옷깃만 스쳐도 관등성명'이라는 말이 있었습니다. 이것은 훈련을 받을 때 자신의 신분에 대해서 확실하게 인지하도록 하는 훈련의 일종일 것입니다. 즉, 자신의 존재가 무엇이며, 현 위치를 다른 사람에게 표시하는 의미인 것입니다.

고린도전서 15장을 사람들은 부활장이라고 합니다. 그것은 전체의 내용이 부활의 내용을 중심으로 설명하고 있기 때문입니다. 그러나 바울은 고린도전서 15장을 통해 복음에 대해 설명하기를 원하였습니다. 복음 증거의 중심에 부활이 자리하고 있기 때문에 그것을 심도 있게 설명한 것입니다. 그러므로 본문을 정확하게 이해하면, 바울이 고린도의 성도들에게 복음이 무엇인가에 대한 확실한 설명을 나타내려고 하고 있음을 쉽게 이해할 수 있습니다. 그래서 저는 이 시간 이 본문을 통하여 '복음의 진수' 라는 제목으로 말씀을 나누고자 합니다.

복음의 진수는 성경대로의 믿음에서 출발합니다.(1-4)

바울은 예수님께서 보이신 구원의 근거가 성경대로의 실천에 있다고 말하고 있습니다. 그리고 바울과 제자들은 그 성경대로 행하신 주님의 증거자이므로 그들 역시 성경대로 전하는 것입니다. 또한 말씀을 듣는 성도들 역시도 성경대로의 믿음이 구원을 이루는 유일한 길임을 고백하는 것입니다.

이스라엘 백성들을 광야에서 인도한 모세의 경우나, 그가 성막을 건축할 때의 모습은 한결같이 성경대로, 혹은 그 말씀하신 대로의 믿음이었습니다. 주님은 언제나 그 말씀하신 대로의 믿음을 원하십니다.

말씀대로의 믿음을 원하시는 이유가 여러 가지 있지만, 죄악으로 말미암아 어두워진 영안을 가진 자는 주님이 제시한 길이 아니고는 옳은 길을 찾을 수 없기 때문입니다. 또 어두워진 영안을 가지는 자는 처음에는 바른 길을 가는 듯하나 이내 어긋난 길을 갈 수 있는 무지한 자들이기 때문에 하나님이 주신 말씀이 절대적 기준이 되어야 하는 것입니다. 그러므로 우리는 하나님이 제시한 유일한 구원의 길 외에는 전혀 다른 길이 없음을 알아야 합니다.(행4:12)

그리고 오늘날 우리의 현실 속에서도 우리는 성경대로의 믿음을 원하시는 이유를 더 절감하고 있습니다. 이단들이 최근 더욱 성행하고 있습니다. 그들의 악행들을 어떻게 판단하고, 물리치며, 따르지 않을 수 있는지의 척도는 오직 성경대로의 믿음밖에는 없는 것입니다. 어두운 세상에서 바른 길을 찾도록 주님은 우리에게 성경이라는 너무나 소중한 것을 주셨고, 성령의 감동으로 기록한 그대로의 믿음을 가지기를 바라십니다.

스코틀랜드의 개혁자 로버트 리(1804~1868)에 의하면 성경 속에는 '위대한 부정 7가지'가 나타난다고 합니다. ▲ 피 흘림이 없으면 죄 용서가 없다(히브리서9:22) ▲ 믿음이 없으면 주를 기쁘시게 못한다(히브리서11:6) ▲ 행함이 없으면 죽은 믿음이다(야고보서2:26) ▲ 거룩함이 없으면 주를 볼 수 없다(히브리서12:14) ▲ 사랑이 없으면 아무것도 아니다(고린도전서13:2) ▲ 징계가 없으면 참 자녀가 아니다(히브리서12:8) ▲ 주가 아니면 아무것도 할 수 없다(요한복음15:5) 등이라고 합니다.

성경은 성도가 어떻게 주님의 영광을 위하여 살아야 할지에 대해 너무나 분명하게 지시해 주고 있습니다. 믿음과 삶의 아름다운 향기가 되기 위하여 성경을 사모하시고 가까이 하셔서 성경대로 믿으시고 사시는 여러분이 되시기를 주님의 이름으로 축원합니다.

복음의 진수는 성경대로 십자가와 부활사건입니다.(3-8)

복음의 진수는 예수 그리스도의 죽으심을 대표한 십자가와 살으심을 대표하는 부활입니다. 사람들이 거짓말을 못하도록, 악한 이단들이나 거짓 그리스도가 악을 행하지 못하도록 성경의 예언을 따라 그대로 이루어진 것을 증거합니다.

복음의 진수가 예수 그리스도의 죽으심인 십자가와 살으심인 부활이라는 것은 명확한 진리입니다. 즉, 복음의 진수는 십자가와 부활입니다. 예수님의 십자가에는 인간으로서의 우리의 모든 허물을 온전케 하시는 완전한 사랑과 순종과 용서가 있습니다. 사람들은 십자가를 패배라고 인정할지 모르나 그곳에는 희생할 때 승리하는 참된 비밀이 있습니다. 주님이 우리를 위하여 희생할 때 너무나 아름다운 구원이 일어나는 것입니다.

예수 그리스도가 하나님이시라는 증거이자 속죄를 위한 그의 말씀과 사역이 사실이었다는 것을 확증하는 부활의 승리는 더욱 감동적인 것입니다. 그 속에는 우리의 모든 승리의 보장이 있다는 사실을 바울은 15장 전체를 통하여 강력히 증거하고 있습니다. 그러므로 성도는 반드시 이 십자가와 부활에 대한 확신이 있어야 하며, 어떤 윤리적인 것들보다 근본적으로 붙들어야 할 것입니다. 그래서 바울은 2절의 마지막에 이것을 붙들어야 구원을 얻을 것이라고 선포하고 있는 것입니다.

이것이 복음의 진수입니다. 누군가가 성도에게 '복음이 무엇입니까?'라고 물으면 사람들은 긴장하여 어떻게 설명할까 주저합니다. 두려워할 필요도, 무서워하거나 긴장할 필요도 없습니다. 주님의 십자가와 부활을 말씀하면 됩니다. 다른 어떤 아름다운 미사여구를 들어 설명한다고 할지라도 주님께서 구원의 속죄양이 되신 십자가와 우리의 영원한 소망이 되시는 부활에 대해 설명하지 않았다면 복음을 설명하지 못하신 것입니다. 그러나 반대로 아무리 하찮은 말투로 증거하였다고 할지라도 십자가와 부활에 대해 말해 주었다면 그것은 복음을 가장 완벽히 설명한 점이라는 것을 잊지 않기를 바랍니다.

사람들은 죽음을 허무한 것이라고 말합니다. 아무런 가치가 없는 것이라고 말합니다. 그래서 주님의 희생에 대해서도 평가절하하려는 시도들을 하여 왔습니다. 그러나 주님의 죽으심은 예언되어진 죽음이요, 그 죽으심은 죽으실 수 없는 분의 죽음이요, 그 죽으심은 완전한 희생의 죽음입니다. 그리고 그 죽으심이 결코 헛된 죽으심이 아니며, 불신자들이 죽음을 비판하고 있을 때, 어느 누구도 변명할 수 없는 확실한 증거로 다시 사심으로 말미암아 주님의 희생이 얼마나 값진 것이었는지를 확증하시고 있는 것입니다. 더 놀라운 것은 이 사실을 믿는 믿음의 사람들을 통하여 놀라운 변화와 승리가 나타나고 있다는 것입니다.

우리가 복음의 진수인 십자가와 부활에 대한 진리를 믿음으로 구원을 받아 하나님의 자녀가 되었다면, 우리도 희생이 얼마나 큰 능력인지를 알고 희생을 두려워하지 않는 자녀들이 되어야 합니다. 또한 어떤 절망스러운 일들이 우리 앞에 놓인다고 할지라도 부활의 주님이 함께 계심을 믿음으로 승리의 소망을 누릴 수 있는 자들이 되어야 합니다. 이런 희생의 능력과 소망의 믿음을 붙잡고 승리하시는 여러분이 되시기를 주님의 이름으로 축원합니다.

복음의 진수는 믿는 자에게 변화의 능력으로 나타납니다.(9-10)

복음의 진수를 체험한 사람들은 변화되었습니다. 복음은 핍박자 바울을 완전히 변화시켜 선교사 바울로 바꾸었습니다. 복음은 연약했던 제자들을 담대하게, 그리고 강하게 만들어 십자가의 군사가 되게 하였습니다. 복음을 받아들인 사람은 겸손하게 되고 그 삶 속에서 하나님의 능력이 나타납니다.

바울이 주님을 만나기 전에는 자신의 학식과 지위에 대해 자랑하던 자로서 교만하였던 자입니다. 가말리엘 문하에서 수학하였던, 당시 최고의 학문을 자랑하는 최고 학부를 졸업한 자였습니다. 그는 세상적인 위치에서 장래가 촉망되는 자로서 자신을 의지하는 자였습니다. 그러나 바울이 십자가와 부활을 통하여 구원해 주신 주님을 만난 후에는 자신이 '만삭되지 못하여 난 자 같은 자', '사도 중에 지극히 작은 자', '사도라 칭함을 받을 자격이 없는 자' 라고 스스로 겸손하게 인정하고 있습니다. 그리고 그는 자신의 힘이 아닌 하나님의 전적인 은혜가 아니고는 아무것도 할 수 없다는 진실한 고백을 하나님 앞에 드리고 있는 것입니다. 이처럼 복음이 한 사람의 속에 들어가 자리를 잡으면 그 사람의 본질이 변하여 하나님의 자녀가 될 뿐 아니라 그 삶과 인격이 변하는 위대한 능력이 있는 것입니다.

복음을 받은 한 사람의 변화를 보기를 원합니다. 어떤 사람이 있었습니다. 그는 성격이 아주 불같았습니다. 앞뒤를 가리지 않고 빨리 판단하고 결정하는 자였습니다. 그래서 그는 자주 실수를 저질렀습니다. 사람들이 깜짝 놀랄 만한 일을 하다가도 사람들에게 창피를 당하는 일도 하고, 상관에게 아주 큰 칭찬을 얻었다가도 금방 돌아서서는 책망을 받기도 하는, 어쩌면 천방지축인 모습을 가지고 있었습니다. 그러다가 그는 결정적으로 자신의 선생님을 모른다고 부인해 버리고 맙니다. 그가 바로 베드로입니다. 그런 그가 부활하신 주님을 만나고, 그 주님의 영이신 성령 체험을 하였습니다. 이후 그는 이 세상을 변화시키는 하나님의 위대한 일에 쓰임을 받는 자가 되었습니다.

복음의 능력은 처음에는 아무런 영향력이 없는 것처럼 나타났다가도 그것이 그 사람의 속에 자리를 잡으면 한 사람을 완전히 변화시키는 아름다운 능력이 되는 것입니다. 복음은 변화시키는 능력입니다.

여러분이 진실로 주님으로부터 오는 능력을 받아 회개하여 하나님의 자녀가 되었다면 지금까지의 여러분의 모습은 주님이 묻지 않습니다. 그러나 지금부터 변화되는 주님의 자녀가 되기를 원하시고 있습니다. 주님을 만나는 그 시간까지 우리는 변화를 지속하여야 합니다. 하나님의 자녀는 주님을 닮아가는 지속적인 변화를 가져야 합

니다. 이런 변화되는 삶을 살아 주님을 점점 더 닮아가는 여러분이
되시기를 축원합니다.

복음의 진수는 생명력이 있어서 점점 전파됩니다.(8-11)

복음의 진수를 체험한 사람들은 겸손함과 하나님의 은혜에 대한
확신이 나타납니다. 복음은 생명력이 있어서 다른 사람에게로 점점
전파되어 확장됩니다. 복음은 믿는 자들로 하여금 가만히 있지 못하
게 만들고 점점 증인들이 되게 합니다. 복음은 자신을 살려주신 구
원의 주님을 전하여 생명을 살려내는 일을 하게 합니다. 이것이 생
명력을 가진 복음의 특징입니다.

살아 있는 것은 자라거나 움직입니다. 그렇듯이 복음은 생명력이
있기 때문에 움직이는 것입니다. 한 사람의 입에서 다른 사람의 마
음으로, 그래서 생명을 전파하는 능력으로 나타나는 것입니다. 복음
을 받았던 제자들의 사역을 우리는 잘 알고 있습니다. 사람들이 모
이는 어느 곳에서나 증거하였습니다. 심지어 그곳에 죽이려는 자들
이 도사리고 있어도 그 죽음을 두려워하지 않고 복음을 전하였습니
다. 오히려 그것을 영광스럽게 여기고 담대하게 복음을 전하는 것이
었습니다. 매를 맞아도 주저하지 않았습니다. 비방을 받는 것도 두
려워하지 않았습니다. 생명력이 있는 것은 움직이듯이 생명의 복음
을 가진 자들은 결코 멈출 수 없는 것입니다.

하나님의 사랑을 받고, 생명의 복음을 들어 구원을 받은 하나님의

사람들인 우리는 복음을 전하려는 마음이 있어야 합니다. 우리가 하나님의 자녀인 증거는 곧 하나님의 뜻을 이루는 것인 복음을 전함에 있습니다. 그것은 생명력이 있는 복음을 가지고 있기에 다른 사람들에게 반드시 전해져야 하는 것입니다. 그렇지 않으면 무엇인가 문제가 있는 것입니다.

교회에서 전도주일을 갖곤 합니다. 준비하는 일이나 기도하는 일이나 복음을 전하기 위한 각종 행사들에 대해서 적극적으로 참여하셔서 주님의 증인으로서의 사명을 다하시기를 바랍니다. 교회의 전도행사에 적극적으로 참여하여 하나님의 영광을 위한 일에 최선을 다하는 여러분이 되시기를 축원합니다.

성도 여러분!

성경대로의 믿음을 가지도록 합시다. 주님의 십자가와 부활의 확신을 마음속에 가득 채웁시다. 그 복음이 우리 속에 들어와 있는 자로서 겸손함과 하나님의 은혜가 넘치기를 바라고 복음이 생명력이 있으므로 다른 사람들에게 전하여 점점 흥왕하는 은혜가 있기를 주님의 이름으로 축원합니다.

아브라함의 믿음의 진수

창세기 22:1-19

***

내가 네게 큰 복을 주고 네 씨가 크게 번성하여 하늘의 별과 같고

바닷가의 모래와 같게 하리니 네 씨가 그 대적의 성문을 차지하리라

또 네 씨로 말미암아 천하 만민이 복을 받으리니

이는 네가 나의 말을 준행하였음이니라 하셨다 하니라

***

성경의 역사에는 일반 역사와 달리 구속사라는 또 다른 형태의 역사가 흐르고 있습니다. 이것은 하나님이 죄인된 인간을 구원하여 하나님의 자녀가 되게 하는 역사인데, 하나님이 친히 계획하고 진행하시는 역사로서 성경 전체를 관통하고 있습니다. 이 구속사의 가장 중요한 중심에는 예수님이 계십니다.

구약은 예수님이 인류 구원의 대속자로서 이 땅에 오시기까지의 역사를 기록한 것이고, 신약은 인류 구원을 위하여 예수님이 이 땅에 오셔서 감당하셨던 구원의 역사를 기록한 것입니다. 그러므로 많은 신학자들은 성경의 모든 곳에 이 하나님의 구속의 사건이 포함되어 있기 때문에 설교자들은 그것을 발견하여 증거하여야 한다고 주장하고 있습니다. 이런 구원의 역사는 모든 그리스도인들이 가슴에 깊이 새겨야 할 복음이 어떻게 주어졌는지를 보여주고 있습니다.

본문에서는 아브라함의 믿음을 들어 하나님 자신의 구원의 선포와 그 구원을 위한 하나님의 결단의 모습이 나타나 있습니다. 아브라함은 하나님의 약속만을 확실히 믿고 고향인 갈대아 우르를 떠납니다. 사실 아브라함이 갈대아 우르를 떠날 때는 하나님을 믿고 철저히 의지했지만, 그 이후에는 순간순간 하나님의 약속을 잊고 사는 연약한 모습을 보이기도 했습니다. 가령 자신의 생명이 위태로울 때는 아내를 누이라고 거짓말함으로 모든 민족의 조상이 되는 것을 잃어버릴 위기에 처하기도 했습니다. 아내 사라의 권유로 사라의 몸종이었던 하갈을 취함으로 이스마엘을 출산하여 지금도 아랍과 이스라엘간의 치열한 대결구도를 만드는 잘못도 범하였습니다. 그리고 하나님이 주실 약속의 자녀인 이삭을 잃게 될 위험도 겪었습니다.

그러나 하나님은 신실하셔서 아브라함과의 약속을 철저히 지키십니다. 하나님은 아브라함이 연약할 때에는 책망도 하시지만 그때마다 도우셔서 위기를 극복하도록 해주셨습니다. 하나님은 아브라함을 인도하시는 길에 영적인 훈련과 육적인 훈련인 고난의 과정을 반복하여 받게 하심으로 그를 연단하여 믿음의 조상으로 든든하게 세워 가십니다.

본문의 바로 앞인 창세기 21장 마지막 부분에는 불신자인 아비멜렉이 아브라함을 보고 21장 22절에서 "네가 무슨 일을 하든지 하나님이 너와 함께 계시도다"라고 하면서 아브라함을 향한 하나님의 신실하심을 확인합니다. 그리고 33절에는 "브엘세바에 에셀나무를 심고 영원하신 하나님 여호와의 이름을 불렀다"고 했습니다. 다시 말하면 아브라함은 하나님으로부터 훈련을 단단히 받아서 아주 믿음이 강한 사람이 되었고, 하나님 중심의 입장에서 다른 나라와 조약을 맺을 만큼 아주 강한 사람이 되었다는 것을 의미합니다.

그리고 하나님께서는 약속하신 후손인 이삭까지 주셔서 남부러울 것이 없도록 아브라함에게 약속을 지키셨습니다. 그런 면에서 하나님은 아브라함에게 신실한 약속 이행을 보여주셨고, 완전하신 사랑을 주셨습니다. 그러니까 아브라함이 하나님의 신실하심에 대해 부인하려고 해도 할 수 없을 정도로 확실히 사랑하시고, 인도하시고,

축복해 주신 하나님이셨습니다.

　이렇게 아브라함의 믿음을 든든하게 세우시고, 또 아브라함에게 확신을 주신 하나님이 어느 날 아브라함을 부르셔서 믿음을 시험해 보십니다. 하나님이 그렇게 놀라울 정도로 인도해 주셨는데 과연 아브라함의 믿음은 어떠한지를 알아보려고 한 것입니다. 그래서 하나님이 아브라함에게 그가 정말 아끼는 외아들 이삭을 하나님께 양을 잡아 죽여서 제사를 드리듯이 아들을 불살라 제물로 드리라는 명령을 하십니다. 이삭은 아브라함이 이미 나이가 많이 들어 낳을 수 없는 상황에서 하나님이 기적적으로 그에게 주신 선물이었습니다. 그래서 아브라함은 아내와 의논하면 바칠 수 없다는 것을 분명히 알고 있기 때문에 아내와 상의하지도 않고, 하나님이 지시하시는 모리아 산에서 제물로 드리기 위하여 이삭을 데리고 무려 삼 일 동안을 걸어갑니다. 삼 일 동안이라는 것은 처음에는 하나님께 '네' 하고 대답했을지라도 얼마든지 마음이 변할 수 있는 시간이었습니다. 그러나 아브라함은 그 마음이, 하나님의 말씀에 대한 순종의 믿음이 흔들리지 않았습니다.

　아브라함은 산 아래에 도착하여 종들을 두고 이삭의 어깨에 나무를 지우고는 자신은 칼과 불을 가지고 올라갑니다. 그때 이삭이 묻기를 본문 7절에 "내 아버지여, 불과 나무는 있거니와 번제할 어린 양은 어디에 있습니까?"라고 묻습니다. 아브라함은 그 순간 마음이 찢어질 듯이 아팠지만 8절에 "하나님이 자기를 위하여 준비하시리라”라고 눈물을 속으로 삼키며 산으로 올라가고 있습니다.

그리고 산 위에 도착하여 나무를 벌여 놓고 번제를 드리기 위하여 이삭을 묶습니다. 단 위에 이삭을 올려놓고 칼을 내밀어 죽이려고 합니다. 그러나 이삭은 전혀 반항하지 않고 순종합니다. 주저함 없이 아브라함이 이삭을 죽이려 하자 하나님은 아브라함의 믿음을 확인하셨기 때문에 더 이상 시험하실 필요가 없었습니다. 그래서 하나님은 다급하게 “아브라함아, 아브라함아”라고 부르십니다. 그리고 12절에 “내가 이제야 네가 하나님을 경외하는 줄 아노라”라고 하면서 이삭을 죽이지 않도록 멈추게 하셨습니다. 그리고 하나님은 아브라함에게 미리 준비하신 양으로 번제를 드리도록 하셨습니다. 결국 아브라함은 그 마음이 흔들릴 수 있는 많은 시간이 있었음에도 불구하고 변하지 않고 끝까지 믿음을 지킬 수 있었습니다. 그것이 아브라함의 믿음이었습니다.

하나님은 아브라함을 축복도 하시고, 훈련도 하셔서 그 믿음을 든든하게 만든 후에 그 믿음을 확인하셨습니다. 그리고 아브라함은 넉넉히 하나님의 말씀에 순종하는 믿음을 보였습니다. 여러분도 이 세상을 사는 동안에 많은 훈련을 잘 견뎌서 넉넉한 믿음의 대장부들이 되시기를 바랍니다. 또한 본문을 통하여 아브라함의 믿음을 정리하면서 은혜 받는 시간이 되시기를 축원합니다.

아브라함은 '항상 하나님 우선의 믿음' 이었습니다.(1-8)

아브라함이 가진 '하나님 우선의 믿음' 은 하나님에 대한 절대순종으로 나타났습니다. 아브라함의 생애를 자세히 보면 항상 하나님의 말씀이 우선이었습니다. 그러니 절대적인 순종만 그에게 있었습니다. 하나님은 과연 아브라함이 하나님을 최우선 위치에 두고 있는가를 살피시려고 시험을 하였고, 그 시험이 아들을 드리는 것이었습니다. 그 시험에서 역시 아브라함은 하나님의 마음에 꼭 맞는 결단을 내렸습니다.

우리는 우선 아브라함이 하나님을 항상 우선에 두고 산 믿음이라면, 하나님께서 도대체 아브라함에게 어떻게 해주셨기에 '항상 하나님을 우선에 둔 믿음' 을 가질 수 있었을까를 생각해 보는 것이 중요합니다. 하나님께서 우상숭배의 본거지인 갈대아 우르지역의 데라의 아들인 아브라함을 하나님의 자녀로 삼아주셨습니다. 그리고 아내를 빼앗길 뻔했던 위기의 순간에도 하나님께서 건져주시고, 또 소와 양들, 약대까지 다 가져올 수 있게 해주셨습니다. 아들을 낳지 못하던 집안에 하나님께서 이삭을 선물로 주셔서 하나님의 복을 누리게 했습니다. 그리고 가는 곳마다 하나님께서 먹을 것과 입을 것을 허락해 주셨습니다. 그러니까 하나님은 아브라함에게 모든 것을 넉넉하게 채워주심으로 놀라운 사랑을 주시는 분임을 분명하게 보여주셨습니다. 절대적으로 믿을 수밖에 없는 사랑의 하나님임을 확실하게 보여주신 것입니다.

이와 같은 사랑을 하나님으로부터 받은 아브라함이 믿음의 결단으로 본문과 같이 나타난 것입니다. 하나님께서 아브라함에게 '내가 너에게 준 너의 아들 이삭을 제물로 내게 바치라' 는 명령을 내리신 것입니다. 이 말씀에 대해서 보통 사람 같으면 순종할 수 없었을 것입니다. 그런데 앞에서 말한 것과 같이 완벽한 하나님의 사랑으로 인도해 주신 것을 체험하고, 또 알고 있었기 때문에 아브라함은 순종할 수 있었던 것입니다.

사실 이삭을 제물로 드리는 과정을 살펴보면, 집에서 출발하여 번제물로 드려질 모리아 산까지 약 80Km가 됩니다. 험한 산길들이 있기 때문에 약 삼 일 동안의 긴 시간이 소요되는 곳입니다. 그리고 산 아래에 도착하여 산으로 올라가는 시간 동안 아들을 바라보는 아브라함의 심리적인 갈등도 예상됩니다. 또 아들을 묶고, 번제단에 올려놓는 시간에 '하나님 차라리 저를 제물로 드리면 안 되겠습니까?' 라고 말하고 싶은 갈등도 있었을 것입니다. 그러나 아브라함은 이 모든 갈등과 고민, 고통을 다 하나님께 맡기고, '하나님 우선의 믿음' 을 분명하게 가지고 실천하였던 것입니다.

하나님이 아브라함에게 보여주신 완전한 사랑으로 인해 아브라함은 확신을 가지게 되었습니다. 그 확신의 믿음이 있었기 때문에 아브라함이 이삭을 제물로 바치는 순간에 조금의 망설임도 없이 드릴 수 있었던 것입니다. 의심이나 지체함도 없이 그저 하나님의 명령대로 철저히 순종하는 자세를 가질 수 있었습니다.

자신의 아들조차도 아끼지 않고 하나님께 확실하게 드리는 아브라함의 믿음의 결단이 이상하게 보이지 않습니까? '어떻게 그럴 수 있을까? 또 하나님은 왜 그런 것을 요구하실까? 아들을 죽여서 번제물로 바치라는 말을 한다면 나는 따르기 쉽지 않겠다.' 라고 생각하시는 분이 있을 것입니다.

하나님이 아브라함에게 "아브라함아 너는 네 아들을 죽여서라도 나를 사랑할 수 있겠는가?"라는 묻고 있습니다. 우리는 이 물음에 대해 이렇게 생각할 수 있습니다. '하나님이 우리 인간의 구원을 위해 어떻게 하셨는가? 당신의 외아들이신 예수님을 십자가 위에서 우리를 위해 죽이시지 않았는가?' 라는 것입니다. 하나님이 죄로 말미암아 영원히 심판을 받아야 할 우리를 위해, 독생자이신 예수님을 희생시키실 때의 마음이, 마치 아브라함이 그 아들인 이삭을 바칠 때의 마음이었음을 알 수 있습니다. 아브라함의 믿음이 주저함 없이 아들을 죽이듯이 하나님 자신이 아들이신 예수님을 우리를 사랑하는 그 마음으로 십자가 위에서 번제물이 되게 하실 것이라는 사실을 우리들에게 알려주시는 것입니다.

아브라함이 하나님의 말씀을 순종하여 아들을 죽이는 것이 힘들고, 또 우리가 그것을 감당하기 어렵겠다는 마음이 들 정도로 심각하다면, 우리의 구원을 위한 하나님의 결단이 얼마나 크고 심각한 것인지를 이해할 수 있습니다.

우리를 구원하시기 위해 독생자를 내어주신 하나님의 사랑을 늘 생각하고 살아야 합니다. 하나님이 우리에게 아브라함처럼 이삭을 제물로 바치라는 시험을 하시지는 않으실 것입니다. 꼭 그런 시험이 아니더라도 우리의 마음 자세는 하나님 말씀을 항상 우선 위치에 두고 결단하고, 항상 감사하며 순종하는 믿음을 갖고 살아가시는 성도들이 되시기를 주님의 이름으로 축원합니다.

아브라함은 확신에 대한 결단력이 있었습니다.(9-10)

아브라함의 믿음은 하나님에 대한 확신과 결단력 있는 실천적인 믿음이기에 더욱 아름답습니다. 아들을 번제물로 바치라는 하나님의 말에 주저 없이 번제물로 바쳤습니다. 갈등이 있었을 것이라고 말하지만 그 어느 곳에도 주저함이 있었다는 것은 보이지 않습니다. 본문 9절과 10절을 보면, 아브라함은 이삭을 제단에 묶어놓고 주저 없이 하나님이 죽여 번제물로 바치라니까 그대로 칼로 찌르는 것을 봅니다. 이런 아브라함의 결단력 있는 믿음을 귀히 여기신 하나님이 급하게 아브라함의 믿음을 이제 알았다고 부르시고 있습니다.

아브라함이 하나님을 신뢰하고 결단하는 믿음은 창세기에 종종 나타납니다. 조카 롯이 그돌라오멜을 비롯한 연합국의 침략을 받아 완전히 패하고, 포로로 잡혀갔다는 이야기를 들은 아브라함은 급하게 출정합니다. 자신이 평소에 집에서 훈련시켜 키우고 있던 군사 318명을 데리고 조카 롯을 구하기 위해 전장으로 출정합니다. 그런데 적들은 이미 9개국의 연합군이기 때문에 도저히 상대가 될 수도 없지만 그는 확신 가운데 과감한 결단력을 가지고 모험을 감행합니다.

아브라함에게 이삭은 하나님이 주신 아들이기는 하지만, 이삭이라는 아들을 낳을 때 혼자 낳지 않았습니다. 엄연히 사라라는 이삭의 어머니가 있습니다. 그런데 아들을 하나님께 드리는 큰일을 하면서 아브라함은 아내와 상의하지 않고 출발합니다. 이것은 분명히 아내를 무시한 것처럼 보입니다만, 사실은 아내를 무시한 것이 아니고, 섬세하고 감성적인 아내의 호소가 하나님의 뜻을 방해할 것 같았기 때문에 하나님의 말씀 순종을 택한 것입니다. 하나님의 말씀을 먼저 따른 순종으로 아들을 드린 믿음을 실천한 것입니다.

그리고 삼 일 길을 가는 동안 그의 마음이 몇 번이고 변할 수 있었으나 하나님을 향하여 한 번 결정한 것은 시간에 따라 조금도 흔들리지 않는 확고한 신앙의 사람이었습니다. 아버지의 마음을 도려내듯이 이삭이 양을 찾고 있을 때, "이삭아 바로 네가 번제물로 드릴 양이란다."라고 말하지 못하고, 먼 산을 보면서 "하나님이 준비하시리라"고 말해야 하는 그 아픈 순간에도 아브라함은 그 믿음이 조금도 흔들리지 않았습니다.

제물로 단에 올려놓고 칼로 내리치는 순간조차도 아브라함은 믿음이 조금도 흔들리지 않는 실천의 사람이었습니다. 왜냐하면 하나님에 대한 절대적인 믿음이 있었기 때문입니다. 하나님은 아브라함이 자신의 삶을 돌아봤을 때에 불가능한 일을 가능하게 해주셨고,

아들을 얻을 수 없는 상황 가운데에서 이삭을 주셨고, 빈 몸으로 출발하였지만 지금은 부자가 되어 하나님의 복을 누리게 되었다는 사실을 알고, 보았고, 믿었기 때문에 이 위험한 상황 중에도 결코 흔들리지 않았습니다. 반드시 합력하여 선을 이룰 줄 알았기에 그는 조금도 흔들리지 않았던 것입니다.

하나님은 아브라함만 사랑하시는 것이 아니라 우리도 사랑하십니다. 그러므로 우리에게도 그런 은혜를 주십니다. 그러려면 우리는 먼저 아브라함이 가졌던 믿음을 가지는 것이 필요합니다. 하나님에 대한 확실한 신뢰입니다. 그저 대충적인 신뢰는 안 됩니다. 지금 우리가 속해 있는 상황이 어떠하든지 하나님이 전능하신 능력으로 인도해 주실 것을 확실히 믿음으로 나아가는 것입니다. 그리고 그 믿음대로 행하는 것입니다.

목사가 전하는 하나님의 말씀에 간혹 이런 말을 듣습니다. "목사님도 나 같은 상황이 되어 보세요. 그렇게 말씀하실 수 있는지."라고 말입니다. 분명히 말합니다. 저도 그런 상황이 되면 여러분보다 못할 수 있습니다. 그리고 여러분보다 믿음이 적을 수 있습니다. 그런데 여러분이 그 말씀을 목사의 말로 받을 때는 그렇게 말할 수 있으나 그것은 하나님이 하시는 말씀이기 때문에 저나 여러분이나 누구나 하나님 앞에 믿음으로 그렇게 순종하고 결단하는 자가 그런 복을 누리는 것입니다. 지금 힘들고 어려운 상황일지라도 아브라함과 같은 믿음을 가지고 내리는 결단과 실천으로 하나님의 복을 누리시는 여러분이 되시기를 주님의 이름으로 축원합니다.

아브라함은 '합력하여 선을 이루는 하나님을 향한 믿음' 이었습니다.(11-19)

아브라함의 믿음은 하나님의 축복을 자신도 누리고 그 안에 있는 모든 후손에게도 누리게 하는 능력 있는 믿음이었습니다. 순종으로 아들을 드린 결단이 하나님의 더 큰 은혜를 받는 길이었고, 동시에 합력하여 선을 이루시는 하나님의 은혜로 나타나는 것입니다. 아브라함의 믿음은 믿음의 결과가 가져다 줄 위대한 약속을 알고 확신하였던 것입니다. 아브라함의 믿음을 가진 자는 누구나 아브라함과 같이 하나님의 약속과 복을 누린다는 것을 완전히 모범적으로 보여준 것이었습니다.

하나님은 아브라함에게 이삭을 다시 안겨주었습니다. 그러므로 아브라함은 믿음으로 하나님께 인정을 받았고, 또 아들 이삭을 다시 안겨주심으로 두 번이나 하나님으로부터 아들을 받았으니 이런 축복은 성경의 역사 가운데 어디에도 나타나지 않는 축복인 것입니다.

그리고 아브라함의 이런 믿음의 결과는 놀라운 하나님의 약속을 우리들에게 보여주고 있습니다. 단순히 아브라함뿐만 아니라 그 안에 인류 구원을 위한 하나님의 위대한 약속이 있습니다. 그것은 아브라함의 후손으로 이 땅에 오게 될 메시아의 조상이 되는 영광을 얻게 된 것입니다. 하나님은 16절에서 아브라함의 믿음이 크고 놀라운 것이기 때문에 수많은 자손들을 얻게 될 것이라 말하고 있습니다. 그런데 그 속에는 메시아의 약속을 주시고, 그 메시아를 통하여 하나님의 은혜를 얻게 하실 것을 말하고 있습니다. 17절에 "네 씨가 그 대적의 문을 얻으리라"에서 그 씨는 바로 예수님을 의미하는 것입니다. 그 씨로 천하만민이 복을 누릴 것인데, 그것은 구원의 축복이 되는 것입니다.

본문이 우리들에게 주는 메시지는 '아브라함의 고통의 시간과 같이 하나님의 아들되신 예수님께서 인간들로부터 고난과 멸시를 받았을 때 하나님의 마음은 얼마나 아프셨을까?'를 비유하곤 하는 것입니다. 그리고 곧 있을 죽음을 앞두고 아버지에게 "번제할 양이 어디 있는가?"를 묻는 이삭의 물음은, 겟세마네 동산에서 "이 잔을 피할 수만 있으면 피해 가게 해달라"고 호소하시던 주님의 모습과 비유할 수 있습니다. 또한 이삭이 죽지 않고 산 것을 완전하지는 않지만 주님의 부활의 모습과 비유되곤 합니다. 그리고 믿음으로 말미암아 천하만민이 복을 얻게 될 것이라는 예언적인 의미에서 이미 하나님은 예수님의 구원의 약속을 주시고 있습니다. 이처럼 아브라함과 이삭의 관계가 마치 하나님과 예수님의 관계로 비유할 수 있으므로 우리는 이 속에 하나님의 구속의 역사가 비유되어 있다고 믿는 것입니다.

하나님은 아브라함이 가졌던 그 믿음이 구원의 길이 된다는 것과 그 믿음은 곧 메시아이신 예수 그리스도를 믿는 것이라는 점을 설명하고 있습니다. 그것이 무엇입니까? 그것이 바로 복음입니다. 구약에서의 복음은 이렇게 감추어지듯이 스며져 있기 때문에 자칫 잘못하면 구약에는 복음이 없다고 말할 수 있습니다. 그러나 구약의 사람들도 예수 그리스도를 믿음으로 구원을 받은 것이고, 우리도 역시 예수님으로 말미암아 구원을 얻게 되는 것입니다.

하나님은 아브라함의 믿음을 보시고, 이 시대에 우리가 구원을 받을 수 있도록 하기 위해 메시아를 이 땅에 오게 하는데 쓰임을 받은 통로가 된 것입니다. 우리는 아브라함처럼 우리의 자녀들과 자손들에게 복을 받을 수 있는 아름다운 믿음을 상속하는 일을 해야 합니다. 자손들의 믿음에 대해 무관심한 분들을 가끔 보는데 그것은 자손들을 위하여 가장 나쁜 일이 되는 것입니다. 아브라함과 같이 유산이나 사업을 상속하는 것보다 하나님이 축복하시는 은혜를 누리는 복음을 상속하는 그리스도인으로 살 수 있기를 바랍니다.

성도 여러분!
아브라함은 '항상 하나님 우선의 믿음'을 가졌습니다. 그리고 그 믿음으로 모든 삶의 원리를 다 그 안에 두고 살았습니다. 그러므로 하나님의 복을 받았던 것을 잊지 말아야 하고, 우리도 그 믿음으로 살기를 바랍니다.
아브라함은 '결단력과 실천력이 있는 믿음'이었습니다. 말만 잘

하는 그리스도인이 아니라 믿는 대로 결단하고 행동에 옮기는 믿음을 가진 자가 되어야 합니다. 하나님이 우리에게 베푸신 사랑과 은혜에 대해 무감각하지 말고, 언제나 우리도 실천력 있는 믿음으로 화답하는 그리스도인이 되시기를 바랍니다.

아브라함의 믿음은 그 결과가 '합력하여 선을 이루는 믿음'이었습니다. 눈 앞에 보이는 일 때문에 흔들리는 것이 아니라 하나님께서 반드시 합력하여 선을 이루실 것이라는 믿음을 가지고 주님을 끝까지 의지하는 믿음의 사람이 되어야 합니다. 하나님은 아브라함을 통하여 오늘 우리들에게 영생의 길이 되시는 메시아를 주셨고, 우리에게 구원의 길이 열려진 것입니다. 이런 믿음으로 끝까지 승리하시는 성도들이 되시기를 주님의 이름으로 축원합니다.

이렇게 신앙생활을 하라!

예레미야 42:1-6

***

당신의 하나님 여호와께서 우리가 마땅히 갈 길과 할 일을 보이시기를 원하나이다

우리가 당신을 우리 하나님 여호와께 보냄은

그의 목소리가 우리에게 좋든지 좋지 않든지를 막론하고 순종하려 함이라

우리가 우리 하나님 여호와의 목소리를 순종하면 우리에게 복이 있으리이다 하니라

***

성도는 미래 지향적인 사람이 되어야만 합니다. 미래를 바르게 설계하기 위해서는 꼭 필요한 것이 있습니다. 과거에 대한 바른 분석과 돌아봄이 있어야 하지만, 과거에 매여서 집착하는 것은 바르지 않습니다. 그 과거의 잘잘못을 바르게 분석하여 적절히 대처하고 미래를 위한 기초로 삼아야 합니다.

세계적인 역사학자인 아놀드 토인비는 "역사는 과거의 산물만이 아니라 미래를 위한 위대한 스승"으로 인정하고 있습니다. 또한 마치 자동차에 엑셀레이터가 있어서 앞으로 질주하여 나아가게 하지만, 동시에 브레이크가 있어서 그 속도를 조절함으로 안전하게 하는 것과 같이 사람은 가끔 자신의 지난 삶, 즉 개인적인 역사를 돌아볼 수 있는 시간을 가지는 것이 아주 중요합니다.

본문의 성경은 예레미야 시대에 있었던 이야기입니다. 주변 강대국이던 바벨론에 대해 호의적인 사람들이 다스리던 시대였습니다. 그런데 그것이 싫어서 바벨론에 대항하였습니다. 그리고 바벨론이 세워 놓은 사람인 그다랴 총독을 죽이고 사람들을 내쫓았습니다. 유다 사람들이 하나님을 신뢰함으로 바벨론의 간섭을 받기 싫어서 대적하였다면 문제가 다르겠는데, 자기들의 감정 폭발로 이 일을 행하였습니다. 이렇게 무작정 바벨론에 대해 반대하자 바벨론이 가만히 있지 않았습니다.

그것을 안 유다의 지도자들, 요하난을 비롯한 많은 군대장관들이 북쪽에 자리를 잡고 있는 바벨론을 피해서, 남쪽에 자리를 잡고 있는 애굽으로 도망할 것을 결정합니다. 그렇게 미리 마음에 결정을 해 놓고, 예레미야 선지자에게 와서 하나님이 그것을 인정하시는지 확인을 요청하는 것입니다. 자기들이 결정한 것을 하나님의 사람인 예레미야에게 와서 하나님도 인정해 주기를 구하는 것입니다. 즉, 이미 내린 결정에 대해 하나님이 동의해 주기를 바라는 마음으로 예레미야에게 청하러 온 것입니다.

그리고 그들은 능청스럽게 말하기를 "예레미야 선지자여, 우리가 하나님께서 어떤 말씀을 하시든지 그대로 청종하겠습니다."고 서약합니다. 그런데 그 문제에 대해 하나님께 기도한 예레미야가 7절 이하의 말씀을 보면 "애굽으로 내려가지 말고 여기 약속의 땅을 지키고 있으면 하나님이 아무런 문제없이 지켜주겠다."고 한다는 것을 전달하였습니다. 바벨론을 겁내지 않으면 하나님께서 반드시 승리하게 해주시겠다고 합니다. 이 얼마나 아름다운 약속입니까? 이방 땅에서 나그네가 되지 않아도 됩니다. 고생하지 않아도 됩니다. 하나님이 책임져 주시겠다는 약속은 정말 아름다운 약속입니다. 그런데 그들은 이 하나님의 말씀을 전하는 예레미야에게 거짓말을 한다고 협박하며 그를 포로로 잡아가고 맙니다. 좋은 응답을 주어도 받지 않으니 하나님의 축복을 어떻게 누릴 수 있겠습니까?

그들은 하나님의 말씀을 순종하겠다고 약속해 놓고도 순종하지 않았습니다. 그 모든 다짐과 서약은 거짓이었습니다. 그것은 그들이 진실로 하나님의 말씀에 순종할 마음도 없이 거짓으로 순종을 다짐한 것입니다. 그리고 자기들의 행위가 옳았다는 것을 인정받기 위한 구실로 하나님께 나아오고, 예레미야에게 나아온 것이니 진실로 순종의 마음으로 나아온 것이 아니었습니다. 하나님은 이런 요하난을 비롯한 교만한 지도자들의 마음과 생각을 기뻐하지 않았습니다. 하나님께 나아올 때는 반드시 전적인 희생과 순종의 마음으로 나아와야 하나님의 복을 받을 수 있습니다. 그들은 악한 결정을 하고 하나님께 나아왔으니 하나님의 말씀을 거부하고 애굽으로 가게 되었습니다. 결국 그들은 그곳에서 '칼과 기근에 죽어 놀람과 조롱과 수치의 대상'이 되었습니다.

신앙생활을 할 때 자기의 마음에 맞는 것만 받아들이고 마음에 맞지 않는 것을 거부한다면, 그것은 올바른 신앙이 아닙니다. 그러나 대부분의 성도들은 자기의 마음에 드는 대로 신앙생활을 하게 됩니다. 이런 것은 하나님의 의를 이루지 못합니다. 본문을 통하여 하나님이 우리에게 주시는 교훈을 받음으로 '이렇게 신앙생활을 하라!'라는 제목으로 말씀을 나누기를 원합니다.

성도가 신앙생활을 할 때, 교회 중심의 공동체의식이 있어야 합니다.(1-2)
본문의 말씀을 보면, 작은 자로부터 큰 자까지 다 나아와 예레미야 선지자 앞에 모여있는 장면입니다. 본문 1절을 보면, '이에 모든 군대의 지휘관과 가레아의 아들 요하난과 호사야의 아들 여사냐와 백성의 낮은 자로부터 높은 자까지 다 나아와' 라고 합니다. 당시 최고의 실세였던 모든 군대장관과 요하난과 여사냐와 작은 자로부터 큰 자까지 다 나아와 하나님의 말씀을 전하는 예레미야 선지자 앞에 순종을 다짐하며 모여 있습니다.

신약성경에도 고넬료는 하나님의 말씀을 들을 때, 그의 가족과 가까운 사람들을 다 불러놓고 하나님의 말씀을 듣습니다. 고넬료가 가족들을 다 모아 하나님의 말씀을 들으려는 장소는 교회라는 공동체를 의미합니다. 모두 한마음으로 하나님의 말씀을 듣고 순종하려는 것입니다.

헤롯이 야고보를 죽이자 그 백성들이 기뻐하는 것을 보고 베드로도 죽이려고 가두었습니다. 다음날이면 베드로도 순교하게 됩니다. 베드로가 감옥에 갇혀 있을 때 온 교회가 한마음으로 그를 위하여 기도하였습니다. 사도행전 12장 5절에 보면, "이에 베드로는 옥에 갇혔고 교회는 그를 위하여 간절히 하나님께 기도하더라"라고 했습니다. 하나님은 한마음으로 기도하는 것을 기뻐하셨습니다.

하나님은 그 기도를 들으시고 베드로가 갇혀 있던 옥문을 여시고 나올 수 있게 했습니다. 바울은 로마서 15장 30절에서, "형제들아 내가 우리 주 예수 그리스도와 성령의 사랑으로 말미암아 너희를 권하노니 너희 기도에 나와 힘을 같이 하여 나를 위하여 하나님께 빌어"라고 했습니다. 교회가 한마음으로 기도하는 것은 하나님이 기뻐하시는 일입니다.

우리는 언제나 기도해야 합니다. 그런데 우리 앞에 어려운 일이 가로놓이면 모두 나아와 더욱 간절하게 기도해야 합니다. 그것은 아주 당연한 일입니다. 가정에 어려운 문제가 있으면 온 가족 구성원이 기도제목을 붙잡고 기도해야 합니다. 교회에 문제가 있으면 모든 성도들이 어려운 문제를 해결해 달라고 하나님께 호소해야 합니다. 직장에 어려운 문제가 있으면 모든 직원들이 그 어려움을 해결하기 위하여 호소해야 하고, 나라가 어려우면 모든 사람들의 마음을 하나로 모아야 합니다.

특히 성도가 사는 가정과 교회는 하나님의 특별한 도움을 받기 위하여 하나님 앞에 온 공동체가 기도하는 것이 필요합니다. 이렇게 기도하고 하나님 앞에 나아감으로 하나님의 큰 복과 위로를 누리시는 여러분이 되시기를 주님의 이름으로 축원합니다.

성도가 신앙생활을 할 때, 하나님 말씀에 대한 확신이 있어야 합니다.(3)

하나님 앞에 모여든 모든 유다 사람들이 예레미야 선지자에게 "당신의 하나님 여호와께서 우리의 마땅히 갈 길과 할 일을 보이시기를 원하나이다."라고 하며 간구하였습니다. 이 자세는 나름대로 너무 아름다운 고백입니다. 그런데 만약, 그들의 마음이 진실이었다면 복을 받았을 것입니다. 그렇지 못하다면 그들은 복을 받을 수 없습니다. 그들의 마음은 진실되지 않았습니다.

그런데 이렇게 간구하는 그들의 목적은 다른 데 있었습니다. 이미 마음에 결정을 해 놓고, 하나님이 인정해 주시든 아니하시든 상관없이 자기주장대로 하겠다는 마음을 가지고, 나아와 그 속마음을 감추고 하나님께 부르짖으니 얼마나 가증한 것입니까? 즉, 자기들이 수립해 놓은 계획을 하나님이 옳다고 인정해 주라는 마음으로 나온 것입니다.

바로 말 따로 마음 따로의 자세였던 것입니다. 그러나 하나님은 바른 길을 그들에게 보여주십니다. 백성들이야 어떻게 길을 정해 두었든지 하나님은 그 백성이 마땅히 해야 할 일과 그 길을 가르쳐 주십니다. '애굽으로 내려가지 말라'는 것이었습니다. 그런데 이 약속만 주신 것이 아니라, 오직 하나님을 의지하고 믿음으로 말씀을 지키면, 제아무리 강한 바벨론이라도 그들을 괴롭히지 않게 하시겠다는 것까지 주십니다. 그러면 그들은 애굽에서 예전에 종살이하던 것과 같은 고통을 당하지 않아도 되는데도 그것을 어기고 맙니다. 그들이 순종하였다면 놀라운 복을 받을 것입니다. 그러나 그들은 복을 받지 못했습니다.

바울의 경우를 보면, 바울은 선교여행 중에 아시아 선교에 자신을 드리려고 하였습니다. 그런데 하나님의 성령께서 그 아시아 선교를 막으시고, 유럽으로 그 길을 돌리실 때에 그대로 순종하여 힘든 유럽 선교에 헌신합니다. 드로아에서 마케도냐 사람들이 자신을 향하여 손짓하는 장면에서 사도행전 16장 9절은 "밤에 환상이 바울에게 보이니 마케도냐 사람 하나가 서서 그에게 청하여 이르되 마케도냐로 건너와서 우리를 도우라"는 환상을 보고 유럽 선교에 나서게 됩니다. 하나님이 보여주시는 길을 바라보고 그대로 살려는 마음이 있어야 합니다.

우리는 하나님께 기도하기를 '하나님의 뜻을 보여주신다면 순종하겠습니다.' 라는 말을 하지만 사실은 자기의 주장을 이미 정해 놓고 그 뜻대로 되기를 하나님께 협박하는 수준으로 나아가는 경향이 없지 않습니다. 그렇지 않고 정말 하나님의 놀라운 뜻대로 순종하겠다는 말을 하고, 기도를 하면 하나님은 아주 놀라운 일을 행하십니다. 여러분이 만약, 진실된 마음으로 하나님 앞에 기도를 드리면 하나님은 놀라운 축복을 베풀어 주실 것입니다. 이런 하나님의 축복과 위로를 누리시기를 주님의 이름으로 축원합니다.

성도가 신앙생활을 할 때, 하나님 중심의 순종의식이 있어야 합니다.(4-6)
사람들은 다급할 때 하나님 앞에 급하게 나아와 부르짖게 됩니다. 유다백성들은 바벨론을 인정하고 유다백성들을 진실하게 돕는 그다랴 총독을 죽입니다. 그리고 바벨론의 미움을 받을 것이라는 불안한 마음 때문에 온 백성들이 긴장하고 있었습니다. 그러던 중에 그들은 당시 바벨론과 쌍벽을 이루고 있었던 애굽으로 가서 도움을 구하여 그 어려운 고비를 지나가야겠다는 생각을 하였습니다.

그래서 그들은 당시 하나님의 말씀을 전달해 주시는 하나님의 사람인 예레미야에게 나아와 하나님께 빨리 기도하여 자신들에게 하실 하나님의 말씀을 전해 달라고 요청합니다. 이때 그들은 한 사람도 예외없이 모든 사람들이 다 나아와 그런 요청을 했습니다.

사실 그들의 마음은 이미 악한 상태입니다. 하나님의 말씀에 순종하겠다고 하지만, 진심은 자신들이 바벨론을 거부하고 애굽으로 가는 길의 정당성을 인정받으려는 마음으로 모인 것입니다. 그래서 예레미야 선지자에게 '하나님께서도 여러분들이 애굽으로 가는 것을 인정하셨습니다.' 라는 말을 듣고자 모인 것입니다. 그런데 하나님은 가지 말라고 합니다. 그러자 그들은 하나님의 말씀을 불순종하게 되었습니다. 결국은 예레미야 선지자를 거짓말쟁이로 몰아세우고 괴롭혔습니다.

그들의 첫 말은 '모든 말씀에 좋고 좋지 않음을 물론하고 순종하겠다' 는 것으로 출발하였지만 그것이 거짓이었다는 것이 탄로가 납니다. 지도자의 역할이 참 중요합니다. 요하난과 여사냐 혹은 아사랴의 생각이 잘못되니까 백성들을 충동하여 예레미야가 전하는 하나님의 말씀을 거짓말이라고 몰아갑니다. 그러니 이스라엘 백성들도 덩달아서 하나님의 말씀에 결국 순종하지 않게 되었습니다. 여기에서 지도자의 생각이 바른 것이 참 중요하다는 것을 느끼게 합니다.

하나님의 모든 말씀에 좋고 좋지 않음을 물론하고 순종하겠다는 자세를 가지는 것이 필요합니다. 그러한 마음의 자세는 정말 아름답습니다. 비록 하나님이 그들에게 화나 벌을 주더라도 그것을 응답으로 받아 겸손히 순종하겠다는 것이 중요합니다.

성도는 하나님의 말씀에 대한 절대적인 순종의식으로 살아야 합니다. 그것이 승리의 비결입니다. 하나님께서 무엇이든지 하라고 하는 대로 순종하겠다는 약속을 하였다면 그들은 좀 더 과감하게 순종의 길을 택해야 했습니다. 그런데 그들은 하나님의 말씀을 무시하고 예레미야를 오히려 협박하여 고통을 당하게 합니다. 순종하는 데는 자기의 마음을 배제시켜야 합니다. 아닌 것 같은 데도 그것이 진리를 거스르는 것이 아니면, 하나님의 말씀과 충돌되는 것이 아니면 우리는 하나님의 말씀을 순종할 수 있어야 합니다. 이런 순종의 자세가 하나님의 복을 받을 수 있는 자세입니다.

성도 여러분!

우리는 하나님 앞에서 살면서 구원의 복과 더불어 하나님이 주시는 축복을 누리기를 원하고 있습니다. 그러나 그 하나님의 복을 받으려면 복을 받을 수 있는 자세를 가져야 합니다. 그것은 모든 사람이 마음을 합쳐 하나님 앞에 나아가야 합니다. 분열된 것은 하나님이 기뻐하지 않습니다. 하나님이 보여주시는 길을 기다려야 합니다. 하나님이 주시는 일과 길을 소중히 여기고 그 길을 걸어가야 합니다. 그리고 반드시 철저히 순종하는 그리스도인의 자세를 견지할 수 있어야 합니다. 그것이 하나님의 복을 누릴 수 있는 진정한 자세입니다.

신앙생활을 할 때는 하나님 앞에서 한마음으로 모여 말씀을 믿음으로 받아야 합니다. 하나님 말씀에 대한 확신이 있어야 합니다. 하나님 말씀에 절대 순종하는 마음이 있어야 합니다. 이런 여러분이 되셔서 하나님의 축복을 누리시는 여러분이 되시기를 주님의 이름으로 축원합니다.

주님의 은혜가 임하는 곳에

요한복음 9:1-12

＊＊＊

내가 세상에 있는 동안에는 세상의 빛이로라

이 말씀을 하시고 땅에 침을 뱉어 진흙을 이겨 그의 눈에 바르시고

이르시되 실로암 못에 가서 씻으라 하시니

(실로암은 번역하면 보냄을 받았다는 뜻이라) 이에 가서 씻고 밝은 눈으로 왔더라

＊＊＊

본문에는 날 때부터 소경된 자가 예수님을 만남으로 눈을 뜨게 된 사실이 기록되어 있습니다. 제자들은 이것을 죄 문제와 연결시켜 예수님께 물었습니다.

"예수님, 저 사람이 날 때부터 소경이 된 것은 자신의 죄 때문입니까? 아니면 그 부모의 죄 때문입니까?"

제자들은 장애를 입게 된 것을 죄 때문이라고 생각한 것입니다. 그러나 장애를 입는 것은 누구의 특별한 죄 때문에 그렇게 되는 것이 아닙니다. 요즈음은 사고로 인해서나 건강상의 문제 등으로 장애인이 되는 것은 흔한 일입니다. 그런데 그런 장애를 입는 것은 자신의 죄 때문이 아니라, 우연한 사고나 다른 사람의 가해 등으로 입는 경우도 허다합니다. 그래서 요즈음 장애는 남의 일이 아니라 누구나 당할 수 있는 보편적인 일이 되었다고 말할 수 있습니다.

예수님은 이렇게 질문하는 제자들에게 장애를 입은 자에 대해 분명하게 말하기를, 그것은 하나님께서 하신 일이며 그것이 자신이나 부모의 죄로 인한 것은 아니라는 것을 선언합니다. 하나님의 영광을 위하여 그렇게 하셨다는 것입니다. 그러니까 한 사람이 날 때부터 장애를 입은 것은 죄 때문이 아니라는 것입니다. 그리고 주님은 주님 앞에 있는 그 사람이 날 때부터 장애를 입어 맹인이 된 것은, 예수님을 통하여 나음을 받음으로 하나님께 영광을 돌리기 위해서라고 말씀하고 계십니다. 그리고 주님은 땅에 침을 뱉어 진흙을 이겨 소경의 눈에 발라주며, 실로암 못에 가서 씻으라고 하셨고, 그가 순종하였을 때 놀라운 기적이 나타나 치료함을 받게 된 것입니다. 사람들은 이 일을 보고 하나님께 영광을 돌리고, 하나님을 찬양하였습니다.

하나님께는 참새 한 마리도 의미 없이 떨어지거나 죽는 법이 없습니다. 하나님의 모든 계획하심에 달려 있는 것입니다. 그러므로 우리 그리스도인들은 하나님의 전능하심을 믿고 안전하게 거하시기를 바랍니다. 그리고 어디든지 무슨 일이든지 하나님의 뜻이 있습니다. 하나님의 뜻이 있는 곳에는 하나님의 은혜가 임합니다. 본문에서도 날 때부터 소경된 자로 말미암아 하나님의 은혜가 임하였고, 놀라운 역사가 나타났습니다. 우리가 사는 이 시대, 이곳에서도 주님의 은혜가 임하고, 주님의 은혜가 임하면 놀라운 역사가 나타납니다. 이런 주님의 은혜를 가득하게 누리는 믿음의 백성들이 되시기를 축원합니다.

주님이 은혜가 임하는 곳에는 주님이 세상에 빛을 비춰주십니다.(1-6)

예수님의 제자들은 예수님께 날 때부터 소경된 사람을 보고 "이 사람이 소경으로 난 것이 뉘 죄로 인함이오니까"라고 죄의 출처를 묻고 있습니다. 그런데 제자들이 예수님께 이런 질문을 하는 것이 조금 이상하게 보입니다. 오히려 제자들에게는 뜨거운 동정심이나 불쌍히 여기는 마음이 있어야 하는데 하나님의 뜻을 이해하지 못한 채, 날 때부터 소경되었던 분의 마음을 아프게 하였습니다.

예수님은 오히려 제자들과는 달리 날 때부터 맹인된 사람의 마음을 헤아리며, 그가 그렇게 된 것이 하나님의 영광을 위한 것이지 죄 때문에 그렇게 된 것이 아니라고 가르쳐주십니다. 그리고 주님은 거기에 머무르지 않고 이를 통해 더 큰 진리를 말씀합니다. 육신의 눈이 어두워서 보지 못하는 사람들을 보시며, 오히려 마음의 눈이 어두워서 진리를 보지 못하는 사람들이 더 문제라고 가르칩니다.

눈이 어두운 것은 그저 우리들이 살아가는 동안의 사물을 분별하지 못하는 것에 불과하지만, 영의 눈이 어두운 것은 영생을 보지 못하기 때문에 더 무서운 것입니다. 주님은 이 사실을 통하여 우리의 의도와 상관없이, 죄라는 것이 모든 사람의 영적인 눈을 어둡게 한 것임을 보여주시기를 원하십니다. 그리고 그 어둠을 밝히는 빛이 주님이시라는 것을 보여주시기를 원했던 것입니다. 주님은 이 세상의 빛이심을 제자들에게 선언하시면서, 지체없이 나면서부터 맹인이었던 그의 눈을 밝게 해주셨습니다. 인생의 문제에 있어 해결자이자, 영적으로 맹인되어 빛을 찾아야만 하는 우리들에게 영원한 빛 되신 주님을 깨닫는 은혜가 있기를 축원합니다.

어느 교실에서 선생님이 학생들에게 질문을 던졌다고 합니다. 어떤 여인이 원치 않는 임신을 하게 되었습니다. 그런데 이미 이 여인에게는 8명의 자녀가 있었습니다. 셋은 청각장애였고, 둘은 시각장애였고, 한 명은 정신지체였습니다. 그리고 정상적인 아이는 두 명이었습니다. 더 심각한 것은 임신한 여인은 매독에 걸려서 고통 받고 있었습니다.

이런 상황 중에 있는 여인, 그의 태중에 있는 아이를 어떻게 하면 좋겠습니까? 그 선생님이 학생들에게 질문을 던진 것처럼 오늘 저도 여러분들에게 이런 질문을 던지고 싶습니다. 이런 상황일 때 그 사람에게 뭐라고 충고해 주시겠습니까? 혹시 그럴 리 없지만 여러분이 이런 상황에 처하게 되면 어떻게 결정하시겠습니까? 말씀 안 하셔도 마음속에 이미 결론을 가지고 있을 것이라 생각됩니다. 물론 낙태를 해야 되겠다고 생각할 것입니다. 그것이 모두에게 좋은 선택이라고 생각할 것입니다. 그 학급의 학생들도 그렇게 대답을 했다고 합니다.

그때 선생님이 학생들에게 말하였습니다. "여러분이 이 아이를 낙태하기로 마음을 먹었다면 여러분은 악성인 베토벤을 죽인 것입니다. 여러분은 베토벤이라는 사람을 죽인 것입니다. 그 아이가 바로 베토벤이었기 때문입니다."

우리는 눈에 보이는 현상, 우리가 경험한 것을 바탕으로 이 땅에 여러 가지 크고 작은 일들을 분석하고, 해석하고, 결정하는 경우가 많습니다. 그런데 분명히 확신을 가지고 결정했던 일이 오히려 더 큰 불행과 어려움을 초래하고, 엄청난 가능성을 막아버리는 결정들을 하면서 살아왔다는 것을 가끔씩 고백하지 않을 수 없습니다. 특별히 우리 인생 속에 어려움과 고난이 닥쳐올 때 우리는 자연스럽게 고통과 고난의 원인을 찾으려고 하게 됩니다. 대체 '내 인생 속에는 왜 이런 어려움이 찾아올까? 내가 원치 않았고, 내가 선택하지 않은 일, 그러나 어느 날, 어느 순간 찾아와서는 나로 하여금 고통과 아픔 속에 살아가도록 만드는 것은 대체 누가, 어디에서, 무엇 때문인가? 라는 의문들 말입니다.

주님은 이런 모든 암울한 곳에 빛을 비춰주시는 분이십니다. 지난 주간에는 "주님 아니었으면 난 벌써 죽었습니다."라고 여러 차례 고백하는 분을 만났습니다. 주님이 그를 살려주셨고, 그가 주님을 만났을 때 인생의 참의미를 깨달았다는 것입니다. 성도 여러분, 주님은 이 본문의 말씀을 통해서 이 세상의 모든 것은 마치 나면서 맹인이 된 사람처럼 죄라는 어둠에 묻혀서 살아가고 있다는 것을 말씀합니다. 무엇이 우리를 비춰줄까요? 무엇이 우리를 환하게 할 수 있습니까? 무엇이 우리들의 가슴에 소망을 가득 채워줄 수 있을까요? 오직 주님이, 우리 주님이 우리의 빛이 되심을 잊지 마시고, 주님이 함께 하심을 붙드시고, 믿음으로 승리하시는 성도 여러분이 되시기를 주님의 이름으로 축원합니다.

주님의 은혜가 임하는 곳에는 절망과 고통이 소망과 행복으로 바뀝니다.(7)
본문 7절 말씀에 "이르시되 실로암 못에 가서 씻으라 하시니 (실로암은 '보냄을 받았다'는 뜻이라) 이에 가서 씻고 밝은 눈으로 왔더라"고 하였습니다. 날 때부터 맹인된 자와 그 부모는 절망 중에 살았습니다. 사람들이 "네 부모의 죄로 네가 그런 무거운 짐을 진 거야. 너는 전생에 무슨 죄를 지었길래 그렇게 되었냐?"라고 비꼬는 사람들의 말을 들으며, 마음에 상처를 가득 안고 살았습니다.

그런 그들에게 주님의 은혜가 임하자 그와 그의 가정에 행복이 찾아왔습니다. 모든 문제가 해결된 것입니다. 주님의 은혜가 임하는 곳에 영적인 자유와 기쁨, 감사가 찾아온 것입니다. 그런데 그들은 그 전에는 언제나 다른 사람들에게 말 한마디 하지 못하고, 그저 죄인된 심정으로 살았을 것입니다. 그런데 주님이 "죄 때문에 맹인이 된 것이 아니야."라고 선언해 주니까 영적인 자유를 얻게 되었고, "실로암 못에 가서 씻으라"고 하였고, 순종하여 밝게 보았으니 육적인 치유를 받아 자유를 얻게 된 것입니다. 절망과 고통속에 주님이 찾아오시니 소망과 행복으로 바뀌게 된 것입니다.

잭 캔트필드가 쓴 『가장 절망적일 때 가장 큰 희망이 온다』는 책에는 친구인 암전문가 두 사람이 주고받은 대화가 실려 있습니다. 한 의사가 친구에게 물었습니다. "난 도대체 이해가 안 되네. 자네나 나나 암환자에게 똑같은 약을 똑같은 양으로 같은 스케줄에 따라 처방을 하지 않는가?", "그렇지.", "그런데 내 약을 먹은 사람은 22%밖에 살지 못하고, 자네가 주는 약을 먹은 사람은 74%나 사니 무슨 비결이 있는가?"

그러자 친구가 이렇게 대답했습니다. "우리는 똑같은 약을 처방해. 너는 약을 줄 때 환자에게 '이 약은 어제와 똑같은 것입니다. 열심히 드세요.'라고 말할 거야. 그러나 나는 약을 주면서 이렇게 말해. '여기 당신의 희망이 있습니다. 이 약은 당신에게 생명을 갖다줄 것입니다. 낫게 해 줄 것입니다. 하나님을 믿으시고 희망을 가지십시오."라고 한다고 했습니다.

한 사람은 의무적으로 약을 먹으라고 하는데 다른 사람은 희망이 있다는 것을 항상 말해 주었습니다. 한 사람은 약을 주었고, 다른 사람은 희망을 주었습니다. 그런데 그저 약을 주고 처방할 때는 10명 중 7명이 죽었는데 희망을 주었을 때 10명 중에 7명이 살아났습니다.

예수님은 세상의 빛이시며, 예수님은 빛을 창조하신 분이시며, 인류를 구원하러 오셨다는 사실을 드러내고, 알리기 위하여 그가 맹인이 되었다고 해석하고 있습니다. 빛이신 예수님이 이 세상에 오심으로 우리는 하나님을 만나게 되었고, 하나님의 말씀을 깨닫게 되었고, 어두움의 일들을 이겨낼 수 있게 되었습니다.

예수님은 이 세상에 오신 참빛이기에 예수님을 모셔 들이고 예수님을 영접할 때에 참과 거짓, 빛과 어둠을 판단할 수 있고 옳고 그름을 파악할 수 있는 것입니다. 빛이신 주님을 모셔 들이지 않기에 여전히 어두움에 잠겨 있고 혼란에 빠지고 출구를 찾지 못하여 방황하고 있는 것입니다. 세상의 빛으로 오신 예수님은 세상을 구원하러 오신 하나님의 아들이시며, 우리의 구세주가 되시는 분이십니다. 빛이신 예수님으로 우리는 생명을 얻었고 생명의 열매를 맺을 수 있었습니다.

주님의 은혜가 임하는 곳에는 절망과 불행은 사라지고 희망과 소망으로 가득하게 될 것입니다. 그리고 다시 일어날 수 있는 용기를 갖게 될 것입니다. 이런 소망으로 가득한 믿음의 백성들의 삶이 되시기를 주님의 이름으로 축원합니다.

주님의 은혜가 임하는 곳에는 주님을 증거할 마음이 충만합니다.(8-12)

본문을 보면 안타까운 모습도 나타납니다. 주님이 주시는 은혜 가운데 소망을 받아 완전하게 회복된, 날 때부터 맹인인 분이 있었습니다. 그가 나음을 받았으니 그와 그의 가족, 그리고 그 주위에 모든 사람들에게도 기쁨이 충만하고 은혜가 충만해야 정상입니다.

그런데 그 놀라운 능력을 받아 회복된 사람을 두고, 온갖 악한 말과 일들이 일어나고 있습니다. 즉, 은혜를 방해하는 악한 자도 함께 있었습니다. 그는 맹인이었다가 눈을 뜬 사실로 인해 얼마나 감격이 있었는지 모릅니다. 그러나 바리새인들은 예수님에 대해서 "안식일을 지키지 않았다."고 책잡으려고 하며 시비를 걸어옵니다.

주님의 은혜로 나음을 받은 사람이 주님을 시인하고 고백하면, 그를 그 무리 가운데서 출교하려고 계획하고 있었습니다. 주님의 은혜가 임한 곳에는 은혜를 방해하려는 자들이 있음을 알고 미리 대처해야 합니다. 그런데 놀라운 것은 그를 아무리 협박해도 그는 예수님께서 "실로암 못에 가서 씻으라"고 하여 순종하였고, 그 결과 밝은 눈으로 돌아왔다는 사실에 대해 당당하게 증거합니다. 어떤 협박에도 굴하지 않고 주님이 주신 은혜를 증거합니다.

예수님을 싫어한 자들이 예수님의 잘못을 책잡아 죽이려는 의도로 맹인이었다가 눈을 뜬 사람을 부릅니다. "내가 바로 그 사람이라"고 증거하고, "예수라는 사람이 진흙을 개어 내 눈에 바르고 나더러 실로암에 가서 씻으라고 하였소. 그래서 내가 가서 씻었더니 보게 되었소." 아주 당당하게 증거합니다.

그리고 바리새인들은 맹인이었다가 나음을 입은 사람에게 물었습니다. "그가 당신의 눈을 뜨게 하였는데, 당신은 그를 어떻게 생각하오?" 나음을 입은 사람이 한마디로 "그는 선지자입니다."라고 대답하였습니다. 그가 선지자, 예언자라고 하는 데도 바리새인들은 의심하고 받아들이지를 않았습니다. 맹인의 부모가 있으니 그에게 물어봐야 한다고 부모를 불렀습니다. "이 사람이 당신의 아들이며, 맹인으로 있던 아들이냐?"고 물었습니다. 부모는 난처한 상황이 되었습니다. "이 사람이 우리 아들인 것과 그가 맹인으로 태어난 것을 압니다. 그런데 우리는 그가 어떻게 되어 낫게 되었는지 알지 못하고 있습니다. 우리 아들이 장성하였으니 직접 물어보시오."라고 대답하였습니다. 당시 유대 사회에서는 예수를 그리스도라고 시인하는 사람들은 출교하기로 결의되었기 때문에, 예수님이 고쳐주었다는 말을 할 수가 없었습니다.

바리새인들은 맹인이었던 사람을 두 번째로 불러 물었습니다. "영광을 하나님께 돌려라. 우리가 알기로 예수란 사람은 죄인이다." 이런 말에 대답하기를 "나는 그분이 죄인인지 아닌지는 모릅니다. 다만 한 가지 내가 아는 것은 내가 눈이 멀었다가 지금은 보게 되었다는 것입니다."고 했습니다. 바리새인들은 정말 믿음이 없는 자들이며, 도무지 믿으려 하지 않았습니다.

또다시 물었습니다. "그 사람이 네게 해준 일이 무엇이냐? 그가 네 눈을 어떻게 뜨게 하였느냐."고 다그칩니다. 이때에 맹인이었던 사람이 담대하고 확신에 차서 말합니다. "그것은 내가 이미 여러분에게 말하였는데, 듣지 아니하고 다시 들으려고 하십니까? 여러분도 그분의 제자가 되려고 하는 것입니까?" 그러자 바리새인들은 욕하면서 "너는 그 사람의 제자이지만 우리는 모세의 제자이다. 하나님이 모세에게 말씀하신 것은 알지만, 그 사람 예수는 알지 못한다."라고 외쳤습니다.

맹인이었던 사람이 단호히 말합니다. "그분이 내 눈을 뜨게 해주셨는데도, 여러분은 그분이 어디에서 왔는지 모른다니 참 이상한 일입니다. 하나님께서는 죄인들의 말은 듣지 않으시지만 하나님을 공경하고 그의 뜻을 행하는 사람의 말은 들어주시는 줄을 우리는 압니다. 나면서부터 눈먼 사람의 눈을 누가 뜨게 하였다는 말은 창세부터 이제까지 들어본 적이 없습니다. 그가 하나님께로부터 오신

분이 아니라면 아무 일도 하지 못하셨을 것입니다." 참으로 멋진 간증이요 확신에 찬 고백이었습니다. 아니 어떻게 죄인이라는 사람이 눈먼 사람의 눈을 뜨게 할 수 있으며, 지금까지 진흙을 이겨 발라 씻어서 나음을 입었다는 사람이 어디에 있었느냐고 감격 속에 간증하고 설교하고 있습니다. 그는 하나님을 오래 믿었고, 열심히 믿는다고 말하는 바리새인들에게 똑바로 믿으라고 설교하는 것이었습니다. (사9:2)

동남아시아에서 활동하는 한 의료선교사의 글을 읽었습니다. 그가 예수를 믿게 된 동기에 대하여 말하고 있었습니다. 그가 몹시도 공부에 지쳐 피로한 몸을 이끌고 학교 식당에 들어간 어느 날, 식당 구석에 평소 존경하던 교수님 한 분이 앉아 있는 것을 보았습니다. 그분은 식사를 하기 전에 기도를 하고 있었는데, 그 모습이 정말 평안해 보였습니다. 그리고 그분이 가지고 있는 그 안식이 그렇게 부러워 보일 수 없었습니다. 그분이 가진 청결한 삶의 모습이 그에게 감동을 주고 있었습니다. 문득 그는 교수님처럼 예수를 믿고 싶다는 생각이 들었습니다. 그래서 교수님에게 다가가서 신앙에 관해 이야기했습니다.

결국 그는 교수님을 통해서 전도를 받아 예수님을 믿게 되었고, 열심히 신앙생활을 하던 중에 사랑의 빚을 갚기 위해서 의료선교사로 사역하게 되었다고 합니다. 만약 교수님이 그리스도인으로서 자기의 삶을 드러내지 않고 감추었다면 그와 같은 열매를 맺을 수 없었을 것입니다. 우리는 예수님의 빛을 받아 다시 반사하는 빛이어야 합니다.

성도 여러분!

죽은 지 벌써 50년이 되었으나 아직도 이름값을 하고 있는 여인이 바로 마릴린 먼로입니다. 그 배우는 이런 고백을 했습니다.

"나는 한 여성이 지닐 수 있는 모든 것을 가졌습니다. 나는 젊고 아름답습니다. 나는 돈이 많고 사랑에 굶주리지 않습니다. 하루에도 수백 통의 팬 레터를 받고 있습니다. 나는 건강하고 부족한 것이 아무것도 없습니다. 미래에도 이렇게 살 수 있습니다. 그런데 웬일일까요? 나는 이렇게도 공허하고 이렇게도 불행합니다. 이유 없는 반항이라는 말도 있지만 나는 이유 없이 불행합니다. 행복을 찾고, 찾고 또 찾았지만 완전한 행복을 잡았다고 생각한 그 순간 행복은 살짝 지나갑니다. 무지개처럼 지나갑니다. 붙잡으면 현실이 아닙니다. 모래처럼 새어 나가버립니다. 그것은 환상이고 환영이었습니다."

결국 마릴린 먼로는 그 허무감을 이기지 못해 1962년 자살로 추정되는 의문사로 인생을 마감하고 말았습니다.

주님의 은혜가 임한 곳에는 주님의 영화로운 빛이 비춰집니다. 그래서 온 세상과 온 사람들의 마음을 훤히 비추십니다. 그 빛을 받은 자는 절망과 고통이 사라지고 소망이 넘쳐나게 되는 것입니다. 또한 주님의 빛을 입은 사람들은 누구에게나 당당하게 그 빛을 전하고, 그 빛으로 나오도록 독려하는 것입니다. 이런 주님의 은혜가 임한 삶이 되셔서 승리하시기를 주님의 이름으로 축원합니다.

Chapter 3

특별한 사랑을 입은 자

People Living
with
JESUS

섬김과 나눔을 행하는 교회

살전 1:3-10

* * *

너희의 믿음의 역사와 사랑의 수고와 우리 주 예수 그리스도에 대한 소망의 인내를

우리 하나님 아버지 앞에서 끊임없이 기억함이니

하나님의 사랑하심을 받은 형제들아 너희를 택하심을 아노라

* * *

사도행전 17장에 의하면 바울 사도가 제2차 전도여행 당시에 암비볼리와 아볼리니아를 다녀가 데살로니가 지역에서 복음을 전하였습니다. 그때 유대인의 회당에서 그리스도가 고난을 당하고 부활하셔서 우리들의 유일한 구원자가 되었다는 복음을 전하였는데, 놀랍게도 헬라인의 큰 무리와 많은 귀부인들이 그리스도를 영접하여 하나님의 사람이 되었으며, 진실로 믿고 구원을 받았습니다.

그런데 이와는 정반대로 많은 사람이 믿고 구원을 받는 것에 대해 불안하게 여긴 정통유대인들이 있었습니다. 바울이 전한 복음을 듣고 많은 사람들이 복음을 받아들여 그리스도에게로 가는 것을 시기한 많은 유대인들이 있었다는 것입니다. 이들의 반대가 얼마나 적극적이었느냐면, 바울이 전한 복음을 듣고 믿게 된 사람들의 집으로 무리를 지어 찾아가서는 폭력을 행사하였고, 심지어 복음을 전하러 가는 바울을 따라가서 방해하고 난동을 부렸습니다. 복음을 전하는 자들을 핍박하는 그들이 얼마나 악랄한 자들인지를 보여주는 것입니다.

그러자 바울이 더 이상 복음을 전할 수 없는 상황이 되어 피신하게 되었습니다. 데살로니가의 성도들이 복음을 받아 믿음을 가지게 되었는데 아주 놀라운 일이 있었습니다. 이제 겨우 복음을 받아 믿은 지가 3주정도 밖에 안 된 성도들이, '바울 사도는 복음을 전해야 되는 사람이니까 우리가 보호해야 됩니다. 그러니까 우리가 바울 사도를 피신시키도록 하고 고난은 우리가 당하는 게 맞습니다.' 라는 마음으로 바울을 보호하고 나선 것입니다.

복음은 참으로 사람을 변화시키는 능력을 갖고 있습니다. 여러분 생각해 보십시오. 데살로니가 교회 성도들은 교회의 장로들도 아니며, 집사들도 아니며, 이제 예수를 믿은 지 20일 정도 되는 사람들인데, 그들에게 복음을 전해 준 스승인 바울 사도를 위해 대신 고난을 당하겠다는 마음을 가질 정도로 성숙한 믿음을 가진 것을 봅니다. 흔히 볼 수 있는 믿음이거나 쉽게 이해되는 것은 아니지만, 그들의 믿음은 정말 아름다운 믿음이었습니다.

어쨌든 바울은 데살로니가를 떠났습니다. 이제 데살로니가 교회는 마치 선장을 잃은 배와 같아서 어디로 갈지 모르는 상태였습니다. 그런데 세월이 흘렀습니다. 데살로니가로부터 들려온 이야기는 무너졌다는 소식도 아니고, 서로 다툼이 나서 갈등이 있다는 소식도 아니며, 그 악랄한 사람들의 핍박을 견디지 못하고 쓰러졌다는 이야기도 아니었습니다. 오히려 그들에게서 들려오는 소문은, 믿음을 잘 지키고 서로 사랑하며 살되 도와주고 위로하고 격려하며, 주님 앞에서 받을 상을 기대하며 고난과 핍박을 넉넉히 잘 이기고 있다는 것이었습니다. 그들만 믿음을 가지고 있는 것이 아니라, 다른 지역에 아름다운 소문이 퍼지면서 믿음을 가진 자들을 세워 든든히 서 가도록 본이 되었고, 믿지 않는 자들은 복음을 받아들여 구원받는 일이 있다는 소문이 데살로니가 교회로부터 들려온 것입니다.

이런 이야기를 들을 때 바울 사도의 마음이 얼마나 뿌듯하겠습니까? '어떻게 되었을까? 그 악랄한 사람들의 횡포를 견디지 못하여 문을 닫지는 않았을까?' 염려했는데, 오히려 더 아름다워지고, 더 커지고, 더 주님을 닮아가는 멋진 신앙으로 자리를 잡았다는 말을 들었을 때, 바울의 마음은 감동과 눈물, 그 자체였습니다. 우리는 이런 데살로니가 교회의 성도들의 신앙 모습이 어떠했는지를 살펴보면서, 바울 사도뿐만 아니라 우리 주님, 예수 그리스도의 마음을 흡족하게 해드리는 믿음의 백성으로 준비되는 은혜가 있기를 주님의 이름으로 축원합니다.

믿음의 백성은 하나님을 섬기는 신앙을 가져야 합니다.(롬12:1-2)

하나님을 섬기는 신앙, 이것이 최고의 삶의 기준이 되어야 합니다. 하나님을 섬기는 신앙은 두 가지 면에서 접근해야 합니다. 첫째는 예배입니다. 정해진 시간을 따라 성도들은 마음을 다하여 하나님께 예배하는 신앙이어야 합니다. 예배를 잘 드리지 않으면서 하나님을 기쁘시게 한다는 것은 거짓말입니다. 예배를 소홀히 여기면서 신앙생활을 잘하고 있다는 것도 틀린 말입니다.

지금도 북한의 지하교회에서는 하나님께 예배를 드리고 싶은 사람들이 모여 성경책 대신에 몇 구절을 적은 종이쪽지로, 하늘을 찌를 듯한 기도소리 대신에 심장을 쥐어뜯는 기도로, 아름다운 화음을 이룬 멜로디의 찬송가 대신에 벙긋거리는 입술모양의 영혼의 멜로디로 하나님께 예배를 드린다고 합니다. 하나님은 수천 명이 모여

핸드폰을 만지작거리며, 예배 후의 다른 시간을 마음에 그리며 자리를 채우고 있는 예배를 기뻐하시겠습니까? 아니면 마음을 쥐어뜯는 기도를 드리는 북한 형제들의 지하교회 예배를 기뻐하시겠습니까?

둘째는 삶의 현장에서 그리스도인다운 삶을 살므로 하나님의 영광을 드러내는 믿음의 고백, 삶의 예배를 드려야 합니다. 로마서 12장 1절과 2절은 "그러므로 형제들아 내가 하나님의 모든 자비하심으로 너희를 권하노니 너희 몸을 하나님이 기뻐하시는 거룩한 산 제물로 드리라 이는 너희가 드릴 영적 예배니라 너희는 이 세대를 본받지 말고 오직 마음을 새롭게 함으로 변화를 받아 하나님의 선하시고 기뻐하시고 온전하신 뜻이 무엇인지 분별하도록 하라"고 합니다.

그리스도인은 모든 시간에 하나님과 동행하는 삶을 살아야 합니다. 하나님의 백성답지 못한 모습은 하나님께 영광이 되지 못합니다. 그리스도인은 주님을 닮아 이 세상의 빛으로 살아야 합니다. 마태복음 5장 16절에서 "이같이 너희 빛이 사람 앞에 비치게 하여 그들로 너희 착한 행실을 보고 하늘에 계신 너희 아버지께 영광을 돌리게 하라"고 하였습니다. 하나님의 영광을 드러내는 아름다운 삶으로 하나님께 영광을 돌리는 성도가 되어야 합니다.

그리스도인은 하나님을 섬기는 신앙생활에서 뒤지지 말아야 합니다. 하나님께 드리는 예배에 생명을 거는 자세로 하나님을 섬겨야 합니다. 하나님은 우리들의 예배를 기쁘게 받으시는 분입니다. 삶의 현장에서는 경건하고, 예배에서는 정성을 다하심으로 하나님 중심의 신앙생활을 하시는 주님의 백성들이 되시기를 축원합니다.

믿음의 백성은 이웃을 내 몸과 같이 섬기는 신앙을 가져야 합니다.(살전1:3)

본문 3절에서는 '믿음의 역사와 사랑의 수고'를 다한 데살로니가 교회를 바울과 주님이 기뻐하심을 드러내고 있습니다. 하나님에 대한 믿음의 모습이 분명했다면, 그 다음은 이웃과의 바른 관계를 정립해야 합니다. 주님은 우리들에게 대강령을 주었는데, 그것은 '하나님을 사랑하는 것'과 '이웃을 사랑하는 것'입니다. 이웃을 사랑하되 '자신의 몸 같이' 사랑하기를 원하시는 것입니다. 그것은 정말 진심으로 이웃을 사랑하는 것입니다. 이웃을 사랑하는 것은 이웃을 섬기는 것입니다. 이웃을 섬기는 진실한 신앙의 모습이 우리들에게 있어야 합니다.

지어낸 이야기이지만 하늘나라에 있던 천사 둘이서 세상에 내려왔는데 한 천사는 가난한 노동자의 모습으로, 또 한 천사는 부잣집에서 키우는 강아지의 모습으로 변했습니다. 몇 해 후 하늘나라에서 다시 만난 두 천사는 서로의 경험을 털어놓았습니다. "저 세상은 참으로 살 곳이 못 돼. 하루 종일 일을 해도 잘 사는 몇 사람을 제외하고는 모두들 힘들고 어렵게 살 수밖에 없었거든." 이 말을 듣고 있던 두 번째 천사는 이상하다는 듯이 이렇게 이야기했습니다. "이상하다. 난 강아지의 모습이었는데도 사람들은 내게 고급 음식을 아끼지 않고 늘 보살펴주던데, 다 그렇게 호화롭게 사는 것 아니었어?" 그 말을 듣고 있는 다른 천사들이 "사람들은 어리석게도 자기와 어우러져 살아야 할 이웃이 누구인지를 잘 모르는 것 같아. 그렇지?"라고 탄식하였습니다. 요즘 각 가정에서 강아지나 고양이를 키우는 경우가 많아졌습니다. 외아들이나 외동딸인 경우 외로울까 봐 일부러 그런 애완동물을 키우는가 봅니다. 잘 키우십시오. 그리고 조금만 눈을 돌려 우리 주위에는 생각 외로 어렵고 외로운 이웃들이 많다는 것을 볼 수 있기를 바랍니다.

하나님께서는 우리를 지으실 때 서로 도우며 사랑의 띠로 하나가 되기를 바라셨습니다. 애완동물을 키우는 것이 나쁘다는 뜻은 아닙니다만, 진정 우리의 사랑을 필요로 하는 우리의 이웃들을 향해 최소한 애완동물에게 기울이는 관심 이상으로 사랑을 나누어야겠기에 하는 이야기입니다. 우리들에게 연약한 이웃을 향한 진정한 사랑의 손길을 거두지 않는, 데살로니가 성도들과 같이 진정으로 사랑의 수고를 아끼지 않는 믿음의 성도들이 되시기를 축원합니다.

믿음의 백성은 믿는 자의 본이 되는 신앙을 가져야 합니다.(마5:13-16)
데살로니가 교회 성도들은 믿는 자의 본이 되었습니다. 앞에서도 말씀을 드린 것처럼 복음의 말씀을 배운 지가 약 20일 정도밖에 안 되었음에도 불구하고 믿음대로, 실제로 생활에 옮기는 신앙생활이었습니다. 복음을 듣고, 그것을 믿고, 믿음대로 생활하는 것, 바로 주님의 생활이었습니다. 그러니까 믿음과 삶이 일치되는 신앙이 그리스도인의 바른 신앙생활인데 데살로니가 교회 성도들은 그런 믿음생활을 감당하였던 것입니다.

주님은 우리들에게 세상의 빛과 소금이 되기를 바라십니다. 산상수훈 마태복음 5장 13절부터 16절에 기록되고 있습니다. 믿음을 가진 그리스도인은 먼저 신앙생활에 있어서 세상의 빛과 소금이 되어야 하는 것입니다. 즉, 영향력 있는 그리스도인이 되어야 한다는 것입니다. 믿음을 가지고 있지만 있으나마나 한 그리스도인이 아닌 진정한 삶의 변화를 이루는 믿음의 사람이 되어야 한다는 것입니다.

믿음을 일찍 가진 사람은 늦게 신앙생활을 시작한 사람들에게 좋은 신앙의 본을 보여야 합니다. 누구나 낯선 곳에 가면 어떻게 해야 할지에 대해 망설여지게 됩니다. 그때 먼저 아는 사람이 잘하면 그대로 따라서 하면 문제가 해결되는 것과 같이 신앙생활에서도 먼저 믿는 사람들이 바르게 잘하면 그것을 따라서 감당하게 되고 그러면 승리하게 되는 것입니다. 부정적인 말을 입에서 빼어버리고 긍정적으로 말해야 합니다. 말만 잘하는 사람이 아니라 행동에서 주님의 사랑이 흘러나오도록 해야 합니다. 손해를 보지 않기 위해 발버둥치는 모습보다는 손해를 보더라도 그리스도인으로 여유롭고 넉넉하게 사는 삶의 본이 되어야 합니다. 나누고 베푸는 사랑의 삶에 본이 되는 그리스도인의 신앙이 되어야 한다는 것입니다.

위대한 작가라고 불리는 토마스 볼프(Thomas Wolfe)의 수필 속에는 "인간의 생명을 깊이 탐구해 들어가면, 결국 인간들은 자기의 아버지를 탐색하고 있다는 사실을 배울 수 있었다. 육신을 준 아버지, 혹은 어렸을 때의 아버지에 대한 추억 정도가 아니라, '나에게 남겨진 아버지의 이미지'를 우리는 암암리에 탐색하고 있다. 아버지의 힘과 지혜와 사랑과 사상과 신앙 등이 사실은 나에게 있어서 가장 중요한 뿌리인 것이다."라는 글이 있습니다. 그것은 곧 자신도 모르게 아버지를 닮게 되는데 그 아버지의 삶의 방향이 아들의 삶의 방향에 지대한 영향을 미치는데, 이것은 바른 본이 얼마나 중요한지를 보여주는 것입니다.

일본의 유명한 정치가이며, 교육자였던 가다오까는 정치에 관한 일로 감옥에 갇힌 일이 있었습니다. 그런데 감옥에서 가장 견딜 수 없는 것은 화장실 청소였습니다. 그는 대단히 불만을 품었습니다. 그러던 어느 날, 요한복음 13장에서 예수님이 제자들의 발을 씻기는 장면을 발견하고 큰 감동을 받았습니다. '예수님이 하신 일을 생각하면 나와 같은 죄인이 화장실 청소 정도야 문제가 아니다'라고 깨닫고는 그때부터 자진해서 결심하고 말하기를 "이제부터 내가 살아 있는 동안에 모든 사람의 발을 씻기는데 헌신하겠다."고 했습니다. 그는 출감할 때부터 자기가 출석하는 코오치교회에 가서 신발을 정리하는 일을 시작했습니다. 나중에는 장로님이 되고 국회의원이 되고 더 나가서는 12대 국회의장이 되었습니다. 그럴지라도 결코 교만하지 않고 교회 현관에서 교인들을 안내하고 신발을 정리하는 일을 계속함으로 많은 사람들이 이 소문을 듣고는 그 장면을 목격하러 옴으로 전도의 기회가 되기도 했다고 합니다. 그리스도인으로서 좋은 면에서 다른 그리스도인이나 이 세상의 다른 사람들에게 신앙의 참 본이 되는 삶을 살아가시기를 축원합니다.

믿음의 백성은 좋은 소문을 전하는 신앙을 가져야 합니다.(살전1:8)

데살로니가 교회는 아가야 지방, 그러니까 데살로니가에서 꽤 많이 떨어진 교회들에 좋은 소문이 났습니다.

오래 전에 여행을 하다가 길을 잘못 들어선 때가 있었습니다. 물론 차를 가지고 갔습니다. 그곳은 도심에서 무려 한 시간 이상 가야 하는 곳이었고 인적이 드문 곳이었습니다. 그런데 놀랍게도 그곳에 생뚱맞게 아주 큰 식당이 덩그러니 서 있는 것이 아닙니까? 그래서 주인에게 물었습니다. "이곳에 사람이 없는데 식당을 어떻게 운영하십니까?" 그런데 그 주인은 "그래도 점심시간에는 줄을 섭니다. 예약을 받은 사람 외에는 다른 손님을 받을 수도 없습니다."라고 대답했습니다. 한적한 곳이어도 음식 맛이 좋고, 다른 사람들에게 좋은 소문이 나니까 손님이 찾아온다는 것입니다.

저는 교회의 목사로서 교회가 좋은 소문이 많이 났으면 좋겠습니다. 소문이 나되, '좋은 성도가 있고, 섬김과 나눔이 실천되고, 누구나 찾아가도 편안하게 예배드릴 수 있고, 모든 성도들이 밝고 감사가 있는 교회'라는 소문이 많이 났으면 좋겠습니다. "아니 그것을 어떻게 다 기억합니까?"라고 말씀하신다면, "네, 좋은 교회입니다."라는 한마디만이라도 듣는 교회가 되기를 바랍니다. 그러려면 여러분들이 먼저 좋은 성도가 되어야 합니다. 좋은 성도가 모인 교회가 좋은 교회이고, 좋은 소문들이 나는 교회가 되는 것입니다.

우리교회는 '섬김과 나눔을 행하는 교회'가 되기를 원합니다. 그러려면 하나님을 섬기는 행위부터 곧아야 합니다. 그것은 물탱크가 더러워져 있으면 맑은 물이 나올 때까지 아무리 오랜 시간을 열어두어도 계속 더러운 물이 나오는 이치와 같이 하나님을 섬기는 삶이 바르지 않으면 섬김과 나눔을 행하는 일은 안 되기 마련입니다. 하나님을 섬기는 바른 삶은 예배와 기도와 훈련에서 비롯됩니다. 바른 하나님을 섬기시는 자세를 갖기를 바랍니다.

성도 여러분!

'섬김과 나눔을 행하는 교회'의 성도들이 되어야 할 것입니다. 하나님과 이웃을 섬기고, 사랑을 실천하여 모두를 행복하게 하는 삶이 되어야 할 것입니다. 주님의 구원하심에 감사하며 동시에 주님의 삶을 이어받아 이 세상에서 그리스도인다운 삶을 살아 주님의 영광을 드러내겠다는 다짐을 깊이 새기시기 바랍니다. 성도의 바른 삶을 온전하게 이루어가는 믿음의 백성들이 되어 하나님의 복을 누리게 되시기를 주님의 이름으로 축원합니다.

특별한 사랑을 입은 자

아모스 3:1-8

***

주 여호와께서는 자기의 비밀을

그 종 선지자들에게 보이지 아니하시고는 결코 행하심이 없으시리라

***

아모스서는 전통적으로 아모스 선지자가 기록한 성경이라고 알려져 있습니다. 아모스 선지자는 이스라엘의 여러 선지자들 가운데서도 아주 강력한 '하나님의 공의와 심판' 대해 선언하는 선지자입니다. 아모스 선지자가 활동하던 시기는 예수님이 탄생하시기 전 약 770년을 전후해서 50년간이었습니다. 이때는 이스라엘 백성들이 특히 하나님의 말씀을 떠나서 악을 행하던 시기였습니다. 그리하여 하나님께서 그 백성에게 전하는 말씀은 위로와 축복의 말씀보다는 오히려 책망과 심판을 선포하는 것이 훨씬 많았습니다. 그리고 아모스 선지자는 그렇게 전하라고 하시는 하나님의 말씀을 가감 없이 전하다보니, 아모스 성경에는 아주 무섭고 직설적인 심판의 경고들이 등장하고 있습니다.

하나님께서 이스라엘 백성에게 전달하라고 하니까 아모스 선지자는 전달하지 않을 수 없었지만, 심판을 선포하는 선지자의 마음은 참으로 편치 않았을 것입니다. 대체로 아모스 성경에서 전하는 메시지는 세 가지 정도로 요약할 수 있습니다. 즉, 하나님의 특별한 사랑을 받아 복된 백성인 이스라엘이 하나님의 말씀을 떠나서 악을 행하고, 또 돌이켜 회개하라는 말씀을 듣고도 돌이키지 않고 계속 악한 길로 나가니까 강력한 경고로서의 하나님이 진노를 선포하는 것입니다.

그래서 첫째는, 반드시 감당하기 어려운 벌을 내리겠다는 것입니다. 그리고 하나님은 기회를 주시되, 둘째는, 그 가운데서라도 하나님을 찾으면 용서해 주겠다는 것입니다. 그리고 셋째는, 그래도 받아들이지 않는 그들을 반드시 멸망시켜버리겠다는 것입니다.

여러분, 혹시 사랑하는 아들을 어쩔 수 없이 눈물을 머금고 채찍으로 때리는 부모의 심정을 아십니까? 그런 심정으로 하나님께서 그 백성을 망하게 하겠다는 것입니다. 망하고 난 후에라도 돌아오면 다시 일으켜주시겠지만 반드시 심판을 베풀겠다는 아주 엄중한 경고의 내용이 아모스 성경이고, 그것을 가감없이 전달하는 것이 아모스 선지자입니다.

본문을 통하여 이스라엘 백성들을 향하여 가진 바로 그 마음으로 오늘을 살고 있는 우리들에게도 하나님이 말씀하고 있다고 믿습니다. 하나님의 특별한 사랑을 받은 우리를 향한 하나님의 마음을 잘 살펴봄으로써 돌이킬 것은 무엇인지, 하나님 앞에 바르게 회복해야 할 것은 무엇인지를 깨닫는 복된 시간이 되시기를 주님의 이름으로 축원합니다.

하나님의 특별한 사랑을 입은 자는 특별한 사랑과 함께 책임도 주어집니다.(2)

하나님의 특별한 사랑과 복을 받은 사람은 받은 복만 생각해서는 안 됩니다. 특별한 사랑으로 복을 받은 만큼 그 사명이나 책임도 생각해야 합니다. 하나님의 특별한 사랑을 받은 사람은 그에 합당한 책임도 주어지며, 그것을 잘 감당하지 못하면 그 받은 사랑만큼이나 책망이 있음을 기억해야 합니다.

본문 2절의 말씀을 보면, "내가 땅의 모든 족속 가운데 너희만을 알았나니 그러므로 내가 너희 모든 죄악을 너희에게 보응하리라 하셨나니"라고 하였습니다. 하나님은 이스라엘 백성들을 특별한 사랑으로 사랑하셨다고 하십니다. 그것은 약속의 메시아이신 예수님이 탄생하실 민족으로 이스라엘을 지목하시고, 하나님을 아는 믿음의 역사를 그 민족으로 말미암아 세우셨기 때문에 하나님이 '너희들만 알았나니' 라고 하시는 것입니다. 그만큼 하나님의 사랑을 특별히 받았다는 말입니다.

그런데 이스라엘 백성들과 당시의 이스라엘의 지도자들은 그 특별히 받은 사랑을 제대로 사용하지 못하였습니다. 또한 바른 믿음을 갖지 못하였습니다. 13절에서 15절에 보면 그 특별한 사랑을 오히려 향락을 즐기는 것으로 사용하고 말았습니다. 당연히 그들은 하나님의 책망을 받을 수밖에 없었습니다.

그들이 큰 사랑을 받고도 오히려 지은 죄들을 보면, 첫째로 인신매매로 은을 받고 의인들, 즉 가난하고 순박한 소시민들을 노예로 팔았습니다. 어떻게 하나님의 복을 받은 사람들이라는 이들이 그런 일을 벌일 수 있습니까? 또 그들은 신발 한 켤레를 받고 궁핍한 자를 팔았고, 가난한 자의 머리에 있는 티끌을 탐냈습니다. 착취에 착취를 거듭하여 자신이 잘 먹고 잘 사는 것을 위하여 모든 악을 서슴없이 자행했습니다. 그 뿐 아닙니다. 진실로 겸손한 자들, 온유한 자들을 억압하고 윽박질러서 그 길을 굽게 했습니다. 자기 길을 성실하게 가는 자들의 앞에 덫을 놓아 넘어뜨리고 그 앞길을 가로챘습니다. 그들은 성적으로 타락하였습니다. 아버지와 아들이, 그들이 섬기던 우상 옆에 있었던 직업적인 여성들 중 젊은 여인을 탐하여 하나님의 거룩한 이름을 더럽혔습니다. 종교적으로도 타락하였습니다. 당시에 가난한 자들이 급하게 돈이 필요할 때 어깨 위로 걸치는 쇼울 같은 옷들을 전당물로 맡기고 돈을 빌리기도 했습니다. 종교지도자들이 모든 단 옆에서 전당물을 잡고 돈 몇 푼을 빌려주고 추위에 얼어 죽을 수도 있는 그 옷들을 돌려주지 않았습니다. 그리고 자기는 그 위에 누우며, 억지로 죄목을 씌워서 죄를 정하고 그들의 신전에서 벌금으로 받은 포도주를 마시며 즐기는 악을 행했습니다.

이스라엘 백성들은 개인이나, 종교나, 정치적인 죄가 너무 중하기 때문에 하나님께 울부짖지 않을 수 없습니다. 이런 사회적인 죄악, 가정적인 죄악, 성적인 죄악, 영적인 죄악이 있을 때 하나님을 등진 상태가 되고 하나님을 소홀히 여기는 지경에 이르렀습니다. 하나님은 이런 이스라엘 백성들을 보고 진노하셔서 반드시 벌을 내려서 고통을 받게 하시겠다는 것입니다. 그러니까 특별한 사랑을 받은 자들이 그 사랑에 대해 책임을 망각하고 악을 행하였던 것입니다. 하나님은 그런 그들에 대해서는 특별한 사랑을 받은 만큼, 그것에 대한 책임도 반드시 지라고 하시는 것입니다.

옛날에 어떤 왕이 있었습니다. 그 왕에게는 아주 잘 생긴 왕자가 있었습니다. 그 왕의 모든 희망은 그 왕자에게 있었습니다. 그런데 어느 날 나라에 큰 재앙이 내려서 한 사람이 희생을 해야만 하는 상황이 되었습니다. 많은 신하들이 지켜보고 있는 가운데 왕자가 왕 앞으로 나오면서 "아바마마, 제가 희생하겠습니다."라고 말하자 왕은 "아니 된다. 네가 희생한다면 이 나라는 누가 다스린다는 말이냐?"라고 합니다. 그때, "아바마마, 지금 이 상황에서 제가 희생하지 않고 백성 중에 누가 희생한다는 말입니까? 저는 왕자로서 이 모든 책임을 당연히 져야 합니다. 이 나라는 백성 중에 훌륭한 인재를 찾아 다스리게 하면 분명히 복된 나라가 될 것입니다."라고 하며 희생의 길을 묵묵히 걸어가는 것입니다. 이 왕자는 왕자로서 특별한 사랑을 받은 자로서 어떻게 살아야 하는지를 우리들에게 가르쳐주고 있는 좋은 예인 것입니다.

하나님의 백성은 예수 그리스도의 구속의 은혜로, 십자가의 희생으로 하나님의 자녀가 된 특별한 사랑을 받은 자들입니다. 그렇다면 본문에 나타나 있는 이스라엘 백성들처럼 특별한 사랑을 받은 자로서의 삶을 살지 못하여 악을 행하지 말고, 당연히 최선을 다하여 하나님의 자녀답게 그 영적 책임을 다하는 이 시대의 빛과 소금 같은 삶을 사시는 주님의 백성들이 되시기를 축원합니다.

하나님의 특별한 사랑을 받은 사람은 하나님께 전적으로 순종해야 합니다.(3-6)

본문 3절에서 7절까지의 내용을 한마디로 말하라면, '동행'이라고 할 것입니다. 이 동행을 두 가지 면에서 생각해야 합니다. 하나는 하나님께서 선지자 아모스에게 말하기를, "아모스야 너와 내가 한마음으로 이 세상에 나타나야 한다."라는 것입니다. 그러니까 선지자는 하나님과 한마음이 되어 하나님의 말씀을 전하고 나타내야 한다는 것입니다. 당연한 이야기입니다. 하나님이 세우신 선지자가 하나님의 말씀을 자기 마음대로 말하고 나타내어서는 안 되는 것입니다. 그러니까 선지자는 하나님과 한마음이 되어야 하고, 절대적으로 순종해야 하는 것입니다.

다른 하나는 하나님께서 특별한 사랑을 받은 이스라엘 백성들에게 말하는 것입니다. 하나님이 사랑하시고, 복을 주시고 은혜를 주셔서 그 복을 받았다면, 이스라엘 백성들은 하나님의 사랑을 받은 자로 하나님의 말씀에 순종하고 살아야 하는 것입니다. 그런데 하나님은 말씀하시기를 이스라엘 백성들이 하나님의 의도를 무시하고, 스스로 택한 악한 길을 마음대로 나아갔다는 것입니다. 그리고 오히려 하나님의 말씀을 정면으로 거역하고 악을 행하게 된 것입니다. 하나님의 특별한 사랑을 받은 선지자와 이스라엘은 전적으로 하나님의 명령과 뜻에 순종하여 사랑과 정의의 백성이 되어야 합니다. 그래야 그 사랑이 참사랑다운 가치를 지니게 됩니다. 하나님의 사랑을 입었기 때문에 하나님께 순종해야 가치 있는 인생이 됩니다.

사무엘상 15장 22절에서 23절에는 우리가 잘 아는 말씀이 있습니다. "사무엘이 이르되 여호와께서 번제와 다른 제사를 그의 목소리를 청종하는 것을 좋아하심 같이 좋아하시겠나이까 순종이 제사보다 낫고 듣는 것이 숫양의 기름보다 나으니 이는 거역하는 것은 점치는 죄와 같고 완고한 것은 사신 우상에게 절하는 죄와 같음이라 왕이 여호와의 말씀을 버렸으므로 여호와께서도 왕을 버려 왕이 되지 못하게 하셨나이다 하니"라고 했습니다. 사울 왕이 아말렉을 다쳐서 죽이고 살리지 말 것을 명령한 하나님의 말씀을 순종하지 않고, 자기 나름대로 살찐 송아지들이나 소위 말해서 돈이 될 만한 것들을 남겨서 돌아온 것입니다. 그럴듯하게 보이지만 사실은 사울 왕을 비롯한 이스라엘이 하나님의 말씀을 거역한 것입니다. 그래서 하나님은 그들에게 강력하게 경고하는 것이 '인간의 간교한 머리를 굴리지 말고, 오직 나의 말을 듣는 것, 순종하는 것을 내가 기뻐한다.'라고 선언하시는 것입니다.

그런데 특별한 사랑을 받은 이스라엘 백성들은 하나님으로부터 받은 사랑에 대해 책임을 다하지도 않고, 또 그 하나님의 말씀인 '형제를 사랑하고, 불의를 행하지 않고, 오직 하나님께만 경배하라'는 하나님의 명령의 말씀들에 대해 불순종하였습니다. 그런 그들을 하나님께서는 아주 강한 어조로 경고하고, 바른 길로 돌이키기를 바라십니다. 예레미야 17장 23절에는 "그들은 순종하지 아니하며 귀를 기울이지 아니하며 그 목을 곧게 하여 듣지 아니하며 교훈을 받지 아니하였느니라."고 하신 것과 같이 이스라엘은 귀를 막고 거역하고 듣지 않았습니다.

'하나님 말씀을 거역하는 것은 사술의 죄와 같고 완고한 것은 사신 우상에게 절하는 것과 같다' 는 하나님의 말씀의 경고에서 하나님의 말씀과 동행하고, 순종하는 것이 얼마나 소중한 것인가를 가르쳐 주고 있습니다. 하나님 말씀을 듣는다는 것은 하나님 말씀을 순종한 다는 것을 말합니다. 하나님 말씀대로 실천한다는 것을 말합니다. 이 시대를 사는 자로서 하나님을 기쁘시게 하며, 하나님의 뜻을 순종하는 믿음의 백성들로 살아 하나님의 특별한 사랑을 받은 자로 살기를 축원합니다.

하나님의 특별한 사랑을 받은 자에게 하나님의 비밀을 보여주십니다.(7-8)

본문 7절과 8절을 보면, "주 여호와께서는 자기의 비밀을 그 종 선지자들에게 보이지 아니하시고는 결코 행하심이 없으시리라 사자가 부르짖은즉 누가 두려워하지 아니하겠느냐 주 여호와께서 말씀하신즉 누가 예언하지 아니하겠느냐"라고 하였습니다. 이 말씀을 지나치게 해석할 필요는 없습니다. 대체로 이단의 괴수들은 자신을 선지자로, 혹은 예언자로 말하면서 이 구절을 이용하여, 마치 자신만이 특별한 예언의 은사를 받은 것으로 사람들을 현혹하곤 합니다. 그러나 그런 사악한 말들에 현혹되는 어리석음을 범하지 않기를 바랍니다.

7절에 나타난 "자기의 비밀을 그 종 선지자들에게 보이지 아니하시고는 결코 행하심이 없으시리라"라는 이 말씀의 의도를 먼저 알아야 합니다. 다시 말하면, '왜 미리 보여주시고 행하시는가?' 라는 것은, 그것은 하나님의 특별한 사랑을 받은 사람들임을 강조하는 것입니다. 그러니까 하나님은 그 백성들을 사랑하시기 때문에 한 사람이라도 놓치지 않기 위해 미리 경고하셔서, 깨닫게 하시고, 돌이키게 하시고, 하나님을 다시 찾게 하신 후에 그래도 안 될 때 하나님은 벌을 주시고, 심판하신다는 의미인 것입니다. 그러니까 이 말씀도 알고 보면 하나님의 사랑이 강조된 것입니다.

그리고 "그 종 선지자들에게 보이신다."는 것은 이미 모든 목회자들에 의해 하나님의 경고의 말씀은 주어지고 있습니다. 다 보이십니다. 그리고 다 경고하십니다. 그 소리를 듣고 깨달아야 합니다. 어느 소수의 특별한 자들의 전유물이 아니라 하나님의 종들을 통하여 경고하시고 행하시는 것입니다. 이것을 악한 이단들은 성경이 금하는 다른 예언들을 자신만이 안다고 주장합니다.

사실 이 세상을 보면 우리의 삶을 어떻게 살아야 할지를 알게 됩니다. 세상이 발전하고, 세월이 흐르면서 점점 세상은 복잡하여지고 있습니다. 석기시대에 지구 인구는 겨우 100만 명 정도였다고 합니다. 그러나 1850년대에는 10억이었습니다. 그 후 약 150년 뒤인 1995년에는 40억, 그리고 지금 세계 인구는 70억 이상이라고들 합니다. 앞으로 30년 후가 되면 지구 인구는 점점 줄어들어 35억 명, 우리나라의 인구는 2,900만 명이 될 것이라고 예상하고 있습니다. 점점 해결하기 어려운 문제가 더 많이 발생하고 있습니다. 지진 한 가지만 보아도 그렇습니다. 예수님 시대에는 일 년에 세계적으로 지진이 45번이었습니다. 19세기에는 500번 정도가 있었습니다. 그러나 20세기에 들어와서는 일 년에 22,772번 지진이 있었습니다. 전쟁도 그렇습니다. 2차 대전 후 지구상에서는 150번 전쟁이 있었습니다. 지진과 전쟁이 극심하여지면 예수님의 재림이 가까워지고 있다는 예고라고 예수님은 말씀하셨습니다. 예수님이 이런 말씀을 하실 때에는 지진이 무엇인지 몰랐을 때였습니다.

간혹 어떻게 보면 의미심장하고, 어떻게 보면 재미있는 보도들이 등장하곤 합니다. 천재지변이 일어나고 나면 폭풍 중에 사탄의 모습이 사진으로 찍혔다고 합니다. 1992년 플로리다 주에서 태풍이 불었는데 태풍 중에 사탄 얼굴이 찍혔으며, 1993년 텍사스 웨이코 사교 집단 본부가 불에 탈 때 100m크기의 사탄이 나타났다고 보도하였습니다. 우리는 오늘 주님이 오신다고 할지라도 "아멘, 주여! 어서 오시옵소서"라고 두 손 들고 영접할 준비를 하면서 살아야 합니다. 영적으로 깨어 기도하는 성도가 되어야 합니다.

이런 시대적인 징조들을 살피면 하나님의 특별한 사랑을 받은 사람으로서 어떻게 살아야 할지를 깊이 생각하게 됩니다. 이 시대를 분별하면서 이 세상의 일에만 너무 집중하지 말고, 하나님 나라의 거룩한 백성으로서 어떻게 살아야 할지에 대해 깊이 기도하시면서 믿음으로 사시는 여러분이 되시기를 축원합니다.

성도 여러분!

이스라엘 백성들은 하나님의 특별한 사랑을 받은 자들이 분명하지만, 그것을 제대로 간직하지 못하고, 그 특권을 오히려 악을 행하는 일로 사용하였습니다. 그래서 하나님의 큰 벌과 진노를 받았습니다.

이 시대를 살아가고 있는 우리도 이스라엘 백성들처럼 하나님의 특별한 사랑을 받은 사람들입니다. 예수 그리스도의 구속의 은혜로 하나님의 거룩한 자녀들이 되었습니다. 이 땅에 살지만 하나님 나라의 백성으로 사는 사람들입니다. 그렇다면 하나님의 사랑을 받은 자답게 그 책임과 의무도 다하시고, 이 세상의 빛과 소금같은 사명을 다하며, 사랑하고 베풀며, 돕고 사는 자가 되어야 합니다.

또 그리스도인은 무엇보다도 자신의 경험이나 사상들보다는 하나님의 말씀을 더 우선하고, 그 말씀에 순종하여야 합니다. 그것이 복된 길이요, 온전한 생을 사는 길임을 결코 잊지 않기를 바랍니다.

이 시대의 징조를 보십시오. 그리 긍정적이지 않습니다. 천재지변,

각종 질병들, 사건사고 소식들이 우리들의 마음을 혼란스럽게 합니다. 이럴 때는 하나님의 경고를 마음속 깊이 새겨보아야 합니다. 바르게 살고, 하나님의 자녀로서 합당한 모습을 더 가다듬어서 합당하게 살라는 경고를 들어야 합니다. 어떤 일이 생겨도 하나님의 뜻을 행하는 자들로 살라는 하나님의 경고를 기억해야 합니다.

믿음의 모습을 잘 정돈하고 하나님의 특별한 사랑을 받은 믿음의 사람으로 그 사명을 잘 감당하시는 축복된 백성들이 되시기를 주님의 이름으로 축원합니다.

감추어진 보화를 캐라!

잠언 3:1-10

***

내 아들아 나의 법을 잊어버리지 말고 네 마음으로 나의 명령을 지키라

그리하면 그것이 네가 장수하여 많은 해를 누리게 하며 평강을 더하게 하리라

인자와 진리가 네게서 떠나지 말게 하고 그것을 네 목에 매며 네 마음 판에 새기라

그리하면 네가 하나님과 사람 앞에서 은총과 귀중히 여김을 받으리라

너는 마음을 다하여 여호와를 신뢰하고 네 명철을 의지하지 말라

너는 범사에 그를 인정하라 그리하면 네 길을 지도하시리라

스스로 지혜롭게 여기지 말지어다 여호와를 경외하며 악을 떠날지어다

이것이 네 몸에 양약이 되어 네 골수를 윤택하게 하리라

네 재물과 네 소산물의 처음 익은 열매로 여호와를 공경하라

그리하면 네 창고가 가득히 차고 네 포도즙 틀에 새 포도즙이 넘치리라

***

솔로몬은 잠언을 통하여 인생에서 하나님 안에 감추어진 보화를 캐내어 우리의 것으로 삼고 사는 지혜를 서술하고 있습니다. 저는 하나님의 말씀을 그대로 믿습니다. 목사이기 때문에 믿는 것이 아니라 하나님의 말씀이기에 믿습니다. 하나님의 말씀은 기록된 대로 이루어졌고, 또 이루어지고 있습니다. 그러므로 그 말씀을 믿는 대로 하나님의 복을 누리게 되고, 그 말씀에 기록된 대로 우리의 허물을 용서하시는 분이십니다. 하나님께서는 본문의 말씀을 통해서 우리에게 다음과 같이 말씀하십니다.

1절에서는 "하나님의 명령을 지키라"고 하시고, "그리하면 장수하고 평강을 누릴 것이다"고 합니다. 또 3절에는 "말씀을 마음에 새기라"고 하시고, "그리하면 하나님과 사람 앞에 귀중히 여김을 받을 것이다"고 합니다. 5절에서는 "마음을 다하여 여호와를 의뢰하라"고 하시고, "그리하면 하나님께서 그의 길을 지도해 주신다"고 합니다. 7절에는 "여호와를 경외하라"고 하시고, "그리하면 몸이 건강하게 될 것이다"고 합니다. 9절에서는 "여호와를 공경하라"고 하시고, "그리하면 창고가 가득 차고 포도즙이 넘칠 것이다"고 합니다. 하나님은 성도로서 마땅히 행해야 할 것을 "행하라"고 하시고, 그 결과에 따라 하나님의 복을 허락하시는 분이시라고 하십니다.

우리가 우리의 죄를 용서받고 구원을 받는 것에는 아무런 조건이 붙지 않습니다. 그저 믿기만 하면 하나님은 누구에게든지 무한히 베풀어 주시는 구원을 허락하십니다. 그러나 우리가 이 땅에 사는 동안 하나님의 복을 받는 것은 우리의 헌신과 순종 여부에 따라 달라지는 것입니다. 하나님의 복을 이 땅에서 누리려면 하나님의 말씀대로 순종하는 믿음이 필요한 것입니다.

저는 잠언을 읽을 때마다 솔로몬의 마음이 전해지는 느낌을 받습니다. 솔로몬의 그 안타까운 마음을 알기 때문입니다. 원래 솔로몬은 왕이 될 수 없는 사람이었습니다. 출생 자체가 죄의 뿌리였으며 수많은 형들을 두고 있었기 때문에 출생으로나 서열로 봤을 때 결코 왕이 될 수 없었습니다. 왕이 된다 하더라도 왕의 권위를 가지고 계속 통치할 수 있을지도 의문이었던 20살의 막내 왕자였습니다. 무서운 형들이 자기를 지켜보고 있는 현실이었습니다.

자신의 처지를 누구보다도 잘 알고 있었던 그는 하나님을 의뢰합니다. 그리고 도움을 청합니다. 그에게는 부귀영화가 소중한 것이 아니었습니다. 그런 솔로몬에게 하나님은 축복해 주셔서 솔로몬의 통치기간 40년 동안 전쟁이 한 번도 없었던 유일한 왕으로 인도해 주셨습니다. 잠언은 자신의 인생경험을 간증으로 갖고 있는 솔로몬의 자녀교육 철학입니다. 그런 그가 본문을 통하여서는 '하나님을 만나라! 하나님을 믿어라! 하나님을 의지하라! 하나님을 순종하라!' 그러면 잘 살고, 건강하고, 복을 누린다고 말하고 있습니다.

우리가 이 땅에 사는 동안 하나님의 복을 받지 않고 행복을 누릴 사람은 없습니다. 또 우리의 자녀들이 참된 복을 누리는 길도 하나님 안에 있습니다. 그러므로 우리가 우리의 자녀들에게 물려주어야 할 것이 있다면, 그것은 하나님의 말씀에 순종하여 복을 받도록 하는 것입니다.

좋은 환경을 만들어 주는 일, 많이 가르쳐 주는 일, 편안하고 안락하게 살게 해주는 일, 물론 다 필요합니다만 가장 필요하고 소중한 것은 하나님을 만나게 해주는 일입니다. 본문의 말씀을 통해 먼저 우리가 하나님의 복을 캐내어 누리고, 그리고 그 복을 다음 세대로 물려주어야 할 것을 깊이 생각하는 시간이 되기를 주님의 이름으로 축원합니다.

주님의 말씀을 지켜 그 속에서 장수와 평강을 캐냅시다.(1-2)

본문 1절과 2절은 "내 아들아 나의 법을 잊어버리지 말고 네 마음으로 나의 명령을 지키라 그리하면 그것이 네가 장수하여 많은 해를 누리게 하며 평강을 더하게 하리라"고 하십니다. 하나님의 법을 잊어버리지 않고 그것을 마음에 새기고 주님의 명령을 지키면, 그것이 장수하여 많은 은혜를 누리게 하고 평강을 더하게 하십니다. 즉, 말씀에 순종하고 따르면 오래 살게 되는 것을 말씀합니다. 또 예수님을 믿으면 하나님의 의를 선물로 받으며, 율법의 요구를 다 이룬 자가 됩니다. 그리하여 주를 믿고 영접한 사람은 영생을 얻고 주님이 주시는 평강을 얻게 된다는 것을 말씀하고 있는 것입니다.

어느 목사님이 병으로 시달릴 때 하나님께 기도하기를 "하나님

아버지, 제게 은혜를 주셔서 70세까지 살게 해주십시오. 70세까지 살려주시면 제가 하나님의 사역을 맘껏 할 수 있겠습니다." 그때 하나님께서 "내가 네 기도를 들어주마"라고 말씀하시더랍니다. 그런데 그 순간 마음속에 '아휴, 기왕에 기도할 거 한 10년 더 살게 해달라고 할 것을 왜 내가 70세로 했나'라는 생각이 들어서 다시 무릎을 꿇고 "주여, 먼저 말씀 드린 것은 취소하고, 80세로 연기하면 어떻겠습니까?"라고 기도했더니, 주님께서 "그 소원도 내가 들어주마"라는 응답을 마음에 확신으로 주시더랍니다. 이처럼 사람은 누구나 장수를 원합니다.

어떤 할머니가 손자한테 늘 입버릇처럼 "나 죽으련다. 약 좀 사오너라. 이렇게 살아서 뭘 할까?" 그러더랍니다. 하루 이틀도 아니고 날마다 그러니까 이 손자가 하루는 꾀를 내어 할머니에게 밀가루를 갖다 주면서 "할머니, 이 약 먹으면 오늘 밤에 돌아가실 수 있어요." 그랬더니 할머니가 눈을 부릅뜨면서 "이런 고약한 놈 나더러 빨리 죽으라고?", "할머니께서 죽고 싶다고 약 달라고 했잖아요.", "내가 그냥 하는 말이지 진짜로 그런 거 아니잖아!"라고 그랬답니다. 할머니들이 날마다 죽고 싶다는 말은 너무 힘들고 고달프기 때문에 하는 것입니다. 사람은 누구나 천국이 싫어서가 아니라 죽음이 싫은 것입니다. 사는 것이 싫으면 천국은 영원히 사는 곳인데 어쩌겠습니까?

본문의 말씀은 "내 아들아 나의 법을 잊어버리지 말고 네 마음으로 나의 명령을 지키라 그리하면 그것이 너로 장수하여 많은 해를 누리게 하며 평강을 더하게 하리라"고 1절과 2절에서 말씀합니다. 우리 모두 젊은 시절부터 하나님의 말씀에 순종하여 하나님이 주시는 평강과 장수의 복을 누리시기를 주님의 이름으로 축원합니다.

주님의 인자와 진리를 지켜 그 속에서 은총과 귀중히 여김 받음을 캐냅시다.(3-4)

본문 3절과 4절은 "인자와 진리로 네게서 떠나지 않게 하고 그것을 네 목에 매며 네 마음 판에 새기면 네가 하나님과 사람 앞에서 은총과 귀중히 여김을 받으리라"고 하였습니다. 그것은 사람들을 대할 때에 자비로운 마음을 가지고 대하며, 약속한 것은 그대로 지키고, 주어진 일을 성실히 하는 것입니다. 그리고 하나님과 바른 관계를 가지고 하나님의 사랑과 진실하심을 굳게 믿고 사람들을 대하면 하나님과 사람 앞에서도 은총과 귀중히 여김을 받게 되는 은혜를 누리게 됩니다. 사람들에게 인정받고 사는 것이 별거 아닌 것 같지만 대단히 소중한 것입니다.

인자와 진리란 용어는 하나님과 사람을 대하는 관계에 대한 말입니다. 잠언서에서 솔로몬이 아주 중요하게 여기는 말씀입니다.(잠 14:22,16:6,20:28) "인자"는 '하나님이 우리에 대해서 관용하고 사랑하시는 자세와 은혜'를 말합니다. 그러니까 하나님의 너그러운 마음을 말합니다. 예수님의 사랑 즉, "아가페"적인 사랑, 희생적이요, 헌신적인 사랑을 말합니다. 또한 "진리"는 진실이라는 말과는 다릅니다.

하나님의 법과 명령을 말하는 것으로 하나님의 말씀을 의미합니다. 그 말씀을 마치 목에 목걸이를 하듯이 생활 속에 보여주어야 하는 것입니다. 우리가 그렇게 살면 하나님과 사람 앞에서 은총과 귀중히 여김을 받게 될 것이라고 합니다. 이것은 하나님이 세워 놓으신 아주 자연스러운 원리입니다. 하나님께 은총을 입고 사람에게 존경받게 되면 살맛나는 생애가 될 것입니다.

이미 우리는 예수 그리스도를 믿어 하나님의 자녀가 되었습니다. 그렇다면 변화된 신분처럼 하나님과 사람 앞에서도 인정받는 것은 당연한 것입니다. 그러나 지금까지 그렇지 못했다면 인자와 진리로 살기를 마음 판에 새기고 나의 삶도 보여주어 과연 그리스도인답다는 소리를 듣는 성도들이 되시기를 소원합니다.

우리의 삶 속에서 하나님을 인정하고 주님의 인도를 캐냅시다.(5-6)
본문 5절과 6절은 "너는 마음을 다하여 여호와를 신뢰하고 네 명철을 의지하지 말라 너는 범사에 그를 인정하라 그리하면 네 길을 지도하시리라"고 했습니다. 얼마나 세상이 복잡한지 모릅니다. 사람들의 마음을 살펴보면 이해관계에 얼마나 민감한지 헤아리기가 쉽지 않습니다. 앞에서는 거룩한 것처럼 말하는데, 그 뒤의 결과를 보면 전혀 다르게 나타나니 사람의 마음만큼 복잡한 게 없는 것 같습니다. 그러므로 이런 세상을 살아가는 동안 필요한 지혜는 불완전한 우리의 지혜가 아닌 하나님의 온전하신 지혜로 인도해 주심을 받아야 참 승리를 누릴 수 있습니다.

우리 인간은 미지의 세계를 향하여 나아가는 자들입니다. 그러면서 동시에 나약한 자들이기도 합니다. 그러므로 항상 하나님의 인도를 받아야 하는데 그러기 위하여 마음을 다하여 하나님을 의뢰하고 자기 명철을 의지하지 않고 범사에 하나님을 인정해야 합니다. 그러면 전능하신 하나님께서 우리의 앞길을 인도하시고 형통한 자가 되게 하십니다.

『Nine Wives(아홉 명의 아내들)』라는 책이 있습니다. 그 책에는 한 남자가 너무 예쁜 여자에게 반해서 프로포즈를 한 후 결혼했습니다. 그런데 얼굴은 너무 너무 예쁘고 정말 아름다운데 살아보니까 너무 게을렀습니다. '아이고! 내가 눈이 삐었지. 저걸 못 봤구나.' 하는 마음에 부지런한 여자와 살고 싶어서 적당한 때에 그 여자하고 이혼했습니다. 그리고 아주 부지런한 여자하고 결혼했는데, 그 여자는 부지런한 것은 좋은데 입까지 부지런했습니다. 얼마나 말이 많은 지 일 년 365일을 혼자만 말을 하더랍니다. '아이고! 내가 저걸 못 봤구나.' 그래서 그 여자하고 이혼하고 말없는 여자와 결혼했습니다. 그런데 그 여자는 말이 없는 건 좋은데 너무나 사치스러웠습니다. 그래서 장점을 보고 결혼했다가 단점을 보고 이혼하면서 아홉 명하고 결혼해 봤는데 끝에 가서 그가 이런 말을 했다고 합니다. "나는 아홉 명하고 결혼해 봤는데 '그게 그거였다.' 결국 인생은 가위바위보다." 사실 인생은 어떻게 될지 모르는 것입니다. 그러므로 우리는 하나님의 지혜로 살아야 인생을 승리의 길로 이끌어갈 수 있습니다. 그것이 바로 인생입니다.

『인디언의 지혜』라는 책은 기독교인인 한 인디언 추장이 자신의 삶을 기록한 것입니다. 인디언의 어머니들은 아기가 태어나면 곧 아기를 자연에게 소개하고 자연에게 축복을 빈다고 합니다. 아기가 태어난 지 3일이 되면 어머니는 아기를 안고 집 근처 언덕으로 간답니다. 거기서 동서남북으로 한 방향씩 돌면서 이렇게 말한답니다. "이 아이에게 특별한 축복을 바랍니다. 당신들은 우리 인생을 둘러싸고 그 속에서 살아가게 합니다. 부디 이 아이를 보호하고 이 아이의 인생에 균형을 주시기 바랍니다."

어머니는 다시 3일 밖에 안 되는 아기의 작은 발을 땅에 닿게 하고 이렇게 말한답니다. "지구 어머니시여, 언젠가는 이 아이가 당신 위에서 걷고 놀고 뛸 것입니다. 아이가 자라면서 당신을 존경하도록 가르치겠습니다. 아이가 어디를 가든지 그를 보호하고 보살펴 주시기를 바랍니다."

어머니는 아기를 해에게 인사시키면서 이렇게 말한답니다. "해 할아버지여, 이 아이가 자라는 동안 빛을 주십시오. 아이의 몸이 구석구석 건강하도록 허락해 주십시오. 육체만이 아니라 정신적으로도 건강한 아이가 되게 해주십시오. 아이가 어디에 있든지 당신의 따뜻하고 사랑스런 에너지로 감싸주십시오. 때로는 아이의 인생에도 흐린 날이 있을 것입니다. 하지만 당신이 이 아이에게 빛을 주시고, 늘 안전하게 지켜 주십시오."

이번에는 아기를 물에게 소개하면서 이렇게 말한답니다. "물이여, 우리는 당신 없이 살 수가 없습니다. 당신은 곧 생명입니다. 이 아이가 갈증을 모르도록 도와주십시오." 이런 식으로 인디언의 어머니는 아기를 불에게, 바람에게, 별에게 소개시켜 주면서 복을 빌어준다고 합니다. 인디언들은 만물 가운데 생명이 가득하다고 믿습니다. 인간도 자연의 일부이기 때문에 자연의 큰 어른인 태양이나 달이나 별이나 나무에게 아기를 인사시키고, 그 아기가 사는 동안 돌보아 주고 사랑해 주고 지켜 달라고 비는 것입니다.

이 이야기가 옳다는 것은 아닙니다. 그렇지만 하나님을 몰랐던 이 인디언들이 인생을 사는 동안 온갖 적으로 가득 찬 세상이 아니라 생명의 기운으로 가득 차 있다는 것을 가르친 것입니다. 그리고 아이도 이 세상과 아름답게 조화되는 삶을 살아야 한다고 아기 때부터 가르치는 것입니다.

이 세상에는 우리들을 침해하는 온갖 적이 있고, 또 적들만 있는 게 아니라 우리의 이웃들도 있습니다. 우리가 그 틈에서 살려면 가장 필요한 것이 온전한 지혜와 균형감각을 갖는 것입니다. 그런데 그 지혜와 균형감각은 우리들에게 있지 않습니다. 하나님의 전능하신 말씀에 있습니다. 말씀과 하나님을 의지하는 기도의 삶이 여러분에게 있어서 승리하시는 그리스도인의 삶이 되시기를 축원합니다.

성도는 하나님을 경외하여 그 속에서 영육의 건강을 캐냅시다.(7-8)

본문 7절과 8절은 "스스로 지혜롭게 여기지 말지어다 여호와를 경외하며 악을 떠날지어다 이것이 네 몸에 양약이 되어 네 골수를 윤택하게 하리라"고 하였습니다. 골수로 윤택하게 한다는 것은, 온 몸이 원활하게 움직이도록 하는 것, 즉 건강의 복을 받게 된다는 것입니다.

우리교회에는 연세가 높은 성도들이 많습니다. 제가 심방을 가서 보면, 윗목에 바구니가 놓여 있고, 그 바구니에는 약들이 가득하게 담겨 있는 것을 종종 목격합니다. 몸을 치료하는 여러 가지 약을 병원에서 처방 받아 구입한 것인데, 마음에 안타까움이 있습니다. 자기가 제일 많이 아는 것처럼 여기지 말고, 여호와를 경외하며 악에서 떠나면 하나님이 영혼과 육신에 양약이 되어 우리의 건강을 윤택하게 한다고 하나님은 말씀하고 있습니다.

요한삼서 2절에는 "사랑하는 자여 네 영혼이 잘됨 같이 네가 범사에 잘되고 강건하기를 내가 간구하노라"고 합니다. 이 말은 요한의 간절한 소망이 담긴 말입니다. 범사에 잘되고 강건한 것은 누구나 원하는 것입니다. 육적인 삶의 번성과 형통은 누구나 갈구하는 것입니다. 그런데 육적인 삶이 영혼만큼 잘되어야 합니다. 영혼이 안 되고 육체가 잘되면 오히려 저주입니다. 신앙 없는 건강, 신앙 없는 지식, 신앙 없는 재물, 신앙 없는 지위 이 모든 것이 헛된 것입니다.

　'범사에 잘되고' 라는 말씀을 많은 사람들은 물질로 해석합니다. 물질적 부요를 누가 반대하겠습니까? 물질은 인생에서 중요한 도구입니다. 누구에게나 필요한 것입니다. 사람들은 살면서 물질이 필수적이며 없어서는 안 될 삶의 일부분입니다. 돈과 생활 방식의 문제는 성경에서 지엽적인 문제가 아닙니다. 그리스도에 대한 신뢰가 거기에 달려 있습니다. 그리스도께서 말씀하신 모든 것 가운데 15%가 이 주제와 관련되어 있습니다. 돈에 대한 가르침은 천국과 지옥에 대한 가르침을 합친 것보다 많습니다.

　한 선교사님이 한국에서 교회에 다니는 사람들이 그렇지 않는 사람들과 비교해서, 전체적으로 비교적 잘 살고, 또 오래 사는 것을 조사한 적이 있다고 합니다. 그런데 그의 결론은, 성도들이 하나님의 말씀을 순종해서 새벽을 깨우니까 다른 사람들보다 부지런하고, 또 건강하게 된 것이라는 나름대로의 결론에 이르게 되었다고 합니다. 우선 부지런하니까 경제적으로 윤택해지고, 또 새벽을 깨우니까 건강해지고, 기도하니까 마음이 평안해지는데 그것이 놀라운 하나님의 복이 쌓여 가는 이유라고 했습니다. 말씀에 순종하고 진리대로 살면, 우선은 조금 불편하게 보이고 어렵겠지만 하나님은 그것을 통하여 아름다운 축복을 여러 가지 준비하고 계시는 것입니다.

　하나님의 사람이 말씀대로 순종하면 그 속에 보화를 숨겨 놓으셨다는 것을 알게 됩니다. 광산에서 금광을 캐는 사람이 무모하게 보이지만, 그들이 그 속에서 아름다운 것을 누리게 되는 것과 같이 하나님이 주시는 영육의 건강을 주님을 경외함으로 캐내어 누리시기를 축원합니다.

십일조 생활을 지켜 그 속에서 물질축복을 캐냅시다.(9-10)

본문 9절과 10절의 말씀은 "네 재물과 네 소산물의 처음 익은 열매로 여호와를 공경하라 그리하면 네 창고가 가득히 차고 네 포도즙 틀에 새 포도즙이 넘치리라"고 했습니다. 본문의 하나님의 말씀은 '마음을 구별하여 하나님 앞에 십일조 생활을 하면 하나님께서 그것을 아시고, 그보다 더 크고 아름다운 것으로 채워주시겠다'는 하나님의 약속입니다. 저는 여러분에게 이런 약속을 할 수 없지만, 하나님께서 여러분들에게 약속하십니다. '십일조 생활을 하라, 그리하면 내가 너희 가정의 모든 경제생활을 책임져주마'라는 것입니다. 이 말씀을 여러분의 믿음대로 받아 순종하여 하나님의 복을 누리시는 지혜로운 성도들이 되시기를 축원합니다.

하나님의 말씀대로 살면 물질의 복을 풍성하게 받게 되는 것을 말합니다. 성도 여러분들이 하나님께 드리는 헌금생활에 대해 많이 오해하고 있는 것 같습니다. 하나님 앞에 심어야 거둔다는 것을 안다면, 십일조라는 씨앗을 심어야 하나님의 축복을 여러분들이 거두게 될 것이라는 것을 말하고, 또 그것은 하나님이 정하신 하나님의 것이기 때문에 여러분들이 그것으로 아무리 잘 살아보려고 해도 반드시 어떻게든 흘러나가고야 맙니다. 그럴 바에야 하나님께 드려서 씨앗을 삼지, 왜 헛되이 낭비하게 두어야 합니까?

하나님께서 주신 물질로 하나님을 섬기면 물질적으로도 모자라지 않고 넉넉하게 살 수 있다는 약속을 하나님이 주시는 것입니다. 수입이나 이윤이 생기면 그것이 어디로부터 온 것인지를 알고 그 첫 열매로 하나님을 공경하라고 했습니다. 그렇게 하면 이 땅에 사는 동안 창고가 가득 차고 넉넉한 인생을 살게 하신다고 약속하셨습니다. 그렇게 되면 여러분이 잘 살게 될 것이라고 합니다. 무작정 하나님께 드리려고 하지 마시고, 이렇게 하나님의 말씀의 원리를 기억하고, 하나님께서 여러분들에게 축복하시려고 드리라고 하시는 것을 마음에 기쁨으로 받고 헌금생활을 하시면 여러분들의 마음까지 기쁘고 편하게 드릴 수 있습니다. 강요나 협박이 아닙니다. 여러분이 복을 받기 원하거든, 인생의 승리의 길을 찾기 원하거든, 여전히 삶을 살면서 곤고하게 살기를 원하지 않는다면 꼭 헌금생활을 기도하면서 감사하면서 하시기를 바랍니다. 그래서 저는 여러분들이 하나님의 축복으로 가득하기를 진심으로 축원합니다.

60세가 넘으신 어느 선교사 부모가 딸을 방문했습니다. 막 전문의가 된 딸에게 "너 그동안 십일조 했니?"라고 물었습니다. "제가 돈이 너무 필요해서 못 했어요." "왜 못 했어?" "아파트도 사고, 자동차도 사고, 가구 사는데 돈이 부족했어요." 이러한 대답을 들은 엄마는 딸을 책망했습니다. "하나님께서 너에게 좋은 머리를 주셔서 의사가 되게 하셨는데, 네가 십일조를 드리지 않고 인생의 시작부터 하나님의 것을 도적질하며 살려고 해?" 이 말을 들은 딸은 잘못했다면서 용서를 빌었고 앞으로는 절대로 하나님의 것을 하나님께 드리겠다고 약속을 했답니다. 그 어머니는 하나님이 주신 은혜로 하나님을 공경하며 살아야 한다는 확실한 가르침을 딸에게 충격적으로 가르친 것입니다.

대학을 졸업하고 직장에 들어간 젊은이들 중에 그 첫 월급을 어머니에게 가져옵니다. "어머니, 제 첫 월급을 전부 하나님께 드리고 싶어요." 꼭 그렇게 할 필요는 없습니다. 믿음대로 하는 것이면 되지, 꼭 그렇게 해야 한다는 것은 성경에 나타나 있지 않습니다. 그런데 그런 일을 만나면 많은 어머니들이 그게 아까워서 손에 잡고 떨다가 하나님께 바칩니다. 그것의 가장 중요한 의미는 '하나님 저의 인생의 첫걸음입니다. 앞으로 어떤 일이 제 앞에 마치 독사처럼 도사리고 있을지를 저는 잘 모릅니다. 그때마다 지혜롭게 판단하고, 지혜롭게 이길 수 있도록 제 인생을 하나님께 맡깁니다. 하나님이 축복하여 주시고 인도하여 주시옵소서.' 라는 고백을 드리는 것입니다.

여러분, 그게 아까운 것입니까? 그게 과연 손해되는 것일까요? 꼭 그렇게 하지 않아도 되는 일이지만 이런 젊은이들에게 감동을 받고 그들을 축복합니다. "하나님께서 하라고 하지 않으셨는데도 자기 재물로 하나님을 섬기며 살려하는 이 젊은이의 평생을 축복하여 주옵소서."라고 축복하며 기도하게 됩니다.

성도 여러분!

본문은 자신의 지혜만을 의지하지 않고, 모든 일에 하나님을 인정하고 경외하고 순종하며 살아야 함을 가르치는 것입니다. 순종생활, 말씀생활, 기도 생활, 헌금생활을 통해 하나님을 신실함으로 섬기면 반드시 평화롭고 만족스럽게 살 수 있도록 인도하십니다. 하나님과 사람 앞에 사랑받으며 형통하게 되시기를 주님의 이름으로 축원합니다.

올바른 신앙생활을 하려면

야고보서 4:1-10

＊＊＊

하나님을 가까이하라 그리하면 너희를 가까이하시리라

죄인들아 손을 깨끗이 하라 두 마음을 품은 자들아 마음을 성결하게 하라

슬퍼하며 애통하며 울지어다 너희 웃음을 애통으로 너희 즐거움을 근심으로 바꿀지어다

주 앞에서 낮추라 그리하면 주께서 너희를 높이시리라

＊＊＊

본문은 우선 성도들 간에 다툼이 일어나는 이유를 전제하기를 '욕심' 때문이라고 합니다. 욕심을 야고보와 요한은 '정욕'이라고 합니다. 정욕은 인간의 욕심을 의미하는데 그것은 물질의 욕심, 명예의 욕심, 육체의 욕심이라고 합니다. 요한일서 2장 16절에서, "이는 세상에 있는 모든 것이 육신의 정욕과 안목의 정욕과 이생의 자랑이니 다 아버지께로부터 온 것이 아니요 세상으로부터 온 것이라"고 했습니다. 이런 욕심이 있는데 그 욕심을 충족시키지 못하니까 그 불만으로 사람들은 끊임없이 다툼이 일어난다고 하였습니다. 사실, 교회의 일들도 이름 없이 충성한다고 하지만 자기의 뜻대로 관철이 안 되면 싸움을 일으키는 경우가 대부분입니다.

그런데 욕심을 가져도 얻지 못하는 이유가 있는데 그것은 기도하지 않기 때문이라고 합니다. 사람들마다 나쁜 의미에서가 아니라 좋은 의미에서 욕심이 있어야 합니다. 그것을 선한 욕심이라고 할 수 있는데, 다르게 말하면 열정, 열심이라고 할 수 있을 것입니다. 열정이 있는 사람이 하나님의 일을 이룰 수 있습니다. 하나님의 일은 도전하는 자들을 통해 이루십니다. 열심이 있으면 기도하게 되고, 기도하면 하나님께서 응답하셔서 하나님의 뜻을 이루게 하십니다.

그런데 기도해도 응답 받지 못하고, 영적인 갈증에 시달리는 경우가 있습니다. 본문 3절은 "구하여도 받지 못함은 정욕으로 쓰려고 잘못 구하기 때문이라"고 합니다. 하나님의 뜻을 바르게 이해하지 못하고 인간적인 생각만으로 하나님을 찾는 자에게는 응답의 복을 주시지 않는다는 것입니다. 즉, 올바른 믿음생활이 아니면 아무리 구해도 주시지 않고, 하나님을 위해 일하려고 해도 그런 사람을 통해서는 일하지 않으신다는 것입니다. 그러므로 그리스도인이 신앙생활을 할 때 올바른 믿음을 갖는 것은 매우 중요합니다.

하나님은 성도들에게 은혜와 축복을 얼마든지 주시기를 원하시는데 우리는 그것을 누리지 못하고 있습니다. 성령께서 사모하기까지 하시면서 성도들인 우리들에게 은혜를 주시려고 하는데, 우리의 온전한 믿음을 구비함으로 충만한 은혜 가운데 복을 누리시고, 또 하나님께 영광을 돌리는 온전한 성도의 삶을 이루는 자세를 갖기를 축원합니다.

올바른 신앙생활을 하려면 겸손해야 합니다.(6,10)

본문 6절을 보면, "그러나 더욱 큰 은혜를 주시나니 그러므로 일렀으되 하나님이 교만한 자를 물리치시고 겸손한 자에게 은혜를 주신다 하였느니라"고 하였고, 10절의 말씀은 "주 앞에서 낮추라 그리하면 주께서 너희를 높이시리라"고 하였습니다. 오직 겸손한 섬김이 하나님의 은혜를 받을 수 있음을 잊지 말아야 합니다. 하나님을 섬기는 자는 겸손한 자이어야 합니다. 주님 앞에서 자신의 위치를 낮추는 자가 주님을 영화롭게 하는 자입니다. 그리고 그 주님을 영화롭게 하는 자가 복을 누리는 것입니다. 그런 믿음의 사람을 하나님은 크게 기뻐하시는 것입니다.

겸손하다는 것은 무작정 자기를 비하시키는 것이 아닙니다. 겸손하다는 것은 우선 하나님을 인정하는 것에서 출발합니다. 다른 사람들과 이견이 생겼을 때 하나님의 인도하심을 인정하는 겸손한 사람은 '하나님께서 더 아름다운 길로 인도하실 것이며, 성경의 말씀과 위배되는 것이 아니니 내 생각이 틀릴 수도 있어. 하나님께 기도해야지.' 라는 마음을 갖는 것입니다. 그러니까 하나님의 전적인 인도하심을 믿지 못하면 겸손해지지도 못하는 것입니다. 겸손의 반대되는 말이 교만이라는 것을 우리는 알고 있습니다. 그런데 이 교만이라는 단어의 의미를 알면 겸손을 더 잘 이해할 수 있습니다. 교만이라는 말의 히브리어는 '까바흐'인데, '자기 자신을 더 신뢰하거나 자기가 선택한 방법이나 수단을 하나님의 말씀보다 더 신뢰하고 옳게 여기는 것'이 교만이라는 것입니다. 그러니까 하나님을 무시하는 행동이 교만입니다. 겸손은 이것과 정반대니까 하나님을 자신보다 더 신뢰하기 때문에 모든 것을 하나님 중심으로 판단하는 것을 가장 우선 위치에 두는 것입니다.

그러나 성도들이 겸손하다고 해서 바보같이 되는 것은 아닙니다. 하나님의 말씀을 무너뜨리는 악한 사탄에 대해서 성도들은 단호하게 대처해야 합니다. 사단의 유혹은 과감히 물리치고, 하나님의 영광을 위해서는 결단하여 행하는 것이 겸손이기도 합니다. 성경에서도 주님은 겸손하라고 하시지만, 동시에 마귀를 만나면 말씀의 검으로서 단호하게 대적하라고 하십니다. 그래서 하나님의 말씀으로 사단을 물리치고 승리하는 것이 주님을 따르는 자의 바른 자세입니다.

　겸손한 마음이 없어 양보하지 않고 버티다가 같이 망하는 것과 관련하여 재미있는 이야기가 있습니다. 바로 '어부지리' 라는 말입니다. 이것은 옛날 중국의 조나라가 연나라를 치려 하였는데, 때마침 연나라에 와 있던 소진의 아우 소대는 연나라 왕의 부탁을 받고 조나라의 혜문왕을 찾아가 이렇게 설득하였습니다. "이번에 제가 이곳으로 오는 도중에 큰 강을 건너오게 되었습니다. 마침 민물조개가 강변에 나와 입을 벌리고 햇볕을 쬐고 있는데, 황새란 놈이 지나가다가 조갯살을 쪼아 먹으려 하자 조개는 깜짝 놀라 입을 오므렸습니다. 그래서 황새는 주둥이를 물리고 말았습니다. 황새는 생각하기를 '오늘, 내일 비만 오지 않으면 바짝 말라 죽은 조개가 될 것이다.' 하였고, 조개는 조개대로 '오늘, 내일 입만 벌려주지 않으면 죽은 황새가 될 것이다.' 라고 생각하여 서로 버티고 있었습니다. 그러나 그때 마침 어부가 이 광경을 보고 황새와 조개를 한꺼번에 망태 속에 넣고 말았습니다. 지금 조나라가 연나라를 치려하는데 두 나라가 오래 버티어 백성들이 지치게 되면 강한 진나라가 어부가 될 것을 저는 염려합니다. 그러므로 대왕께서는 깊이 생각하시기 바랍니다."

　소대의 이 비유를 들은 혜문왕은 과연 옳은 말이라 하여 연나라 공격을 중지하였다고 합니다. 비슷한 힘이 끝까지 버티다가는 함께 망한다는 비유를 들어 말한 것입니다. 겸손은 상대방을 존중하고, 인정해 주는 것입니다. 그냥 인정해 주는 것이 아니라 하나님의 전능하심을 기억하면서 상대방을 존중하고, 양보하고, 사랑해 주고, 기도해 주는 것임을 잊지 말아야 할 것입니다.

우리는 주 안에서 자신을 겸손하게 낮추는 삶을 살아야 합니다. 하나님의 교회를 섬기는 자세가 겸손이어야 하고, 성도들을 섬기는 자세가 겸손이어야 하고, 마귀에 대해서는 단호하게 대적하는 자세가 곧 겸손한 것입니다. 다른 사람을 존중하되 하나님께서 우리 모두를 주관하고 계시기 때문에 합력하여 선을 이루실 것이라는 믿음을 갖고 겸손하게 살아가셔서 하나님의 복을 누리는 올바른 믿음생활이 되시기를 주님의 이름으로 축원합니다.

올바른 신앙생활을 하려면 마귀의 계략과 생각에 대적해야 합니다.[7]

본문 7절에서는 "그런즉 너희는 하나님께 복종할지어다 마귀를 대적하라 그리하면 너희를 피하리라"고 했습니다. 모든 성도들은 우선 마귀를 아주 두려워합니다. 마귀의 능력이 대단하다는 것을 알기 때문입니다. 그런데 성도들이 마귀의 능력이 대단하다는 것은 알면서도 마귀를 심판하는 권세를 가지고 있는 하나님의 능력은 자칫 잊고 살아가고 있습니다. 또 한 가지 잊고 살아가는 것은 그 마귀를 심판하는 권세를 가지신 주님이 바로 나와 함께 하신다는 사실, 늘 항상 세상 끝 날까지 동행하신다는 사실을 잊고 산다는 것입니다. 주님이 나와 함께 하시면 사탄이 제아무리 강하다고 해도 하나님의 전능하심이 그 모든 것을 심판하실 것이므로 우리는 얼마든지 담대한 삶을 살 수 있는 것입니다.

'대적하라' 라는 말의 의미는 '싸워서 물리쳐라' 는 것입니다. 전투적인 자세로 마귀를 물리쳐야 신앙생활을 잘할 수 있다는 것입니다. 우리는 흔히 마귀를 표현할 때 머리에 뿔이 달린 흉측한 모습만 상상하지만 사실은 보이지 않게 다가오는 것입니다. 마귀는 자신의 정체를 드러내지 않고 우리를 유혹하려 달려옵니다. 우리가 하나님의 은혜를 사모하며, 순종하는 믿음생활을 하려고 할 때 그것을 방해하면서 하나님과 우리 사이를 완전히 이간하려고 합니다. 이런 사탄으로부터 승리하는 길은 어떠한 사탄의 간교한 전략도 물리치고 하나님께 순복하는 길을 선택해야 합니다. 사탄을 대적하고 물리쳐 승리해야 믿음의 대장부로 살 수 있을 것입니다.

은혜로운 일을 하려고 할 때 마귀는 우리들을 분노하게 만들므로 그 일을 못하게 합니다. 그래서 사람들은 마귀를 잘 모른 체 자기의 분노라고 하지만 사실은 마귀의 분노입니다. 악한 마귀의 생각이라는 것을 작정하고 생각하지 않으면 교묘하게 가려져 마귀라는 것을 찾을 수 없습니다. 그러므로 항상 깨어 대적하는 자세를 가져야 합니다. 베드로전서 5장 8절에서는 "근신하라 깨어라 너희 대적 마귀가 우는 사자 같이 두루 다니며 삼킬 자를 찾나니"고 했습니다.

하나님의 영광을 세워 가는 일, 교회가 하는 은혜로운 일, 개인의 신앙의 성장과 하나님의 사랑을 세워 가는 모든 일에 대해 마귀는 우리를 유혹하여 실패하게 합니다. 그래서 교회의 일에는 반드시 기도하는 것이 중요합니다. 하나님의 뜻을 이루는 일의 한 편에는 여지없이 마귀의 계략이 숨어 있습니다. 이런 마귀의 계략들이 어디에서 터져 나올 것인지 예의주시하면서 하나님의 은혜를 의지해야 합니다. 그리고 단호히 그 마귀의 계략을 말씀과 은혜, 기도로 물리치고 승리를 누리는 자들이 되어야 할 것입니다.

마귀는 단단히 기도하며 준비된 자들은 건드리지 않습니다. 왜냐하면 하나님이 함께 하신다는 사실을 알기 때문입니다. 그리고 그런 자들을 결코 자신의 계략대로 넘어오게 만들 수 없다는 것을 알기 때문에 가까이 하지 않습니다. 항상 신앙생활을 할 때 두 가지 면을 잘 고려해야 합니다. 한 면은 사단을 향한 것인데, 여기서 여러분은 모든 죄를 용서받은 하나님의 자녀로서 그 권세를 누릴 수 있어야 합니다. 더 이상 죄인이 아니라 하나님의 자녀로서 사단을 꾸짖을 수 있어야 합니다. 여러분 스스로 돌아보니까 부족해서 마귀가 말하는 것도 일리가 있다고 생각하여 한풀 꺾이는 경우도 있습니다. 그러나 여러분 마귀에 대해서는 전혀 그럴 필요가 없습니다. 여러분보다 훨씬 더 하나님께 심판받을 존재이며, 또 하나님이 여러분을 자녀로 받아 주셨다면 그것은 부모가 자식을 받아 준 것이므로 당당하게 살아야 합니다.

다른 한 면에는 여러분을 구원하여 주신 하나님의 은혜를 기억하고 겸손해지는 것입니다. 늘 자신을 살펴 하나님의 은혜에 감사하고, 영광을 돌리는 삶을 살아야 하는 것입니다. 언제나 우리를 감싸 안아주시는 거룩하신 하나님의 뜻을 잊지 않는 것입니다.

감기를 앓고 계시는 분들이 많습니다. 감기는 우리 몸이 약해져서 면역이 떨어지면 감기균이 몸에 붙어서 고생하게 만듭니다. 대부분의 암 전문가들이 말하기를 모든 사람들이 암 세포를 가지고 있다고 합니다. 그런데 면역력이 뛰어나고 건강한 사람은 암세포가 몸에 돌아다니지만 암에 걸리지 않고, 약해지면 그곳에 달라붙어 악성종양 즉, 암이 된다고 합니다.

우리가 하나님의 말씀의 영양분을 충분히 섭취하고, 또 기도하는 일을 잘 감당하면 약간의 진통은 있겠지만 그 어떤 마귀의 시험이나 유혹도 넘어지지 않고 승리하게 되는 것입니다. 마귀의 간교한 계략을 분별하고 믿음으로 승리하는 성도들의 되시기를 주님의 이름으로 축원합니다.

올바른 신앙생활을 하려면 하나님을 가까이 해야 합니다.(8-9)

본문 8절과 9절에서는 "하나님을 가까이하라 그리하면 너희를 가까이하시리라 죄인들아 손을 깨끗이 하라 두 마음을 품은 자들아 마음을 성결하게 하라 슬퍼하며 애통하며 울지어다 너희 웃음을 애통으로, 너희 즐거움을 근심으로 바꿀지어다"라고 하였습니다. 하나님을 가까이 하는데 몇 가지의 조건을 말하고 있습니다. 첫째는 죄인들아 손을 깨끗이 하라, 둘째는 두 마음을 품은 자들아 마음을 성결하게 하라, 셋째는 울며 애통하며 회개하라는 것입니다. 이것을 다 묶어서 한 가지의 의미로 표현할 수 있습니다. 하나님을 가까이 하는 자들은 죄를 멀리하고 하나님의 말씀대로 결단하는 믿음의 모습을 가져야 할 것을 가르치는 것입니다.

사실 이 본문의 말씀은 어떤 그림을 그리는 것과 같이 되어 있습니다. 다시 말하면 구약성경 시대에 하나님의 백성들이 제사를 드릴 때 제사장이 번제단에 제물을 가지고 나아갈 때 제사장의 정결예식과 같은 것입니다. 하나님께 제물을 드릴 때 그들은 자신의 모든 행위들을 다 내려놓고, 완전히 성결하게 된 후에 하나님 앞에 제물을 드렸습니다. 그러니까 하나님의 백성들이 하나님 앞에 나아갈 때, 가장 가까이 하나님을 만나기 위해 나아갈 때는 자신의 죄를 회개하고, 하나님의 품으로 나아가야 하는 것입니다. 이렇게 성도들은 자신을 성결케 하여 하나님께 가장 가까이 나아가시는 분들이 되시기를 축원합니다.

사람은 가까이 하는 것에 영향을 받게 되어 있습니다. 세상의 쾌락, 욕심을 가까이 하면 하나님의 풍요로운 응답을 누릴 수 없습니다. 오히려 세상에 취해 하나님의 은혜를 잃어버리게 됩니다. 그렇다고 세상의 도움과 풍요를 누릴 수도 없습니다. 원래 세상은 우리들에게 풍요를 주는 게 아니라 갈급하게 하는 속성을 가지고 있기 때문입니다. 우리의 옛말에 "서당 개 삼 년이면 풍월을 읊는다."고 했고, "먹 방에 가면 먹을 묻힌다."는 말이 있습니다. 가까이 하면 영향을 받는다는 말입니다. 하나님의 말씀을 통하여 하나님을 가까이 하면 하나님의 성품을 닮게 됩니다.

세상의 정욕대로 사는 삶은 하나님의 의를 이룰 수 없습니다. 세상의 쾌락과 욕심을 가까이 하면, 처음에는 좋은 것처럼 보이나 인생의 갈증으로 많은 것을 얻기 위해 다툼이 일어나게 됩니다. 그 다툼의 끝에 가더라도 다툼의 목적인 많은 것을 얻을 수 있는 것도 아닙니다. 사람도 잃고, 물질도 잃고, 자신의 선한 마음도 잃어버립니다. 모든 것을 잃게 됩니다. 이런 마음을 가진 사람은 하나님께 기도하지 않고 자신의 힘을 의지합니다. 혹 기도한다고 해도 하나님은 그 기도를 듣지 않으시는 것입니다. 하나님은 그런 자의 마음을 기뻐하시지 않는다고 하십니다. 사랑하는 성도의 마음이 자신에게로 향하지 않고 세상의 욕심과 사탄에게로 향하여 가고 있는 것을 좋아하신다면 그것은 하나님이 아니신 것입니다. 그래서 하나님은 그런 삶을 사는 자들에게 계속 그런 삶을 살도록 내버려 두실 수는 없습니다. 그래서 책망하시기도 하고 매를 드셔서라도 돌아오게 하십니다.

그러므로 자신의 욕심에 이끌려 사는 사람은 하나님의 풍요로운 응답을 누릴 수 없습니다. 그렇다고 세상의 도움과 풍요를 누릴 수 있는 것도 아닙니다. 모든 것을 얻기 위해 혈전을 벌이지만 어떤 것도 얻지 못한 채, 결국 모든 것을 잃게 되는 불행한 삶이 되는 것입니다.

성도는 자신의 욕심대로 살 수는 없습니다. 그것은 하나님의 뜻을 이루지 못하며, 하나님의 인정도 받을 수 없습니다. 힘을 다하여 인생을 살았는데도 나머지 결과는 아무것도 없다는 것입니다. 하나님 안에서 하나님의 뜻대로 살아야 하는 것은 하나님의 영광을 위한 것도 있고, 동시에 그것이 나의 유익을 위한 것이기도 합니다. 현명한 인생은 세상의 정욕을 포기하고 하나님의 방법을 택하는 것입니다. 하나님께 대해서는 그 사랑을 깨닫고, 죄에 대해서는 울며 애통히 여겨 철저히 회개하는 자세를 가져야 합니다. 죄는 우리를 더욱 불안하게 하고, 불평으로 가득하게 합니다. 그래서 그리스도인은 그 죄를 멀리함으로 하나님의 나라를 세워 가는 자가 되어야 합니다.

사랑하는 성도 여러분!

물고기가 물속에 있을 때 손살 같이 움직이는 것과 같이 그리스도인은 그리스도 안에서 자유로운 것입니다. 공기의 저항이 물의 저항보다 훨씬 낮기 때문에 물고기도 공기 중에서 헤엄치고 싶은 욕망이 있을지라도 그것은 곧 더 큰 불행을 가져오는 것입니다. 마찬가지로 성도가 그리스도인으로 살려면 약간의 부자연스러움이 있을 수 있지만, 그 속에 완전히 동화되면 하나님 안에서의 자유가 얼마나 큰 것인지를 알 수 있게 되는 것입니다.

사탄을 향하여 하나님의 능력으로 책망할 수 있는 권세가 있습니다. 베드로와 요한이 성전 미문에 올라갈 때 성전 미문에 앉아 구걸

하는 앉은뱅이를 만나게 됩니다. 그때 그들은 "은과 금은 내게 없거니와 내게 있는 것으로 네게 주노니 곧 나사렛 예수 그리스도의 이름으로 일어나 걸어라"(행3:6)라고 할 때, 앉은뱅이는 곧 힘을 얻어 일어나 걷게 됩니다. 그리스도 안에 있을 때의 힘과 능력은 그 이름의 능력 안에서 나타나는 것입니다.

세상을 바라보는 안목을 우리는 가치관, 세계관이라고 합니다. 하나님께 가까이 가서서 하나님의 눈으로 이 세상을 바라보되, 죄에 대해 울 수 있는 마음을 가진 영적인 안목이 있어야 합니다. 하나님의 자녀는 하나님의 영광을 위한 일을 하되, 먼저 그가 하나님께 완전히 의탁된 존재임을 알아야 합니다. 그리고 하나님의 기준과 시각을 가지고 세상을 바라보고, 판단하고, 행동하는 것입니다. 하나님은 그런 그리스도인을 겸손한 그리스도인이라 하고, 축복을 준비하시는 것입니다. 이런 복을 누리시는 주님의 자녀들이 되시기를 주님의 이름으로 축원합니다.

속사람이 강한 자

에베소서 3:14-21

* * *

그의 영광의 풍성함을 따라 그의 성령으로 말미암아 너희 속사람을 능력으로 강건하게 하시오며

믿음으로 말미암아 그리스도께서 너희 마음에 계시게 하시옵고

너희가 사랑 가운데서 뿌리가 박히고 터가 굳어져서

능히 모든 성도와 함께 지식에 넘치는 그리스도의 사랑을 알고

그 너비와 길이와 높이와 깊이가 어떠함을 깨달아 하나님의 모든 충만하신 것으로

너희에게 충만하게 하시기를 구하노라

* * *

'속사람이 강하다' 라는 말은 영적인 능력이 있는 사람을 말합니다. 영적인 능력은 무엇을 말하는 것입니까? 우선 자신이 하나님 앞에서 분명한 확신을 가지고 자신을 단단하게 세우는 힘, 더 나아가 다른 사람을 세우고, 하나님의 나라를 세워 가는 힘을 말합니다. 그런 면에서 속사람이 강한 사람은 영적인 능력이 있는 사람이고, 그것은 자신과 다른 사람, 하나님의 나라를 세워 가는 사람을 말하는 것입니다. 이런 모습이 그리스도인에게는 반드시 있어야 하고, 그래서 하나님께 필요한 사람이 되어야 합니다. 그리스도인이 그 영적인 능력이 강해야 하는 이유는 하나님의 나라를 세워 가는 일을 효과적으로 감당하기 위하여 그렇다는 것입니다.

성경에서 하나님의 일을 감당하는 사역들을 보면, 절대로 속사람이 강하지 않고는 감당할 수 없는 모습들임을 알 수 있습니다. 예수님의 사역에서도 그 주위에 항상 그를 시험하여 넘어뜨리려는 계획들이 있었습니다. 광야에서 금식 기도를 하고 나오는 주님을 향하여 사탄이 말씀을 거역하게 하는 시험을 합니다. 조금이라도 자신의 능력을 과시하려는 교만함을 가졌다면 주님은 공생애의 사역을 통하여 우리의 구원을 이루는 십자가를 놓칠 수도 있는 장면입니다만, 강하게 무장한 주님은 거뜬히 사탄의 시험을 물리치고 승리하신 것입니다.

바울의 사역에서도 이런 면은 얼마든지 봅니다. 하나님의 나라를 위해 일하는 바울에게 다가온 시험은 다양했습니다. 때로는 생명을 위협하는 시험도 있었습니다. 때로는 교만에 빠지게 하는 시험도 있었습니다. 사람들이 바나바와 바울을 향하여 하늘에서 내려온 신이라고 했습니다. 교만한 마음을 가졌다면, 인간적인 생각에서 보면 얼마든지 영광을 누릴 수 있는 것이었습니다만, 그들은 담대하게 물리치고 하나님의 길을 갔습니다.

본문을 통하여 속사람이 강한 자, 영적인 능력이 강해서 하나님의 나라를 세워 가는 사람의 모습을 살펴보면서 함께 은혜 받기를 축원합니다.

속사람이 강한 자는 믿음의 뿌리, 믿음의 기초가 강해야 합니다.(17)

속사람이 강한 사람을 말할 때 흔히 나무에 비유하곤 합니다. 속사람이 강한 사람을 비유한 나무는 뿌리가 강한 것을 말합니다. 이는 그리스도를 믿는 믿음이 마치 잘 심겨져서 뿌리가 튼튼한 나무같이 된 자라야 한다는 것을 의미합니다.

속사람이 강한 사람을 말할 때, 건물에 비유하곤 합니다. 속사람이 강한 사람을 비유한 건물은 높이 쌓아도 붕괴의 염려가 없는 기초가 튼튼한 건물을 의미합니다. 우선 터가 잘 다져지고, 그 위에 기초가 잘 세워진 그런 건물과 같이 탄탄하게 세워진 자입니다.

믿음 생활을 하는 사람은 그 신앙의 기초가 하나님의 말씀에 든든히 뿌리를 내리고 있어야 합니다. 기초가 든든하게 잘 세워진 그리스도인, 즉 속사람이 강해지는 비결은 기도에 있습니다. 바울은 에베소에 있는 성도들이 속사람이 강하여져서 하나님의 뜻을 이루는 멋진 그리스도인으로 살기를 간절히 소망하고 있습니다. 바울은 이 기도를 통하여 속사람이 강해진다고 한 것은 기도 없이는 속사람이 강해질 수 없다는 것을 우리에게 가르치고 있는 것입니다.

제가 어떤 집사님에게 "집사님이 하나님의 영광을 위하여 사시는 분이 되기를 기도하고 있습니다."라고 말할 때 여러분의 신앙이 바로 섰다면 반드시 함께 그 제목으로 기도하게 됩니다. 바울이 에베소에 있는 교회와 성도들에게 "내가 당신들의 속사람이 강건해지기를 늘 하나님께 기도하고 있습니다."라고 말하고 있습니다. 그러면 이 말을 들은 에베소 교인들의 신앙이 바르게 섰다면 반드시 그들은 속사람이 강해지도록 늘 기도했을 것입니다. 즉, 전파되는 말씀에 귀를 기울이고, 순종하여 기도하는 일을 하여야 하는데, 속사람이 강해지기 위해서는 반드시 기도하는 사람이 되어야 하는 것입니다.

기도 생활 없이 속사람이 강해지는 법은 없습니다. 기도를 하면 원수도 사랑할 마음을 하나님이 주시고, 그것이 바로 강한 사람입니다. 원수를 갚는 것은 아주 약한 사람이고, 그것을 하나님께 맡기는 사람은 강한 사람입니다. 기도하면 어려운 문제의 해결이 하나님께 있다는 사실을 알고, 빠른 해결을 볼 수 있는 사람입니다. 이것이 강한 사람입니다. 이것이 세상이 감당치 못할 사람입니다. 기도하면 겸손해집니다. 하나님이 우리의 주인이라는 사실을 더욱 깊이 깨닫게 되니 겸손할 수밖에 없는 것입니다. 이 사람이 강한 사람입니다.

기도하면 시험에서 이길 수 있는 힘이 있습니다. 그러니 시험이 와도 두려워하지 않고 이길 수 있으니 강한 사람인 것입니다. 기도는 우리로 하여금 속사람이 강하도록 하는 아름다운 도구입니다. 그러므로 성도는 누구나 기도 생활에 힘을 써야 합니다. 이 사실에는 이유가 없습니다. 기도 생활이 부족하면 노력하고 결단을 해야 합니다. 그러면 하나님이 여러분들에게 역사하십니다.

기도에는 협력이 필요합니다. 우리가 연약하기 때문에 중보기도가 필요합니다. 요즈음 '중보기도'라는 용어에 대해 논란이 있습니다. 단순하게 다른 사람을 위해 기도한다는 의미에서 중보기도라는 말을 사용해도 무방하다고 생각합니다. 그런 면에서 바울은 에베소 교회를 위하여 중보기도를 하고 있습니다. 하나님께서 특별히 에베소 교회와 교인들을 불쌍히 여겨 달라는 기도입니다. 중보기도는 능력이 있습니다. 바울은 이 중보기도의 능력을 믿고 지금 기도하고 있는 것입니다.

성도들에게 중보기도의 능력을 말하면 믿지 못하는 경우가 가끔 있습니다. '내가 기도한다고 무슨 능력이 있겠는가?'라고 평가절하하는 경우를 봅니다. 이것은 매우 잘못된 생각입니다. 기도한다고 내가 할 수 있는 것은 없습니다. 그러나 내가 기도하면 하나님이 일을 하시니 능력으로 나타나는 것입니다. 그러므로 우리는 반드시 다른 사람의 영혼을 위하여 중보기도를 해야 합니다.

가능하면 영적인 능력이 강한 자가 약한 자를 위하여 기도하면 더욱 아름다울 것입니다. 그러나 지금 내가 문제를 안고 있다고 해도 다른 사람을 위해 기도하면 하나님은 그 기도를 들으시고, 우리를 축복할 수 있습니다. 이런 그리스도인의 삶을 사시면, 나도 살고, 다른 성도도 사는 것이 됩니다.

그리스도인의 속사람이 강해지는 비결은 성령의 능력을 받는데 있습니다. 그런데 기도하면 왜 속사람이 강해지는 것일까요? 그것은 우리가 기도하면 성령께서 우리의 마음을 더욱 많이 지배하시고, 다스리시기 때문에 능력이 나타나는 것입니다. 결국 우리의 강함은 우리의 손에 있지 않고 하나님의 손에 있습니다. 즉, 하나님이 강하게 해주셔야 강해지고, 강하게 해주시지 않으면 약할 수밖에 없는 것입니다.

대부분의 사람들은 이것을 잘못 알고 있습니다. 속사람이 강해지는 것은 자기 자신이 해야 하는 일이라고 말합니다. 그러나 세상의 일은 사탄의 일시적인 지배하에 있습니다. 물론 그들은 하나님의 전능하신 영역 하에 있으며 꼼짝할 수 없습니다. 그러나 우리는 그들을 현재에는 이길 수 없습니다. 이 영역의 승리자는 하나님입니다. 그러므로 우리는 하나님의 성령께서 우리를 주관하시지 않으면 결코 이길 수 없으므로 의지해야 합니다.

성령께서 우리들의 주관자가 되시도록 하는 것은 기도와 말씀 순종 밖에는 없습니다. 그러기 위해 기도하고 말씀에 순종하는 것이 중요합니다. 그러면 성령은 우리의 마음을 다스려 주시고, 주관하여 주셔서 승리하게 되는 것입니다.

그래서 바울은 그의 기도에 성령의 능력으로 에베소 교회와 성도들의 속사람을 강하게 해 달라고 요청하는 기도를 드리는 것입니다. 우리들도 스스로를 위한 기도나 다른 성도들을 위한 기도에 항상 하나님의 성령이 역사하사 능력으로 충만하기를 위해 기도하는 것이 중요합니다. 이런 삶을 사시는 여러분이 되시기를 축원합니다.

저는 아주 놀라운 것을 발견합니다. 우리의 영적인 부분이 아주 강할 때는 여러 가지 말들이나 일들이 내게 큰 충격으로 와 닿지 않으나, 속사람이 약할 때는 아주 큰 충격으로 와 닿는다는 것을 느낍니다. 같은 어려움이라도 아무렇지 않게 이길 수 있는 것이 있는가 하면 어떤 경우에는 아주 크게 느껴져 실패하는 경우도 있습니다. 속사람이 강한 것은 신앙생활에서 승리하는 가장 중요한 비결입니다. 속사람이 강해지기 위해서 먼저 자신을 위해 기도하고 다른 사람을 위해 기도를 해주어야 합니다. 이런 기도의 삶을 회복하시는 여러분이 되시기를 축원합니다.

속사람이 강한 자는 삶이 사랑으로 풍성해야 합니다.(18-19)

나무나 건물에 있어서 분명히 기초가 중요합니다. 그래서 그 기초를 아주 튼튼하게 만드는 것은 아주 소중하기 때문에 더 이상 강조하지 않아도 됩니다. 그런데 아주 튼튼하게 기초만 덩그러니 지어놓은 건물은 황량하기 그지없습니다. 그래서 나무도 기초는 튼튼한데 가지가 없거나 열매가 없다든지, 건물도 기초는 잘 지어놓았는데 들어가서 쉴 수 있는 공간이 만들어져 있지 않으면 그 건물은 무용지물이 되는 것입니다. 그와 같이 그리스도인이 하나님을 믿는 믿음의 기초가 잘 갖추어져 있어도 그 위에 세워진 아름다운 영적인 건물이 있어야 하는 것입니다.

믿음의 기초 위에 하나님의 은혜로 그리스도의 사랑을 알아 그 사랑이 강물을 이루어 충만하듯이 풍성하게 자라야 합니다. 하나님의 사랑이 얼마나 크고 놀라운지를 알기 때문에 하나님께 기쁨이 되는 그런 신앙을 가져야 합니다. 모든 사람을 품을 수 있는 깊이 있는 이해를 가지고, 모든 것을 이해할 수 있는 넓이가 있는 관용을 가지고, 끝까지 기다려주는 긴 인내를 가지고, 이웃을 사랑하는 수준 높은 사랑의 신앙이 있어야 합니다.

요단강의 어원은 '내려간다'는 말에서 유래되었다고 합니다. 요단강의 길이는 320km나 되며, 해발 2,850m 되는 헤르몬의 산기슭에서 시작하여 해면에서도 394m나 낮은 사해에서 끝이 납니다. 그러므로 요단강은 경사가 급한 강입니다. 또한 사해는 해면보다 394m나 낮기 때문에 그곳에 들어간 물은 더 이상 갈 곳이 없습니다. 그 물은 태양열로 증발되는 수밖에 없습니다. 그래서 세상에서 가장 짠물이 사해이며, 그곳에 있는 물은 생명을 지닌 생물체가 살기 어렵습니다.

받을 줄은 아는데 줄 줄을 몰라서 죽어버린 바다가 사해인 것입니다. 물은 흘러야 썩지 않는 법입니다. 그와 같은 원리는 성도들에게도 동일하게 적용됩니다. 바울 사도도 예수님의 말씀을 이어받아 '주는 것이 받는 것보다 복이 있다'(행20:35)고 교훈하셨습니다. 자꾸 받기만 하는 곳에 부패가 있고 부정이 있습니다. 그곳에서 사회가 썩어가는 냄새가 납니다. 그러나 줄줄 아는 사람이 모인 사회는 생명의 리듬이 있습니다. 활력이 있습니다. 그런데 이와 같이 줄줄 알기 위해서는 사랑이 있어야 합니다. 사랑이 없이 준다는 것은 도저히 불가능한 일이기 때문입니다. 그래서 본문은 '사랑 가운데'를 특히 강조합니다.

예수님께서 죄인들을 위하여 자신을 내어주셨을 때, 놀라운 사건이 일어났습니다. 죄인이 구원을 얻었으며, 이방인이 하나님의 백성이 되었습니다. "하늘에 있는 자들과 땅 아래 있는 자들"이 모두 자발적으로 그에게 꿇어 경배하는 일이 일어났습니다. 빌립보서 2장 10절과 11절에서 "하늘에 있는 자들과 땅에 있는 자들과 땅 아래에 있는 자들로 모든 무릎을 예수의 이름에 꿇게 하시고 모든 입으로 예수 그리스도를 주라 시인하여 하나님 아버지께 영광을 돌리게 하셨느니라"고 하였습니다.

성도들도 그와 같이 사랑으로 베풀 줄 알아야 건강한 속사람을 가진 신앙인이 됩니다. 줌으로써 이웃도 살리고 자신도 살게 됩니다. 그러므로 모든 성도는 남에게 자신을 내어줄 수 있는 그리스도의 사랑을 실천해야 하겠습니다. 사랑의 건물이 풍성하게 있어서 모든 사람에게 안식을 제공해 줄 수 있어야 합니다.

그리스도인이 이기적이라는 말을 들으면 좋지 못합니다. 그리스도인이 개인적이라는 말도 그리 좋은 말은 아닙니다. 이 말은 자기밖에 모르는 사람이라는 말인데 그것은 하나님이 원하시는 삶이 아닙니다. 성도는 더불어 사는 사람입니다. 하나님의 은혜를 받았으니 그것을 다른 사람들에게 나누며 함께 살아가는 것입니다. 그래서 그리스도인은 사랑의 집이 풍성해야 하는 것입니다. 사랑이 풍성한 그리스도인의 모습이 되시기를 축원합니다.

속사람이 강한 자는 하나님의 축복이 넘쳐야 합니다.(20-21)

본문 20절과 21절은 "우리 가운데서 역사하시는 능력대로 우리가 구하거나 생각하는 모든 것에 더 넘치도록 능히 하실 이에게 교회 안에서와 그리스도 예수 안에서 영광이 대대로 영원무궁하기를 원하노라 아멘"이라고 하였습니다.

속사람의 능력은 우리에게 부어주시는 하나님의 능력이 절대적인 선행조건입니다. 속사람의 능력이 강하지 않고는 다른 사람을 축복하는 사람이 될 수 없습니다. 또 기쁨과 감사가 넘치는 활력 있는 사람, 즉 속사람이 강한 사람이어야 자신도 행복을 느끼고 다른 사람도 축복할 수 있는 것입니다. 아무리 인간적인 힘으로 복이 넘치고 축복하려고 해도 잘되지 않습니다. 주님의 사랑을 입은 주님의 사람은 주님의 능력으로 풍성하게 되어야 합니다. 하나님의 사랑으로 가득하기를 바랍니다.

하나님은 우리가 하나님의 은혜로 다른 사람들을 축복하는 사람이 되기를 바랍니다. 요한일서 3장 18절에는 "자녀들아 우리가 말과 혀로만 사랑하지 말고 오직 행함과 진실함으로 하자"라고 합니다. 그리스도의 진정한 사랑을 깨달은 자는 이웃과 형제를 사랑하지 않고는, 축복하지 않고는 견디지 못합니다. 그래서 성 프란시스는 그리스도의 사랑을 깨닫는 순간 그의 모든 재산과 명예를 이웃을 위해 바쳤습니다. 그리고 주님의 사랑을 만분의 일이라도 전하기 위해 일생을 살았습니다. 그것은 자기희생적인 사랑으로서 숭고한 것입니다.

이처럼 진정한 그리스도인은 사랑의 사람, 축복이 넘치는 사람이 되지 않을 수 없습니다. 그러나 오늘날 우리의 현실을 깊이 돌이켜볼 때 성도들이 가장 많이 사랑을 말하면서도 그 사랑을 실천하지 아니하는 자들로 인해 비난받는 실정입니다. 세상의 비난에 대해 그것이 전적으로 부당하다고 자신 있게 항변할 수 있는 자는 거의 없는 실정입니다. 물론 교회만큼 사랑을 실천하는 곳이 세상에는 없습니다. 그러나 세상 사람들이 오늘날의 교회를 향해 사랑이 없다고 비판하는 것은 그만큼 교회에 대해 사랑의 요청을 하는 것이라고 받아들여야 합니다. 즉, 교회가 가진 사랑을 더 많이 나누어 달라는 뜻으로 이해해야 합니다.

복음을 전해 주고, 사랑의 실천자가 되어 주님을 따르는 자로서 당당한 사람이 되기를 바랍니다. 속사람이 강한 것은 폭력적으로 강한 것을 말하는 것이 아닙니다. 정말 그의 삶에 그리스도의 향기가 우러나와 하나님의 나라를 세워 가는 자가 강한 자입니다. 그것은 사랑이 가득할 때 더욱 아름답습니다. 그래서 교회와 성도들은 사랑으로, 이 세상을 축복하는 마음으로 가득해야 하고, 그것이 다른 사람에게 넘쳐나야 하는 것입니다. 그리스도인의 축복이 다른 사람에게 넘쳐나면 다른 성도에게 용기를 주고, 이 세상을 밝게 만들어 줍니다. 바울 사도는 '우리 가운데 역사하시는 하나님은 우리의 온갖 구하는 것이나 생각하는 것에 더 넘치도록 행하신다' 고 했습니다.

성도는 하나님께 대하여 참새와 같이 좁은 가슴을 가질 필요가 전혀 없습니다. 오히려 하나님을 의뢰하며 살아야 합니다. 하나님의 보호하심과 축복하심이 떠나지 않고 항상 우리와 함께 있다고 하는 강렬한 의식 속에서 살아야 합니다. 용기 있는 행동, 담대한 처신, 지칠 줄 모르는 추진력이 우리의 신앙생활에서 나타나야 합니다. 우리를 앞서 간 성도들에게는 이러한 모습이 삶 가운데 나타났습니다. 그리고 다른 성도를 향하여서는 그리스도 안에서 동역자의 의식을 가지고, 서로 도우며, 축복하며, 하나님의 능력으로 함께 힘 있게 살아야 합니다. 바울은 항상 자신의 신앙에 주력하면서 동시에 다른 사람을 세우는 일에 최선을 다하였습니다. 이런 삶이 우리에게 있기를 바랍니다.

바울은 계속 에베소서를 통하여 에베소교인들을 격려하기도 하지만 그들의 영적 각성을 촉구하기도 합니다. 바울은 본문을 통해서 하나님께 구하지 않는 성도들을 향하여 각성을 촉구하고 있다고 볼 수 있습니다. 바울은 에베소 교인들이 후히 주시고 풍성하게 주시는 하나님께 어려운 문제를 아뢰기를 바라고 있었습니다. 또한 그들이 영적 갈망을 아뢰기를 간절히 바라고 있었습니다. 그래서 어찌 보면 본문의 기도는 에베소 교인들에게 기도를 가르치고 있다고 볼 수 있습니다. 예수 그리스도의 사랑을 잘 헤아려서 멋진 섬김을 하시는 여러분이 되시기를 주님의 이름으로 축원합니다.

성도 여러분!

우리가 하나님의 자녀로서 합당하게 승리하며 사는 비결은 속사람이 강해지는 것입니다. 속사람이 강해지는 것은 기도로 말미암아 성령께서 우리를 주관하시도록 내어드리는 것입니다. 이것은 주님이 원래 주인이신데 우리가 그것을 쥐고 있다가 다시금 주님이 주인이 되신다는 사실을 인정하는 것입니다. 주님이 우리의 주인이시라는 사실과 능력의 주라는 사실을 인정하는 것이 우리의 속사람이 강해지는 것입니다. 여러분 모두에게 이 영적인 속사람이 강해지는 은혜가 있기를 바랍니다.

속사람이 강해지는 것, 즉 믿음이 충만해지면 그것이 실천으로 나타나는 사랑의 삶이 풍성해져야 하는 것입니다. 그래서 하나님의 일을 할 때도 항상 기쁨과 감사로 할 수 있기를 바라고, 어떤 시험에도 능히 이기고 넘어지지 않는 담대한 신앙인이 되기를 바랍니다.

　성도에게는 시기와 미움보다는 항상 축복하는 마음, 다른 사람을 격려하는 마음이 가득해야 합니다. 자신의 기준을 가지고 그것을 끝까지 우기기보다는 배려하고, 사랑하고, 이해하는 아름다운 마음으로 축복하는 사람이 되어야 합니다. 그것이 속사람이 강한 사람입니다. 속사람이 약해지면 항상 자기중심으로 주장하고, 끝까지 그것을 우기다가 관계에 금이 가고 맙니다. 무엇보다도 항상 겸손한 신앙을 소유하여 하나님의 영광을 위한 합당한 그리스도인이 되기를 주님의 이름으로 축원합니다.

Chapter 4

빛으로 나타나기 위한 삶

People Living
with
JESUS

이스라엘을 구한 입다의 믿음

사사기 11:1-11

＊＊＊

입다가 길르앗 장로들에게 이르되 너희가 나를 데리고 고향으로 돌아가서

암몬 자손과 싸우게 할 때에 만일 여호와께서 그들을 내게 넘겨주시면

내가 과연 너희의 머리가 되겠느냐 하니

길르앗 장로들이 입다에게 이르되 여호와는 우리 사이의 증인이시니

당신의 말대로 우리가 그렇게 행하리이다 하니라

이에 입다가 길르앗 장로들과 함께 가니 백성이 그를 자기들의 머리와 장관을 삼은지라

입다가 미스바에서 자기의 말을 다 여호와 앞에 아뢰니라

＊＊＊

사사기 17장 7절에서 "그때에는 이스라엘에 왕이 없으므로 사람마다 자기 소견에 옳은 대로 행하였더라"라는 말씀처럼 각각 자신의 분량대로 생각하고 행동하여 혼란한 시기가 있었습니다.

사사시대에 이스라엘 백성들에게 가장 큰 문제점이 있었다면 그것은 하나님께서는 은혜를 주셨지만 이스라엘은 반복되는 죄로 하나님을 진노하게 한 행위였습니다. 하나님의 은혜로 평강의 세월을 누리게 되었다면 하나님을 떠나지 않고 하나님과 동행하는 것이 가장 아름다운 것인데, 그들은 또 은혜를 잊고 범죄하였습니다. 하나님은 기다리셨지만 끝까지 회개하지 않는 그들을 향해 결국 가혹한 매를 드셨습니다. 그제야 그들은 하나님께 잘못을 고백하고 돌아오게 됩니다. 하나님은 다시 그들에게 사랑을 베푸십니다. 이런 삶의 패턴이 늘 반복되어 나타나는 것이 이스라엘 백성들의 삶입니다.

야일이라는 사사 후에 그들은 하나님께 범죄하였고, 그 결과 또 암몬 자손들에게 큰 아픔을 당하게 되었습니다. 하나님은 부르짖는 그들을 불쌍히 여겨 다시 구원의 기회를 주시는데, 이때 하나님께 쓰임을 받은 사람이 입다입니다. 하나님은 믿음의 사람 입다를 세워 이스라엘을 구원합니다.

그런데 입다는 인간적인 면에서는 도저히 암몬 자손들을 이길 수 없다는 것을 알았고, 그 어려운 형편을 보고 인간적인 서원을 하나님께 드립니다. 인신제사를 원하신 적이 없었지만 입다는 이미 이방사람들의 문화에 젖어 있었습니다. 그래서 그는 하나님께서 불가능한 전쟁에서 이기게 하셔서 승리하고 돌아올 때 가장 처음, 반가이 맞으러 나오는 사람을 바치겠다는 서원을 하고 맙니다. 입다의 경솔함으로 그는 결국 자신의 딸을 바쳐야 하는 경우에 이르게 되었습니다.

우리는 본문을 통하여 하나님 앞에 살았던 믿음의 사람인 입다의 신앙생활을 통하여 이 시대를 사는 우리들의 믿음을 다시 한 번 재정립하는 시간으로 삼고, 하나님의 은총을 입는 믿음의 삶이 되시기를 축원합니다.

입다의 믿음은 신분을 초월하는 믿음입니다.(1-3)

입다의 아버지는 길르앗입니다. 그런데 길르앗이 기생에게서 낳은 아들이 입다입니다. 본처의 아들들이 입다를 구박하며, 아버지인 길르앗의 재산을 같이 상속할 수 없다고 하여 결국 쫓아내고 맙니다. 형제들에게서 쫓겨나는 과정에서 그의 마음은 이미 그 형제들로부터 받은 무시와 상처로 얼룩진 삶이 되었고, 떠돌이 인생이 되었습니다. '돕'이란 고장으로 피하여 도망가서 숨어 살았습니다. 그런데 입다의 기골이 장대하여 큰 용사였기 때문에, 그 주위에 사람들에게 무시당하고 억울하게 소외되었던 사람들이 몰려왔습니다. 억울한 그들은 입다를 우두머리로 세우고 지도자가 되기를 청하였습니다. 성경에는 입다가 광야에서 잡류들과 함께 거했다고 했습니다. 그의 영향력이 얼마나 컸던지 또 다른 상처받고 버림받은 사람들이 몰려와 함께 공동체를 이루고 살았습니다.

서자출신인 입다가 형제들로부터 받은 신분차별은 큰 상처였습니다. 입다가 그 형들로부터 받은 신분차별의 상처 때문에 마음을 닫아 사람들과 교제가 없는 대인기피증 증세를 가진 자가 되거나 세상을 비관적으로 보는 비관주의자 허무주의자로 전락할 수 있습니다. 그러나 상처를 가졌더라고 영적으로 주님을 만나서 잘 치료하고 극복하면 또 다른 사람들의 상처를 감싸는 좋은 도구가 될 수도 있습니다.

성경에 보면 기드온의 아들인 아비멜렉은 형제들에게 상처를 받고 살았습니다. 그런데 그 상처가 제대로 치료되지 않고 마음에 품고 살다가, 나중에 어머니의 가족들을 동원해서 아버지에게서 난 이복형제 70여 명을 바위 위에서 죽이고 권력을 쟁취하는 잔인함으로 나타났습니다. 그러나 요셉의 경우는 형제들에게 팔리는 가슴 아픈 상처를 받았지만 하나님의 은혜 안에서 잘 치료되고 나니 오히려 그들을 사랑하고, 또 사랑으로 감동시키는 능력을 행하였습니다. 사람은 누구나 상처를 받고 좌절감을 느끼지만 하나님을 의지하고 잘 치료함으로 놀라운 능력으로 나타나기도 합니다. 입다의 경우는 하나님 안에서 상처를 지혜롭게 극복함으로 하나님의 일에 쓰임을 받는 사사가 되었습니다.

어느 시인은 '상처는 고통이 될 수도 있고, 자산이 될 수도 있습니다. 상처는 상실이 될 수도 있고, 사명이 될 수도 있습니다.' 라는 글을 썼습니다. 진주조개는 그 안에 진주 씨앗인 진주의 핵이 들어오면 그 핵에 대항해서 자신을 방어하면서 아름다운 진주를 만들어갑니다. 조개 안의 상처가 아름다운 진주를 만드는 길이 되는 것입니다. 이처럼 우리에게 있는 상처는 더 나은 사역자로 성숙되는 기회가 될 수 있다는 것을 기억하고 하나님 앞에 준비되는 자가 되어야 할 것입니다. 입다는 자신의 불행을 오히려 더 큰 능력을 행하는 기회로 삼는 지혜로운 삶을 살았습니다.

입다의 출생신분은 다른 지도자들에 비해 초라하기 그지없는 것이었습니다. 창녀의 몸에서 태어나 버림받고 상처받은 자가 민족의 상처를 치유하기 위해 나설 때 그를 사사로 하나님은 쓰십니다. 입다라는 이름의 의미는 '그가 여시다', '하나님께서 열 것이다' 라는 의미입니다. 그것은 입다가 인간적인 불행을 초월하여 하나님을 의지하고 나아가면 하나님은 그를 통하여 인간에게 필요한 구원의 길을 여실 것을 암시하는 것입니다. 우리의 과거 모습이 어떠하든지 그것보다는 지금 주님을 의지하고, 다른 사람들을 용서하며, 주님을 사랑함으로 쓰임받는 진정한 그리스도인으로 살아갈 수 있기를 진심으로 축원합니다.

준비된 자가 쓰임을 받습니다.(4-11)

하나님은 인간이 보기에는 아무나, 언제나 부르셔서 쓰시는 것 같아도 자세히 살펴보면, 준비시키시고, 준비된 사람을 필요한 자리에 쓰시는 분이십니다. 그리스도인은 영적으로 깨어서 누구든지 잘 준비되었다가 하나님께서 쓰시고자 할 때, 쓰임 받는 믿음의 사람이 되시기를 축원합니다.

입다가 이스라엘을 구할 당시에는 지도자와 따르는 자들이 모두 하나가 되었습니다. 비록 입다가 서자로 태어나 그 형제들에게 멸시를 받아 공동체로부터 추방을 받았던 자이었지만, 분노심만 가지고 그대로 머물러 있었던 것은 아닙니다. 끊임없는 자기개발이 있었다고 인정할 수밖에 없는 이유는 수많은 소외받은 자들이 아무 이유 없이 입다를 따를 수는 없는 것입니다. 입다는 공동체로부터 추방되는 고통을 당하였지만, 자신을 추방한 그들에 대해 적개심을 가지고 있지만 않고, 오히려 그 민족이 위기를 만났을 때 그들을 돕는 결단의 마음을 가졌습니다. 사람들은 자신을 배신한 자를 돕기보다는 저주하려고 합니다. 그런데 입다는 그런 마음을 갖지 않았습니다. 그것은 그가 위기 속에서도 하나님에 대한 신앙을 간직한 자, 신앙으로 무장된 자였기 때문이었습니다.

영적으로 준비된 입다는 몇 가지 중요한 변화가 있었습니다. 비록 자신을 버린 사람들이지만, 어려움에 처하여 지도자로 요청하자 이를 수락하는 포용력을 지닌 자였습니다. 그는 또한 개인적으로 분명히 원한이 있었지만 그것 때문에 민족적 책임을 소홀히 하지 않았고, 나라를 위하여 자신을 희생하고자 하는 애국자의 심정을 가지기도 하였습니다. 그리고 그는 이스라엘 백성의 지도자로 세움을 받았지만, 그의 힘을 의지하기보다는 하나님의 능력과 지시를 먼저 의뢰한 겸손함과 강직한 믿음으로 하나님께 나아가 기도하는 사람이었습니다.

영적으로 준비된 입다는 자신은 비록 저주스러운 고통을 당했지만 평화를 사랑하는 사람으로 이스라엘을 치러 온 자들, 그래서 약 18년 동안이나 그들을 괴롭힌 암몬 자손들일지라도 가급적이면 전쟁을 피하고 평화적인 방법으로 화해하려 했습니다. 그래서 사사기 11장 12절부터 28절에 이르는 긴 성경에서 역사적인 관점에서 아주 분명하고도 장황하게 그들을 설득하고 있습니다. 입다는 전쟁을 통하여 하나님의 승리를 분명히 한 사람이지만 그 본심은 평화를 사랑하는 사람이었습니다. 그는 영적으로 준비되어 하나님 안에서 평화를 사랑하는 지도자로 인정되는 사람이었습니다. 바울 사도 역시 하나님의 사람들에게 로마서 12장 18절에서 "할 수 있거든 너희로서는 모든 사람과 더불어 화목하라"고 하였습니다. 주님은 우리가 평화를 사랑하는 사람으로 준비되기를 원하십니다.

모나코라는 작은 나라가 있습니다. 이 나라는 무척 평화스러운 나라인데 그 평화를 증명해 주는 한 예를 소개하고자 합니다. 모나코 국립교향악단 단원 수는 전체가 85명입니다. 그런데 모나코 국군의 수는 모두 합쳐서 82명이라고 합니다. 평화를 위하여 준비된 것이라는 의미입니다. 하나님 안에서 영적으로 잘 준비되어 하나님의 뜻을 이루는데 쓰임을 받는 믿음의 백성들이 되시기를 축원합니다.

믿음이 있어도 경솔하면 넘어집니다.(29, 34-40)

믿음의 사람이 승리하려면 가장 필요한 것이 하나님의 성령의 도움과 인도를 받아야 하는 것입니다. 자기가 능력 있다고 생각하는 순간 그는 넘어지는 자가 되고 맙니다. 고린도전서 10장 12절에는 "그런즉 선 줄로 생각하는 자는 넘어질까 조심하라"고 했습니다. 그러나 하나님을 의지하고 하나님께 모든 것을 아뢰면 감당할 수 있는 힘을 주시고, 능력을 주시고, 깨닫게 해주시는 것입니다.

그런데 믿음이 아주 좋았던 입다도 경솔한 마음을 갖는 순간 사랑하는 외동딸을 잃게 되었습니다. 입다의 서원은 우리가 잘 알고 있습니다. 그 서원의 과정을 살펴보면 인간적으로는 그의 마음이 충분히 이해가 됩니다.

우선 입다가 평화적인 방법으로 전쟁 없이 암몬과의 분쟁을 해결하려고 했지만 암몬 왕은 수용하지 않았습니다. 그래서 결국 전쟁을 하게 되었습니다. 그런데 지금까지 하나님의 은혜를 입고 믿음을 잘 지켜온 입다임에도 불구하고 마음이 불안했습니다. 하나님은 믿음의 조상들의 모습에서 보여주신 것처럼, 영적 지도자의 믿음만큼 역사합니다. 입다가 하나님을 신뢰하고 의지하였다면, 하나님은 놀라운 역사로 암몬을 물리쳐 승리를 주실 것입니다. 사사기 11장 27절에 보면 그럼에도 불구하고 입다는 지금까지와는 달리

흥분하였습니다.

입다는 하나님을 신뢰하는 마음이 약해지자 마치 하나님과 거래하는 심정으로 경솔하게 서원을 행합니다. 거래는 지극히 인간적인 방법이지 믿음으로 내리는 결단이 아닙니다. 전쟁에서 반드시 승리해야겠다는 마음에서, 하나님이 원하지도 않으시는 서원을 합니다. 사사기 11장 30절에서 31절에 "그가 여호와께 서원하여 이르되 주께서 과연 암몬 자손을 내 손에 넘겨주시면 내가 암몬 자손에게서 평안히 돌아올 때에 누구든지 내 집 문에서 나와서 나를 영접하는 그는 여호와께 돌릴 것이니 내가 그를 번제물로 드리겠나이다"라고 서원을 합니다. 이것은 바른 서원이 아닙니다. 그렇지만 경솔한 입다를 야단이나 치시듯, 또 본보기로 성도들이 경솔하게 서원하지 말라고 가르치기나 하듯이 하나님은 경솔하게 내뱉는 입다의 서원이라도 방조하듯이 그 서원을 묵인합니다.

입다는 전쟁에서 큰 승리를 거두고 돌아옵니다. 개선장군에 대해서는 누구든 환영하러 나올 것이고, 반드시 그 중에는 먼저 나오는 사람이 있을 것입니다. 그러므로 누구든지 번제물로 드려야 할 상황에 이른 것입니다. 그것은 입다가 그 대상이 누구이든 절대로 서원을 하지 말았어야 했습니다. 결국 입다의 이 잘못되고 경솔한 서원은 하나님의 말씀의 원리를 따르지 않은 악한 것이었고, 또 모두에게 아픔이 되는 것이었습니다.

경솔한 서원이 입다에게 아픔으로 돌아왔습니다. 전쟁에서의 승리는 하나님의 은혜인데, 입다는 하나님의 은혜에 대해 흥정을 한 것입니다. 인신제물은 이방신에게 제사를 드리는 한 방법으로 악한 풍습입니다. 그런데 입다가 자신도 모르는 사이에 이방풍습이 그의 몸에 배여 있었던 것입니다. 하나님의 거룩한 백성으로서 하나님의 말씀의 원리를 추구하고 살아야 하는 자임에도 불구하고, 경솔하게 행동하게 될 때 하나님의 진노를 받은 것입니다. 우리는 하나님의 은혜를 어떤 대가를 지불하겠다는 식의 어리석은 발상을 가져서는 안됩니다. 오직 진정으로 감사하며, 주님 주신 은혜에 감사하여 충성과 섬김으로 주님을 기쁘시게 해드려야 하는 것입니다. 하나님은 거창한 말보다는 내 생활 중에 작은 봉사와 헌신을 더 기쁘게 받아주신다는 것을 잊지 말아야 할 것입니다. 마태복음 25장 21절에서 "그 주인이 이르되 잘하였도다 착하고 충성된 종아 네가 적은 일에 충성하였으매 내가 많은 것을 네게 맡기리니 네 주인의 즐거움에 참여할지어다"라고 하였습니다. 작은 일에 정성껏 충성하는 주님의 백성이기를 축원합니다.

성도 여러분!

입다는 이스라엘 사사 중의 한 사람으로 암몬이라는 민족으로부터 고난을 당하고 있을 때, 민족을 구원하는 길을 열 하나님이 택한 그릇이라는 의미가 있습니다. 입다는 인간적으로는 멸시와 천대를

246

받았지만, 오히려 그의 영혼은 더욱 강하게 무장되어 사랑과 희생으로 민족을 구하는 사람이 되었습니다.

준비되어야 할 때 준비되어 쓰시고자 할 때 쓰임을 받는 진정한 그리스도인의 삶이 되어야 할 것입니다. 또한 그리스도인은 경솔하면 안 됩니다. 잠깐이라도 방심하면 우리는 하나님의 뜻을 헤아리기는커녕 인간적으로 세상의 원리에 지배를 당하게 됩니다. 그러면 실패하게 되는 것입니다. 오직 주님을 믿는 믿음과 준비된 영적 심령과 항상 깨어 있는 성도로 살아 주님의 뜻을 이루는 축복된 성도들이 되시기를 주님의 이름으로 축원합니다.

광야에서 만난 사람

사도행전 8:26-40

* * *

빌립이 입을 열어 이 글에서 시작하여 예수를 가르쳐 복음을 전하니

길 가다가 물 있는 곳에 이르러 그 내시가 말하되 보라 물이 있으니

내가 세례를 받음에 무슨 거리낌이 있느냐

이에 명하여 수레를 멈추고 빌립과 내시가 둘 다 물에 내려가 빌립이 세례를 베풀고

둘이 물에서 올라올새 주의 영이 빌립을 이끌어간지라

내시는 기쁘게 길을 가므로 그를 다시 보지 못하니라

* * *

아이들은 친구들과 다투기도 하고, 또 화해를 하기도 하며 자라는 법입니다. 어느 집사님의 아들이 학교에서 친구와 다툼을 하게 되었고, 그것이 문제화되면서 부모들이 만나야 하는 일이 생겼습니다. 그래서 집사님은 학교로 찾아갔습니다. 아이가 별다른 잘못이 없고 오히려 피해자이기 때문에 화가 잔뜩 난 모습으로 갔습니다. 상대방의 부모 역시 화가 난 모습으로 자리에 앉아 있었습니다. 하지만 화를 내며 말을 하기도 전에 어딘가에서 만난 적이 있는 분임을 금방 알 수 있었습니다. 그분은 다름 아닌 초등학교 동창이었던 것입니다. 그동안 바쁜 일상에서 친구들을 돌아보지 못하고 열심히 사느라 만나지 못했던 것입니다.

그 후 그들은 화해를 하고 아이들 역시 더 친하게 지내게 되었습니다. 그러던 어느 날 신앙생활을 하지 않던 친구가 집사님에게 찾아와 자신의 가정에 대한 이야기를 고백했습니다. 그 이야기를 듣는 순간 집사님은 눈물이 앞을 가려오는데, 가정 문제로 고통스러웠을 친구를 생각하니 정말 마음이 아팠습니다. 여러 가지 사정으로 지금은 혼자 아이를 키우면서 지내는 그분, 그러나 어느 누구에게라도 한번 속 시원히 상담할 수 있는 사람 없이 혼자서 괴로워했을 것을 생각하니 너무 마음이 아팠다고 합니다. 집사님은 그를 위해 기도하기 시작했습니다. 그런데 기도를 하면 할수록 아무것도 해 줄 수 없는 자신의 부족함에 더욱 가슴이 아파 오기 시작하였다고 합니다.

그럭저럭 지내다가 교회에서 실시하는 전도주일을 맞이하게 되었습니다. 전도하는 일에 부담을 가지고 있었던 집사님의 머릿속에 번쩍하고 생각이 머물게 되었습니다. '그 친구에게 복음을 전하면 어떨까? 그렇지! 그 친구도 어릴 때 함께 교회에 다녔었지. 그리고 지금 그 어렵고 힘든 것도 주님을 만나면 해결되고 이길 힘을 얻을 수 있을 거야. 내가 왜 진작 그런 생각을 내가 못했을까?' 라며 머리를 몇 대 때렸다고 했습니다. 곰곰이 생각해 보니 그 집사님도 사는 게 바빠서 친구를 돌아볼 겨를이 없었고, 마음의 여유가 없었던 것입니다. 그리고 그 친구를 생각하며 전도를 하려고 하는데 갑자기 이런 생각이 들더랍니다. '그 친구는 아이 하나 데리고 살기도 바쁜데 어떻게 신앙생활까지 할 수 있을까? 아니 오히려 전도를 하지 않는 게 낫겠다.' 라는 생각이 스친 것이었습니다.

이런저런 갈등이 생겼고, 혼란 중에 생각을 하다가 마땅히 데리고 갈 사람도 없어서 용기를 내어 전도주일에 그 친구를 초청하였습니다. 그분은 집사님이 교회에 다닌다고 하니 아주 반갑게 말하며 "왜 이제서야 교회에 가자고 이야기하냐."며 집사님에게 반문하였습니다. 그리고 그들은 손을 잡고 교회에 함께 다니기 시작했습니다. 그 친구의 얼굴빛이 변하고, 삶에 대한 자세가 변하고, 모든 세상을 보는 눈이 점점 긍정적으로 변하여 밝아지기 시작했습니다.

그리고 집사님은 어느 날 교회에서 간증을 했습니다. 그 간증의 내용은 한 가지였습니다. 그것은 "복음을 전한다는 것은 한 사람의 삶을 사람답게 살도록 도와주는 아름다운 일입니다. 복음을 전하는 것은 하나님의 영광을 위한 일임에 틀림이 없지만 나 자신에게도 삶의 희망과 보람을 느끼게 되는 것입니다. 그러나 그보다 더 우리에게 피부로 와 닿는 것은 한 사람의 인생을 광야와 같은 인생길에서 방황하고 있을 때 그를 사람답게 살도록 도와주고 인도하는 일입니다. 그래서 더 소중하고 중요한 것입니다."라고 간증을 하였습니다.

이 집사님의 간증에서 설교의 제목을 영감으로 받았습니다. '광야에서 만난 사람', 여러분은 인생의 광야에서 만난 사람이 없습니까? 그리고 인생을 살되 곤란한 문제로 인해 고통을 당하고 있는 광야와 같은 인생을 살고 있는 사람이 우리 주위에 없습니까? 자세히 살피고 그를 돌보아주어야 하는 것이 우리의 사명입니다.

본문의 내용을 살펴보면, 예루살렘에 큰 부흥이 있었습니다. 그러니 성도가 늘고 사랑의 교제가 넘쳐났습니다. 그러다 보니 성도들끼리 뭉쳐서 하나님의 복을 누리면 된다고 생각했습니다. 그러나 이것은 유대인적인 생각입니다. 자기들만 선민이라고 주장하면서 다른 민족에 대해 관심을 가지지 않았던 그들과 다를 바가 없습니다. 단지 그들은 예수님만 믿는다는 말만 다르지 유대인들의 생각과 같은 것이었습니다. 아시는 바와 같이 복음은 삶의 변화까지 따르는 것입니다. 복음을 전하여 예루살렘, 유대, 사마리아, 땅 끝까지 가야 하는 것이 주님의 뜻인데, 그들은 자신들만 믿으면 된다고 여기고 그대로 머물러 있었던 것입니다. 그러니 그들에게 문제가 찾아온 것입니다.

하나님이 예루살렘에 큰 핍박의 바람을 불게 한 것입니다. 스데반이 순교하고, 그를 죽인 사람들의 기세가 등등하여 교회를 핍박하기 시작한 것입니다. 그때 성도들은 신앙을 지키기 위해서 부랴부랴 다른 지역으로 도망을 가게 됩니다. 가면서 그들은 머무는 곳마다 교회를 세우고 복음을 전하게 된 것입니다.

그런 와중에 빌립이 복음을 전하면서 가다가 성령의 인도를 받은 것입니다. 광야로 가라는 것입니다. 그곳은 사람이 없는 척박한 땅입니다. 복음을 전할 만한 아무런 조건도 갖추어지지 않은 곳입니다. 그런 곳에 주님은 가라고 명령하십니다. 빌립은 순종하여 갔고, 그곳에서 정말 준비된 사람 에디오피아 간다게의 국고를 맡은 내시를 만나게 된 것입니다. 그는 이사야서의 말씀을 읽으면서도 그 말씀을 깨닫지 못하고 읽고만 있었습니다. 그에게 말씀을 전하며 예수 그리스도를 전하였더니 놀라운 구원의 사람이 된 것입니다. 이처럼 준비된 사람은 광야와 같은 곳이라도 있기 마련입니다. 단지 우리가 찾지 않기 때문입니다. 그리고 빌립은 그에게 세례를 줌으로서 주님과 함께 죽고, 주님과 함께 사는 사람으로 고백하게 하고 변화되게 했습니다. 우리는 본문의 말씀을 통하여 하나님이 주시는 은혜를 누리시기를 주님의 이름으로 축원합니다.

성도가 복음 전할 마음만 가져도 사람을 만나게 하십니다.(26, 39-40)

복음을 전하기를 소망하는 자는 만나야 할 사람, 가야 할 곳에 대하여 하나님의 인도하심을 받을 수 있습니다. 빌립을 인도하신 하나님은 놀랍게도 사람이 살지 않는 광야로 나가게 하시고, 그곳에서 복음을 들어야 할 에디오피아 내시 간다게의 국고를 맡은 사람을 만나게 하셨습니다. 복음을 전할 마음을 갖고 있으면 그곳이 어디라도 전할 사람을 붙여주시는 것입니다. 아무리 생각해 보아도 복음을 들어야 할 사람이 광야에 있다는 것을 상상하기 어렵습니다. 아무도 살지 않는 광야에 전도하러 간다는 것과 아무도 살지 않는 광야에 전도하러 가라고 보내시는 하나님은 이해하기 어렵습니다. 그런데 그곳에 꼭 복음을 들어야 할 사람이 있었습니다. 생명의 구원을 받아야 할 사람은 광야와 같은 곳에도 있습니다.

인생은 누구나 광야와 같은 생애를 걷고 있고, 주님을 만나면 푸른 초장에 거하게 됩니다. 주님은 이 본문을 통하여 우리에게 두 가지의 광야를 가르쳐 주시기를 원합니다. 성도들에게는 아무리 광야와 같이 복음을 받을 것 같지 않는 사람이라도 복음을 들을 준비가 된 사람이 있다는 것을 가르칩니다. 우리는 우리가 판단하여 '이 사람은 복음을 받을 사람', '이 사람은 복음을 받지 않을 사람' 이라고 판단하고 그대로 행동합니다. 그러나 하나님은 전혀 사리에 맞지 않는 광야로 빌립을 보내시면서 그곳에도 복음을 들을 사람이 있다고 하십니다. 당당하게 누구에게나 복음을 전하면 하나님이 필요한 사람을 부르시는 것입니다.

또 다른 광야는 인생은 누구에게나 광야와 같은 곳이라는 것입니다. 그러므로 인생은 누구나 많은 문제가 있다고 하시는 것입니다. 세상은 우리가 생각하는 것처럼 만만하지 않습니다. 그러므로 누구나 많은 문제를 가지고, 다들 어려움과 고난의 시간을 보내고 있습니다. 그래서 주님은 인생은 광야와 같은 곳이라고 가르칩니다. 그런 인생에게 주님을 만나는 것이 참 문제의 해결이라는 것을 또한 가르칩니다. 그리고 그 주님을 만나는 일을 우리에게 도와주라는 것입니다.

앞에서도 말씀드린 것처럼 세상의 모든 사람들은 참 힘든 광야와 같은 인생길을 걸어가고 있습니다. 그런 우리들에게 주님은 다윗을 통하여 이렇게 자신을 가르쳐 주십니다. 하나님은 우리의 인생길이 광야와 같은 줄을 아시고 다윗의 고백인 시편 23편에 "그가 나를 푸른 초장으로, 쉴 만한 물가로 인도하시는도다"라고 하시는 것입니다.

모든 인생들이 주님을 만나는 그 시간과 그 행동이 유일하게 우리를 광야와 같은 세상으로부터 푸른 초장과 쉴 만한 물가로 인도함을 받는 길입니다. 그 외에는 다른 길이 없습니다. 이것을 주님은 우리에게 체험시켜주시고, 그 복음을 다른 사람들에게 전함으로 우리가 그들에게 새 삶을 주라고 명령하시는 것입니다.

성도 여러분이 전도주일을 시작하면서 많은 부담을 가지는 듯 보입니다. 그러나 주님을 진정으로 사랑하신다면, 복음을 전해야겠다는 마음만 가지십시오. 그러면 하나님은 여러분에게, 그 마음을 품고 있는 여러분에게 반드시 만나야 할 사람을 인도하십니다. 빌립의 경우를 보십시오. 광야로 인도하여 그곳에서 만나게 하시는 놀라운 일을 행하십니다. 어디로 가야 할까 고민하지 마십시오. 주님이 가야 할 곳을 인도하시는 것입니다. 우리는 그 하나님의 인도하심을 받아 광야와 같이 힘든 세상에서 방황하고 있는 자들에게 참생명의 길을 전해 주는 여러분이 참 가치 있는 생을 사시기를 주님의 이름으로 축원합니다.

성도가 복음을 전할 준비만 해도 전할 말을 주십니다.(28-36)

종종 복음을 전하기를 소망하는 자들이 '무엇을 전해야 할까? 어떻게 전할까?' 를 두려워하며 복음을 전하지 못하는 것을 봅니다. 그러나 두려워하지 말아야 합니다. '내가 믿는 예수님, 내가 믿고 변화된 마음' 을 전할 준비만 하고 있으면 대화중에 그들이 꼭 들어야 할 말이 생각나게 하시고, 그래서 무엇을 말해야 할지에 대해서도 하나님께서 인도하십니다.

한 사람이 심장마비로 숨지게 되었습니다. 가족들이 찾아가서 의사에게 "어떻게 되었습니까?"라고 물었습니다. 그러면 의사는 당연히 "숨겼습니다"라고 말하면 되는데, "여러분 침착하시고, 이 분이 10년 전에 저희 병원에 오셔서, 그때부터 심장이 좋지 않았고, 당뇨 합병증이 어떻고, 최근에는…"이라며 열심히 설명을 하였습니다. 물론 의사로서는 그것을 설명해야 할 이유가 있겠지만 본론을 설명하기 위하여 장황하게 그 과정을 늘어놓습니다. 결국 마지막에 '죽었습니다' 라는 말을 하기 위한 것입니다.

목회를 하다보면 아주 난감한 일이 있습니다. 갑자기 그 집에서 왕처럼 대접을 받으며 장래가 촉망되는 아들이 죽음을 맞이했을 때, 그런 집을 심방하여 위로하는 일은 너무 난감합니다. 그래서 한 동안 기도하면서 고민을 할 때 하나님은 제게 많은 지혜를 주십니다. 그때마다 하나님을 의지할 수밖에 없는 것이 그런 것입니다. 그래서 목회를 하면 할수록 '목회는 내가 하는 것이 아니구나. 오직 하나님의 은혜로 하는 것이구나.' 라는 점을 실감하게 됩니다.

본문에 나타나 있는 에디오피아 내시는 이방인으로서 유대교로 개종한 경건한 사람이었습니다. 그는 예루살렘에 와서 이방인을 위한 성전 뜰에서 예배드린 후에 고국인 에디오피아로 돌아가는 마차 안에서 이사야서를 읽고 있었습니다. 그런데 그 구절에서 '고난 받는 여호와의 종' 이야기를 깨닫지 못하였습니다. '이게 누구를 가리키는 것인가?' 라는 의문을 감추지 못했습니다. 그때 하나님의 성령이 빌립으로 하여금 그 내시에게 접근하여 "읽는 것을 깨닫습니까?"라고 질문을 하게 합니다. 그는 "가르치는 자가 없으니 깨달을 수 없습니다."라고 말합니다. 이것은 빌립의 전공인 '복음을 전해 주세요. 즉, 복음을 가르쳐 주시고 이 말씀을 설명해 주십시오.' 라는 요청을 하고 있는 것입니다. 상당히 높은 수준의 학식을 가지고 있는 내시에게 무엇을 전할까 망설여질 수 있는 상황이지만 주님은 이미 내시의 입으로 무엇을 듣고 싶어 하는지 다 말로 하게 하시고, 전하게 하는 것입니다. 하나님께서 빌립에게 이미 할 말을 주시고, 또 내시가 무엇을 알고 듣고 싶어 하는지를 스스로 말하게 하십니다.

복음을 전하는 일을 두려워하지 마십시오. 주님께서 여러분의 둔한 입술이라도 당신을 위하여 말씀을 주십니다. 그리고 우리는 우리가 배울 수 있는 과정을 통하여 그것을 훈련해야 합니다. 군인이 무기를 잘 준비하듯이 우리가 말씀을 통하여 잘 준비되면 하나님은 여러분에게 놀라운 사람을 붙여 주셔서 복음을 전할 수 있게 하십니다. 가장 중요한 것은 사람을 만날 때 기도하고 만나고, 준비해야 할 시간에 잘 준비하시면 하나님은 여러분을 통하여 놀라운 일을 하실 것입니다. 여러분에게 하나님의 일을 하시는 은혜가 있기를 주님의 이름으로 간절히 축원합니다.

복음은 듣는 사람을 변화시키는 능력이 있습니다.(27)

종종 복음을 받은 한 사람이 나타내는 영향력이 복음을 전한 자보다 훨씬 크게 나타날 수도 있다는 것을 봅니다. 바울 한 사람이 변화되어 놀라운 능력을 행하듯이, 딸 때문에 복음을 듣게 되어 구원을 받은 이어령 박사가 엄청난 복음의 능력을 나타내는 것과 같은 것입니다. 지금은 이어령 박사, 문화부장관을 지낸 이 분의 딸인 이민아 목사가 소천하였습니다. 그런데 그는 더욱 활동력 있게 복음을 전하는 사람으로 살아가고 있습니다. 복음은 사람을 변화시키고, 변화된 사람으로 하여금 능력 있는 증거자가 되게 하는 경우가 많습니다.

본문에서는 비록 광야에서 만난 사람이지만 에디오피아 내시와 빌립 집사는 복음을 통하여 아름다운 관계가 되고, 그들은 서로 놀랍게 변화되었습니다. 빌립의 경우는 더욱 주님을 확신하는 계기가 되었습니다. 복음을 전하는 것은 내 의지가 아니라 주님의 뜻이며, 주님이 원하시는 것이기에 광야라도 가라고 하면 순종하고 더욱 담대하게 복음을 전해야겠다는 각오를 다지게 되었습니다. 그것은 40절에 보면 다른 곳에서도 아소도에 나타나 여러 성을 돌면서 담대히 복음을 전하였다고 하였습니다. 그것은 곧 자신의 힘으로 전도한다는 것이 아님을 깨달은 빌립이 누리는 은혜인 것입니다. 주님의 일을 내가 하는 것이라 생각하면 그때부터 힘들기 시작합니다. 하면 할수록 피곤이 쌓이고, 어느 정도 하고 나면 '이 짐을 어떻게 하면 빨리 벗어버릴 수 없을까?'라며 고민하게 되는 것입니다. 그러나 주님이 주시는 힘으로 한다고 믿고 일을 하면 할수록 더 기쁨이 되고 힘이 솟게 되는 것입니다. 여러분이 이런 힘으로 복음을 전하시기 바랍니다.

　에디오피아 내시는 어떻게 변화됩니까? 그는 주님에 관한 말씀을 듣게 되었을 때 자신의 구원을 위한 메시아로 받아들이며 하나님께 감사하는 것입니다. 그 당시 세례를 받는 것은 오늘날의 의미와 다릅니다. 당시의 세례는 곧 주님을 위한 자신의 삶을 드리는 강한 고백이었습니다. 그러므로 당장 고백을 하고 세례를 받아도 그 고백은 정말 아름다운 것이었습니다. 즉, '주님과 함께 살고 주님과 함께 죽을 수 있습니다.' 라는 고백인 것입니다. 이렇게 내시가 변한 것입니다.

　복음은 그것을 받아들인 사람의 삶을 변화시키는 능력이 있는 것입니다. 그러므로 광야와 같은 인생에서 푸른 초장에서 즐거움을 누리는 것과 같은 행복을 누리게 되는 것입니다. 이런 복음을 다른 사람에게 전하는 것이야말로 참으로 아름다운 것입니다.

　성도 여러분!

　주님은 우리 인생을 광야에다 비유하시고 누구나 광야와 같은 생애를 걷고 있다고 합니다. 그런 인생은 누구나 주님을 만나야 하고, 주님을 만나기만 하면 푸른 초장에 거하게 되는 것입니다. 이 가치 있는 일에 쓰임을 받고자 하는 분들은 정말 담대하게 복음을 전할 소망이 있어야 합니다. 그러면 하나님은 그들이 무엇을 들어야 하는지 알게 하시고, 우리가 무엇을 말해야 할지에 대해서도 하나님께서 인도하십니다. 만약 바르게만 복음이 선포되어지면 그것은 모두를 변화시키는 능력이 있습니다. 광야가 변하여 푸른 초장이 되는 원리와 같이 말입니다. 이런 은혜와 복이 여러분에게 있기를 주님의 이름으로 축원합니다.

빛으로 나타나기 위한 삶

디모데전서 4:6-16

***

누구든지 네 연소함을 업신여기지 못하게 하고

오직 말과 행실과 사랑과 믿음과 정절에 있어서 믿는 자에게 본이 되어

내가 이를 때까지 읽는 것과 권하는 것과 가르치는 것에 전념하라

네 속에 있는 은사 곧 장로의 회에서 안수 받을 때에 예언을 통하여 받은 것을 가볍게 여기지 말며

이 모든 일에 전심전력하여 너의 성숙함을 모든 사람에게 나타나게 하라

네가 네 자신과 가르침을 살펴 이 일을 계속하라 이것을 행함으로 네 자신과 네게 듣는 자를 구원하리라

***

달과 태양에 관한 많은 상식들 중에 달이 빛을 내는 것은 스스로 빛을 내는 것이 아니라 태양으로부터 빛을 받아, 그것을 반사함으로 밝게 빛나고 있는 것입니다. 달은 스스로 빛을 낼 수 없습니다. 다만 밝은 태양의 빛을 태양의 반대 편에서 지구로 그 빛을 반사하는 것입니다. 그런데 우리는 깊이 생각하지 않고 달이 스스로 빛을 내어 우리를 밝게 비춘다고 생각하지, 그 달빛을 보면서 태양을 생각하지는 않습니다.

믿음을 가지고 살아가는 그리스도인인 우리도 마치 달처럼, 참 빛이 되시는 주님으로부터 빛을 받아 이 세상을 밝게 비추는 것입니다. 영적인 흑암으로 가득한 이 세상에 주님은 참 빛으로 오셨습니다. 그리고 자신을 십자가 위에서 마치 불태우듯이 사랑으로 희생하셨습니다. 우리는 주님의 그 사랑을 받아 구원의 감격을 누리게 됩니다. 이제 그 주님의 빛을 받은 그리스도인으로 이 세상에 그 주님의 사랑의 빛을 비추고, 주님의 그 희생을 본받아 마치 소금처럼 살도록 최선을 다해야 할 것입니다. 불신자들이 우리를 바라볼 때 우리에게서 하나님을 볼 수 있도록 살아야 합니다.

우리가 살아가는 이 세상의 원리 중에 등불을 켜서 방안에 두면 방 전체가 밝아지는 이치와 같이, 주님이 우리의 삶의 주인으로 계시면 우리는 자연스럽게 아주 밝은 삶의 모습이 되는 것입니다. 그리고 그런 우리가 이 세상 속에 들어가 살므로 이 세상을 환하게 비추는 빛이 될 수밖에 없는 것입니다. 우리가 빛의 근원은 아닙니다.

마치 달이 스스로 빛을 내는 발광체가 아니듯이, 해로부터 빛을 받아 그 빛을 지구로 다시 반사함으로 우리가 느끼기에 달이 빛을 내는 것처럼 보이듯이, 빛의 근원은 주님이시며 우리는 그 주님의 빛을 받아 이 세상에 그 빛을 나타내는 것뿐입니다.

달빛이 우리에게 잘 비추어지려면 몇 가지의 조건이 필요합니다. 먼저 달빛의 근원이 되는 해가 그 빛을 잘 나타내어야 합니다. 그리고 그 해와 빛을 받아들이는 사이에 구름이나 다른 것, 즉 빛을 방해하는 것이 없어야 합니다. 그리고 그 빛을 받아들이는 달의 상태가 좋아야 합니다. 그런 조건들이 다 잘 맞으면 보름달은 그 빛을 생생하게 우리에게 비추어 내는 것입니다.

완전한 빛이신 주님의 빛은 분명하게 있습니다. 죄의 먹구름을 예수님께서 십자가를 지심으로 다 치우시고 밝게 하셨습니다. 문제는 우리가 주님의 빛을 잘 받아들일 수 있도록 준비하는 것이 중요합니다. 그리스도인이 이 세상에 빛을 비추려면, 우리가 하나님 앞에 잘 준비되어야 하는데 본문의 말씀을 통해 우리가 어떻게 살아야 주님의 사랑의 빛을 가장 잘 나타낼 수 있는지를 살펴봄으로 우리의 삶을 바르게 정하는 시간이 되시기를 축원합니다.

성도는 말씀을 깨닫고, 빛과 소금이 되어야 합니다.(6)
우리가 주님의 빛을 더욱 아름답게 나타내는 삶이 되기 위해서는 하나님의 말씀과 기도와 선한 교훈으로 양육을 받아야 합니다. 본문 6절을 보면 "네가 이것으로 형제를 깨우치면 그리스도 예수의 좋은 일꾼이 되어 믿음의 말씀과 네가 따르는 좋은 교훈으로 양육을 받으리라"고 하였습니다.

이 말씀의 의미는 바울 사도가 디모데에게 목회자로서 가장 바람직한 모습으로 사는 길을 교훈하는 것입니다. 그러니까 바울이 디모데에게 하나님의 말씀을 따라 깨우침을 받으면, 하나님이 기뻐하시는 선한 일군이 될 것이라고 합니다. 이 말씀을 뒤집어 보면, 목자라도 하나님의 말씀 양육을 잘 받지 않으면 선한 일꾼이 될 수 없다는 것입니다. 그리고 선한 일꾼이 되어야 또 다른 성도들을 잘 양육하여 하나님의 나라를 세워 가는 자가 된다는 것입니다. 다르게 표현하면, 하나님의 말씀으로 잘 양육을 받아 아름다운 본을 보이고, 빛으로 나타나는 모범적인 삶이 되어 다른 사람을 잘 인도하는 자가 되어야 하는 것을 말씀합니다.

디모데전서와 후서는 바울이 목회를 하고 있는 디모데에게 전하는 말씀입니다. 하나님이 원하시는 목회를 잘 감당할 수 있도록 지도하는 지침서와 같은 것입니다. 그러므로 일차적으로는 디모데가 이 말씀을 잘 새겨서 자신의 목회를 위하여 스스로 삼가야 하는 것입니다. 목사로서 목회자에 합당한 바른 모습을 지니도록 해야 하는 것입니다.

그리고 그 후에는 목회자로서 성도들을 어떻게 가르칠 것인가를 권면하는 말씀입니다. 그래서 바울은 지금 디모데를 향하여, "네가 이것으로 형제를 깨우치면 그리스도 예수의 선한 일군이 되어 믿음의 말씀과 네가 좇는 선한 교훈으로 양육을 받으리라"고 6절에서 말씀하고 있습니다. '이것으로' 라는 말은 본문의 앞 절인 5절에서 "하나님의 말씀과 기도로 거룩하여짐이니라"라고 하였는데, 6절의 '이것으로' 라는 것은 바로 '말씀과 기도' 를 말하는 것입니다. 바울은 디모데에게 다른 것이 아니라 '말씀과 기도' 에 대해 목회자가 잘 가르치고 깨우쳐야 할 것을 권하는 것입니다. 그러면 그것으로 양육을 받은 성도들이 주님을 위한 선한 일꾼들이 된다는 것입니다. 주님의 복음을 위한 선한 일꾼, 그 자가 바로 빛으로 나타나는 삶을 사는 자가 되는 것입니다.

목사가 많은 일을 해야 합니다. 구제나 사회봉사나 성도의 개인적인 삶을 돕는 일에 많은 시간을 투자해서 도와야 합니다. 그러나 목사의 근본적인 일은 말씀과 기도를 잘 가르쳐서 성도들로 하여금 주님 중심의 선한 일꾼들이 되도록 인도하는 일을 해야 합니다. 그것을 잘하는 자가 바른 목회자가 되는 것입니다. 결국 목사의 모든 일들은 성도들로 하여금 '말씀과 기도' 로 거룩하여지는 법을 더 효과적으로 적용하게 하기 위하여 하는 일들이 되어야 합니다. 결국 훌륭한 목사는 성도들을 말씀과 기도로 날마다 거룩해져 가도록 지도하는 자인 것입니다.

그런데 "하나님이 말씀하시는 것을 조용히 경청하는 사람은 찾아보기 힘들다"고 말한 프랑소아 페넬론의 말을 굳이 듣지 않아도 하나님의 말씀 앞에 진실되게 나아가는 사람을 찾기가 쉽지 않고, "아침마다 외모를 단장하는 시간에 기도도 함께 하라. 당신은 더러운 얼굴로 일터에 나가지는 않을 것이다. 그런데 왜 영혼의 얼굴은 씻지 않고 하루를 시작하려 하는가?"라는 로버트 쿡이라는 사람의 책망을 받지 않아도 우리는 이미 진실되게 기도하는 시간을 잊고 사는 경우가 너무 많습니다.

주님을 사랑하는 사람은 주님을 따라 반드시 이 세상에서 빛으로 나타나기를 바랍니다. 주님을 사랑한다고 하면서 아무렇게나 살아도 조금의 가책도 느끼지 못한다면 진정한 주님의 자녀라고 하기 어려울 것입니다. 그러므로 구원을 받았다는 확신이 있는 사람 누구든지 빛으로 나타나기를 사모해야 합니다. 어느 정도의 희생을 치르는 경우가 있어도 빛된 삶을 살아야 합니다. 그런 삶을 살기 위해서는 말씀과 기도에 진실된 시간을 투자할 수 있어야 합니다.

또한 교회의 중요한 사명은 복음을 전하는 일을 포함하여 성도가 하나님의 영광을 위하여 살도록 격려하고 세우는 일이며, 그것은 곧 성도가 세상 가운데서 빛으로 나타나도록 하는 것입니다. 그것은 우선 보기에는 다른 일로도 가능할 것처럼 보이나 사실은 말씀과 기도 외에는 불가능한 것입니다. 그래서 성경을 배우는 일과 설교를 통하여 말씀에 은혜 받는 일과 기도회를 통하여 하나님 앞에 점점 나아가는 시간을 상당히 소중하게 여기고 있습니다. 그리고 모든 성도들은 이 일에 힘을 기울여야 합니다. 그러므로 성도가 바른 그리스도인으로 잘 살기 위해서는 말씀을 배우는 일과 기도하는 일이라는 사실을 알고, 이런 일에 더욱 열심 있는 성도들이 되시기를 바랍니다. 여러분이 하나님의 말씀과 기도의 중요성을 깨닫고 더욱 사모하시고, 그런 모임에 나아가시므로 하나님의 은혜와 복을 누리시는 여러분이 되시기를 주님의 이름으로 축원합니다.

성도는 경건을 연습하고, 경건하게 살아야 합니다.(7-11,15-16)

하나님의 약속을 따라 말씀과 기도로 경건의 연습을 계속해야 합니다. 살아계신 하나님께 소망을 둔 약속이 있는 성도는 영적인 경건의 연습을 계속해야 합니다. 말씀에 대해서는 읽는 것, 권하는 것, 가르치는 것이 계속해서 진보를 나타내야 합니다. 훈련 없이는 더 성숙한 삶으로 나아가지 못합니다. 이것과 더불어 자신의 삶을 잘 감당하기 위해 마음을 다하여 훈련해야 합니다.

운동경기에서 가장 열광을 받는 것은 우승을 하는 것이나 멋진 골을 넣는 것입니다. 그러나 그런 결과가 있기까지는 한결같이 연습과 훈련이 중요하다고 말을 합니다. 피땀을 흘리는 훈련 없이는 좋은 결과를 가져오지 못합니다. 그것이 세상의 이치인 것입니다. 사업을 하시는 분들도 가끔 저에게 이야기를 합니다. 사업을 시작하기 전에도 철저한 준비가 중요하다는 것입니다. 프로야구 선수인 박찬호는 현역시절 공을 잘 던지기 위해서 하루에 사력을 대해 1,000번 이상을 던진다고 합니다. 그러면 팔에 감각이 없어져서 마치 나무 도막이 자신의 팔에 달려 있는 것처럼 느껴진다고 합니다. 프로골퍼 선수인 최경주는 골프선수로 성공하기 위해 얼마나 골프채로 공을 쳤던지 팔이 빠지는 것 같았을 때가 있었다고 합니다. 마라톤 선수 이봉주는 하루에 200km를 달리는데 '죽는 것이 이런 것이구나' 라는 생각이 들 정도로 달리며 훈련을 하였더니 세계적인 선수가 되었다고 합니다. 신앙생활의 문제도 마찬가지입니다. 신앙생활도 항상 준비되지 않으면 실패하게 됩니다.

사탄은 그만큼 지혜롭게 여러분에게 다가오기 때문에 성령으로 철저히 무장하지 않고는 안 되는 것입니다. 말씀과 기도는 우리들로 하여금 성령으로 무장하게 하는 것입니다. 이것은 젊은이들일수록 더욱 중요한 것입니다. 개인의 생각을 포기하고, 하나님의 뜻에 맞추는 일을 하지 않으면 아무리 옳게 보이는 일이라도 사탄의 도구로 사용될 가능성이 있습니다. 그러므로 하나님께 쓰임을 받기를 원하고, 빛으로 나타나기를 원하는 이들은 더욱 이런 일의 소중함을 깨달아야 합니다. 목사의 경우도 준비되지 않으면 하나님께 쓰임을 받지 못하는 경우가 있습니다. 그러므로 바울은 지금 디모데에게 하나님의 말씀으로 그것을 권면하고 있습니다. 준비하고, 훈련하고, 연습하라고 말입니다.

이런 훈련의 결과가 우리에게 가져다주는 것은 잘못된 것을 분별

할 수 있는 영안이 생기는 것입니다. 7절에는 "망령되고 허탄한 신화"를 버리게 됩니다. 8절에는 "경건은 범사에 유익하니 금생과 내생에 약속이 있느니라"고 하므로, 하나님의 약속에 우리에게 풍성하여 기쁨의 삶을 살게 됩니다. 10절에는 "우리 소망을 살아계신 하나님께 두게" 된다고 합니다. 16절에서는 "네 자신과 네게 듣는 자"를 구원하게 된다고 합니다. 경건의 훈련을 통하여 우리와 우리 모두가 하나님의 영광과 은혜를 누리게 됩니다.

우리는 천성이 이미 죄로 말미암아 오염되어 있기 때문에 가만히 두면 자꾸만 악한 쪽으로 휩쓸려 가게 되어 있습니다. 그러므로 우리는 하나님 앞에 우리의 고삐를 당기듯이 복종시키지 않으면 고삐 풀린 망아지같이 자기중심으로 나아가게 되어 있습니다. 바르게 살도록 항상 주님의 말씀과 진실되게 드리는 기도로 훈련해 가지 않으면 안 됩니다. 말씀과 기도에 집중하지 않는 자는 교회의 일을 하지 않는 것이 좋다는 말은 바로 이런 데서 나오는 말입니다.

성도가 이 땅에서 하나님의 빛으로 나타나기 위해서는 하나님의 말씀에 대해서 계속적인 훈련과 연습이 필요합니다. "교만한 자는 한꺼번에 모든 것을 얻으려고 하지만 겸손한 자는 연습을 통하여 얻기를 원한다."는 말이 있습니다. "훌륭한 그리스도인은 항상 훈련을 받는다."라는 말도 있습니다. 그리스도인은 하나님의 말씀을 읽는 훈련을 하여야 합니다. 규칙적으로 말씀을 읽는 훈련은 아주 중요합니다. 제자 훈련반에서 매일 성경을 5장씩 읽는 숙제가 있는데 아주 곤혹스럽게 여기는 경우가 있습니다. 지독하리만큼 검사와 확인을 합니다. 성경을 가르쳐서 성도에게 계속적인 진보를 나타내도록 해야 합니다. 이것은 성경공부반을 말하는 것이 아닙니다. 예배를 통하여, 구역모임을 통하여, 수요기도회를 통하여 선포되는 말씀을 마음을 기울여 들음으로 말씀을 통하여 신앙의 성장을 계속해 가야 하는 것입니다. 이런 모습이 여러분에게 넘쳐서 하나님의 자녀로 잘 훈련된 여러분이 되시기를 주님의 이름으로 축원합니다.

성도는 좋은 본을 받고, 좋은 본이 되어야 합니다.(12)

바울 사도는 디모데에게 목회자로 상당히 절제된 모습을 요구하고 있습니다. 현재 우리 한국기독교에 영향력 있는 사람들 중에 고신대 손봉호 석좌 교수가 있습니다. 그가 공적인 자리에 나와서 이렇게 간증을 했습니다. "제가 신학을 공부하고 목사 안수를 받지 않는 이유는 목회자에 대한 두려움이 있기 때문입니다. 아무나 목회자가 될 수 없다는 것을 알기 때문이며, 목회자는 상당히 높은 수준의 경건의 삶을 요구하기 때문에 저는 결코 목회자가 될 마음이 없습니다."고 하였습니다. 동일하게 바울은 디모데에게 높은 수준의 경건을 요구하고 있습니다.

믿음의 사람 디모데는 바울로부터 신앙의 좋은 본을 받았습니다. 바울은 주님을 사랑하고 주님을 위해 자신의 삶을 헌신하는 참믿음의 본을 보인 것입니다. 그리고 디모데는 바울로부터 신앙의 좋은 본을 받았습니다. 이처럼 성도는 신앙의 좋은 본을 받아 아름다운 믿음을 간직하고, 그것을 다른 성도들에게 보여줄 수 있어야 합니다. 그것이 성도의 바른 모습입니다.

그리고 바울 사도는 디모데에게 부탁하기를 다른 성도들에게 말과 행실과 사랑과 믿음과 정절에 대해 본이 되어야 할 것을 요구하고 있습니다. 하나님의 말씀에 대해 가감 없이 담대하게 전할 것을 권면하고 있습니다. 목회자나 평신도 지도자들이 성도들의 본이 되지 못하면, 자신 있게 하나님의 말씀을 전할 수 없습니다. 이 말씀은 목회자인 디모데나 저와 같은 이에게 주시는 말씀임과 동시에 여러분들과 같은 성도들에게 주시는 메시지이기도 합니다. 하나님의 자녀로 빛으로 나타나기 위해서는 말, 행실, 사랑, 믿음, 정절에 있어서 불신자들에게 본이 되어야 합니다. 그렇지 않고서는 빛이 될 수 없는 것입니다.

성도가 이 땅에서 빛이 되려면, 우선 말이 아름다워야 합니다. 적은 말이지만 그 말이 다른 사람에게 영향력 있는 말을 하여야 합니다. 사람들로부터 "저 사람은 말은 잘하지만 실천이 없는 사람이야"라는 말을 들으면서 빛으로 산다는 것은 불가능한 것입니다. 성도가 빛으로 나타나려면 사랑이 있어야 합니다. 다른 사람에 대해서는 관용과 자비가 있어야 하고 자기 자신에 대해서는 엄격한 사람으로 살아야 합니다. 그런데 대부분의 사람들은 자기 자신에 대해서는 '그럴 수도 있지 않느냐 고 관대하면서 다른 사람의 실수에 대해서는 엄격하여 책망하는 경우를 봅니다. 이런 경우는 빛이 되기 어렵습니다. 하나님에 대한 믿음도 있어야 하지만 신뢰할 만한 사람이 되어야 하고, 도덕적으로도 깨끗한 사람이 되어야 합니다. 아름다운 말을 하는 사람으로 나타나야 합니다.

그리고 그리스도인다운 행실을 하는 좋은 믿음의 사람들을 신앙의 모범으로 삼고 그런 삶을 살도록 노력해야 합니다. 무엇보다도 주님의 사랑을 닮은 참사랑의 모습이 있어야 합니다. 흔들리지 않는 믿음, 신앙생활에 대한 참믿음의 정절을 지키는 신앙인이 되어야 합니다.

성도 여러분!

하나님의 자녀가 세상 속에서 빛으로 나타나기 위해서는 말씀과 기도의 중요성을 먼저 인식해야 합니다. 말씀을 깊이 깨달아 세상의 빛과 소금처럼 나타나는 믿음의 백성이 되어야 합니다. 다른 어떤 것으로도 우리가 세상 속에서 빛으로 나타날 수 없다는 고백을 먼저 해야 합니다.

그리고 그 말씀과 기도의 자리에 열심히 나아가고, 그것을 실천에 옮기는 훈련을 날마다 받아야 합니다. 경건한 삶은 그냥 되지 않습니다. 아주 혹독한 훈련을 통하여 이루어집니다. 요즈음은 자신의 시간이나 물질을 희생하여 주님을 섬기는 일을 잘 감당하지 않으려고 합니다. 편하게 신앙생활을 하려고 하지만 편한 삶은 경건을 이루지 못합니다.

동시에 하나님의 자녀로서 모든 영역 속에서 말씀을 담대하게 전하며 삶 속에서 본이 되는 생활로 나타나야 합니다. 앞선 멋진 신앙인을 우리의 모델로 삼아 그런 믿음을 지키고, 또 우리가 다른 사람에게 좋은 신앙의 모델이 되어 주어야 합니다. 이런 삶을 살아 하나님의 은혜를 누리시는 여러분이 되시기를 주님의 이름으로 축원합니다.

이 교회를 위하여

열왕기상 21:1-16

***

이스르엘 사람 나봇이 아합에게 대답하여 이르기를 내 조상의 유산을 왕께 줄 수 없다 하므로

아합이 근심하고 답답하여 왕궁으로 돌아와 침상에 누워 얼굴을 돌리고 식사를 아니하니

***

본문은 교회를 사랑하는 성도의 마음을 나타내고 있습니다. 본문의 내용은 나봇이 그 조상으로부터 물려받은 자신의 포도원을 지키기 위해 당시 왕인 아합의 제의를 거절하게 됩니다. 사마리아 성에 있는 아합 왕의 궁전은 화려했습니다. 그런데 그 궁전의 화초밭, 즉 정원을 더 크게 확장하기 위해 나봇의 포도밭을 사들이려고 하였습니다. 그런데 나봇은 단지 포도밭이라기보다는 그의 조상들이 여러 가지 어려움 중에도 끝까지 유업으로 지켜온 포도밭이기에 쉽게 넘겨줄 수가 없었습니다. 아합 왕은 나봇의 마음을 어느 정도 이해하였고, 또 지금으로도 충분하지만 더 확장하려는 마음이었기에 강제로 취하지 못하고 고민하고 있었습니다.

이 사실을 안 이세벨 왕후는 아주 잔인하기 이를 데 없는 사람이었습니다. 왕이 고민한다는 말을 듣고, 이세벨은 사람들을 매수하여 여러 가지 누명을 씌워서 나봇을 죽이고, 강제로 그 포도원을 빼앗아 아합 왕의 정원으로 만들고 맙니다. 나봇은 이세벨 왕후에게 억울하게 죽음을 당하고, 또 조상의 유업인 포도원을 빼앗기게 되었습니다. 이 얼마나 억울한 일입니까? 그렇지만 하나님은 아합 왕과 이세벨의 악한 행위를 기억하여 그 원한을 갚아 주시게 됩니다. 나봇의 죽음은 그 자체가 아픔이지만 하나님은 그 죽음을 결코 헛되게 여기지 않습니다.

나봇은 그 조상으로부터 이어온 포도원을 지키기 위해, 그 어떤 불의와 부정에도 굴하지 않았습니다. 그 포도원을 지키기 위해 생명을 바친 것은, 오늘날 하나님의 교회를 악한 자들로부터 지키기 위해 온 힘과 정열을 다 기울이는 것과 같은 것입니다. 교회를 무너뜨리기 위해 도전해 오는 그 어떤 세력이라도 용납하지 않는 것은 우리의 사명이기도 합니다. 나봇은 우리에게 교회의 진리를 지키는 것이 얼마나 소중한 것인지 가르쳐줍니다. 그런 의미에서 본문의 말씀을 살펴보면서 이 교회를 위해 최선을 다하여 섬기기를 다짐하는 기회로 삼아야 할 것입니다. 교회를 섬기는 우리의 자세를 마음에 새기는 복된 시간이 되시기를 주님의 이름으로 축원합니다.

교회는 사명감으로 섬겨야 합니다.(1-3)

하나님의 교회를 사랑할 때 재물보다 앞서 마음과 정성을 드려 섬겨야 할 것입니다. 나봇은 그 조상들이 전해준 포도원을 아합 왕이 많은 재물을 준다고 해도, 또 다른 더 좋은 것을 준다고 해도 거절하고 지켰습니다. 나봇에게 포도원은 단순히 포도밭이라고 하기보다는 자신에게 생명처럼 소중한 조상의 유업이었습니다.

아합은 아주 좋은 조건으로 나봇에게 포도원을 팔라는 제의를 합니다. 그러나 나봇은 조상으로부터 유산으로 내려 오는 포도원을 마음대로 처분할 수 없다는 말을 함으로서 왕의 요청을 거절합니다. 이것은 단순히 왕의 요청을 거절하는 것이 아니라 조상으로부터 이어받은 것이므로 할 수 없다는 것입니다.

나봇이 지키고 있던 포도원은 사마리아 궁궐 가까이 있었습니다. 아합 왕은 사마리아에 있는 궁궐 곁에 있기 때문에 그것을 구입해서 자신의 나물밭으로 삼겠다고 했는데, 나물밭보다는 화려한 꽃이 있는 아름다운 정원으로 삼겠다는 것입니다. 나봇이 생명처럼 여기고 생계를 잇기 위하여 생활하는 포도원을 왕은 화초밭으로 삼겠다는 것입니다. 나봇은 생명처럼 지키는 포도원이기 때문에 큰 권세를 가진 왕이 요청을 하지만 그 요청을 따를 수가 없어서 정중히 거절합니다.

이것은 단순히 포도원을 말하는 것 같으면 더욱 좋은 포도원을 구입하면 좋을 것이고, 왕이 날마다 잔치를 벌이며 시끄럽게 즐기고 노는 왕궁 밑에서 농사하는 것은 더욱 기분이 나쁜 일일 수도 있습니다. 그래서 다른 곳으로 옮겨서 농장을 마련하면 훨씬 더 좋을 것 아니겠습니까? 그런데 이는 단순히 포도원의 문제를 말하는 것이 아니라 다른 의미가 있는 것입니다. 나봇에게는 자신의 정체성, 존재감을 확인하는 것이었습니다. 생명보다 소중하게 여기는 것이었습니다.

그런 의미에서 나봇에게 포도원은 우리들에게 영적인 양식의 산실인 교회를 의미합니다. 그러므로 그리스도인은 물질을 초월하여 사명감으로 하나님의 교회를 섬겨야 할 것입니다. 하나님의 교회는 단지 어떤 건물을 말하는 것이 아닙니다. 복음이 선포되고, 생명의 말씀이 있고, 그 말씀을 들음으로 믿음이 충만해지고, 하나님의 영광이 아름답게 드러나는 곳입니다. 성도들이 마음을 다하여 모이는 하나님의 은혜가 가득한 곳입니다.

나봇이 왕의 권세로 달라는 것을 거절한 것은 마음과 정성이 모두 그곳에 가 있다는 것을 말하는 것입니다. 더 좋은 포도원을 준다고 해도 거절하는 것은 그것을 아주 사랑하고 좋아한다는 것을 말합니다. 많은 돈을 준다고 해도 그것을 거절하는 것은 그것을 돈보다 더 사랑하는 것을 말하는 것입니다. 비록 포도원이 날마다 타락이 일어나고 쾌락이 난무하는 그런 좋지 못한 곳에 있다고 해도 그것을 마음과 정성을 다하여 사랑한 것이 나봇의 마음입니다.

나봇이 무엇보다도 포도원을 사랑하였다고 했습니다. 오래전부터 하나님의 뜻을 이루기 위하여 이어 온 우리교회를 지금 우리는 나봇이 포도원을 사랑하는 그 마음으로 사랑해야 할 것입니다. 아무리 많은 돈을 준다고 해도 그것을 바꾸지 못할 만큼 사랑해야 할 것입니다. 더 좋은 교회의 소문이 들리도록 여기서 이 교회를 위하여 희생하고 아름답게 만들어 가야 하는 것입니다. 어쩌면 지금 우리의 현실보다 더 좋은 조건이 있는 곳이 있을 수도 있습니다. 그러나 사마리아 왕궁 밑 같은 열악한 조건이라고 하더라도 우리는 이 교회를 통하여 신앙을 세우고 사랑해야 할 것입니다. 만약 우리의 기분이나 마음에 따라 이리저리 흔들린다면, 주님은 우리를 향하여 나봇의 마음을 본받기를 원하실 것입니다.

이 교회를 위하여 최선을 다하여 주님을 섬기며 교회를 사랑하는 아름다운 마음이 있기를 진심으로 축원합니다. 이 교회를 위하여 세상의 어떤 것보다 더 깊은 애정과 사랑을 가지고 자랑스럽게 여기고 사랑하는 여러분이 되어 이곳을 통하여 흘러나오는 은혜로 충만하시기를 주님의 이름으로 축원합니다.

교회는 생명같이 지켜야 합니다.(4-10)

하나님의 교회는 생명보다 더 사랑하여야 할 하나님의 소유입니다. 교회를 섬길 때 하나님을 사랑한다는 우리의 신앙고백으로 섬겨야 합니다. 나봇은 아합 왕의 부인 이세벨이 그 어떤 핍박과 협박을 가해도 목숨을 바쳐서라도 포도원을 지켰습니다. 하나님의 교회는 이런 자세로 지켜야 합니다.

나봇에게 포도원을 달라고 하여 거절을 당한 아합 왕은 마음이 상해서 병이 들었습니다. 그는 그 답답한 심령으로 자리에 드러눕고 말았던 것입니다. 이 소식을 들은 아합 왕의 아내인 왕후 이세벨은, "왕이 그 큰 권세를 가지고 있으면서, 나봇 같은 사람을 마음대로 못합니까? 그리고서도 왕이라고 담대하게 말할 수 있는 것입니까?" 이세벨 왕후는 왕을 나무라면서 자신이 그 포도원을 그에게 안겨주겠다는 약속을 합니다. 사실 아합 왕은 이스라엘의 왕으로 나봇이 포도원을 줄 수 없는 이유를 알았기 때문에 양심의 가책이 있어서 강제로 빼앗을 수가 없었습니다. 그런데 이세벨 왕후는 피도 눈물도 없는 차가운 사람이며 하나님을 무시하는 사람이었습니다. 그러므로 어떤 수를 쓰더라도 반드시 포도원을 빼앗아서 왕에게 줄 것이라고 약속을 하면서 왕을 안정시킵니다.

아합 왕은 이세벨의 말을 듣고 식사를 하면서 그 마음을 편하게 가집니다. 아합 왕은 암묵적으로 이세벨의 악행을 방조하면서 은근히 그 악행을 즐기고 있었던 것입니다. 왕후 이세벨은 왕의 이름으로 편지를 써서 나봇에게 누명을 씌울 계략을 진행합니다. 당시 사람들에게 인정을 받지 못하던 비류들, 가치없는 자, 돈을 받고 거짓 증언을 하는 자들을 세워서, 나봇을 향하여 "네가 하나님과 왕을 저주하였다."라고 거짓 증언을 하게 하고는 나봇을 끌고 나가서 돌로 쳐 죽이게 했습니다. 포도원 주인인 나봇은 그렇게 죽임을 당하게 된 것입니다.

나봇은 죽음을 피할 수 있는 기회가 얼마든지 있었습니다. 자신을 죽이고 그 포도원을 가로채려는 이세벨이나 아합 왕의 계획을 빨리 알아차리고는 그에게 가서 "포도원을 내어줄테니 살려 달라."고 하였다면 얼마든지 살 수도 있었습니다. 그러나 나봇은 끝까지 포도원을 사수하였습니다. 아무리 악한 계획으로 포도원을 빼앗으려고 할지라도 그는 결코 굴복하지 않았습니다. 유대인들은 스스로 법을 세우기를 두 사람의 증인이 같은 말을 하면 그것을 진실로 받아들였습니다. 그래서 이세벨은 두 사람의 비류를 사서 그 증인으로 삼은 것입니다. 비류들이란 당시의 아주 못된 사람들을 말합니다. 원어의 의미로는 '쓸데없는 자들', '무가치한 자들'이라는 뜻을 가지고 있습니다. 즉, 세상적으로 가치 없는 자들을 세워 의인인 나봇을 참소하는 것입니다. 세상에는 의로운 사람이라도 손해를 보는 경우가 있습니다. 나봇처럼 의인임에도 불구하고 이세벨 같은 악한 자와 비류들인 세상적으로 가치없는 자들에게 큰 어려움을 당하는 경우가 있습니다.

그런데 나봇은 포도원을 사랑하되 자신의 것으로 인정하지 않습니다. 그것은 조상으로부터 이어 온 것이라는 의미입니다. 헌신과 희생으로 지켜온 포도원을 자신이 마음대로 할 수 없다는 것입니다. 그는 지금 최선을 다하여 그 포도원을 잘 관리하고 경작해야 할 책임이 주어져 있는 것이지 그것을 마음대로 처분할 수 있는 것은 아닙니다. 그리고 그것을 다음 세대인 자녀들에게 물려주어야 한다고 말합니다. 그러므로 나봇에게는 사명감이 있었습니다. 이 마음이 바로 주님을 사랑하는 마음인 것입니다. 성도가 교회를 섬기는 것도 이런 마음이어야 합니다. 끝까지 지키고 사수하여 다음 세대로 물려주어야 할 책임이 있는 것입니다.

나봇이 그의 포도원을 사랑하되 자신의 것으로 여기지 않고 조상이 물려준 것으로 여기고, 그것을 다음 세대에 물려주어야 하는 것으로 여겨 사랑하고 보존하는 것입니다. 이것은 하나님께서 우리에게 주셔서 끝까지 보존하라는 교회를 의미하기도 합니다. 교회는 하나님께서 우리들에게 주신 아름다운 터전입니다. 그리고 우리는 이 교회로 인하여 지금 이 시대를 살면서 하나님의 뜻을 이루어 가야 하는 것입니다. 하나님이 무엇을 기뻐하시는지, 하나님이 무엇을 좋아하시는지 그것을 이루어 가야 하는 것입니다.

그리고 우리는 지금까지 이 교회를 위하여 수고하고 땀 흘리며 하나님의 나라를 이루어 온 분들의 마음과 정성을 이어받고, 나아가서 이 교회를 더욱 부흥시켜 다음 세대에 더욱 하나님의 영광을 위하여 살 수 있도록 준비할 수 있어야 합니다. 우리에게는 모든 것을 다 하려는 마음들이 있습니다. 그러나 우리가 모든 것을 다 할 수는 없습니다. 이 시대에 우리가 준비해야 할 것과 물려주어야 할 것을 잘 판단하여 하나님의 영광을 이루어 가는 교회를 만드는데 땀과 정성을 다하여야 할 것입니다. 교회를 생명처럼 사랑하는 마음들이 있기를 소망하며, 더불어 이런 마음들이 하나가 되기를 주님의 이름으로 간절히 축원합니다.

교회는 성도의 희생과 헌신으로 자라납니다.(11-16)

성도들의 충성과 순교의 섬김 위에 하나님이 그 하나님의 교회를 세워 가십니다. 하나님의 교회는 충성과 순교의 섬김 위에 하나님이 지켜가십니다. 그리고 성도들의 헌신과 희생으로 하나님의 교회는 세워지고 자라갑니다.

나봇은 자신의 희생으로 포도원을 지키려고 하였습니다. 비록 힘이 약하여 모든 것을 잃게 된다고 하더라도, 포도원을 지켜야 하는 자신의 사명을 다하고 있습니다. 결국 나봇은 아합 왕과 이세벨의 악한 행위에 의해 죽임을 당할 뿐만 아니라 포도원을 강탈당하고 맙니다. 그래도 나봇은 동요하지 않습니다. 포도원을 넘겨준다고 해도 다른 포도원을 대신 받거나 보상금으로 돈으로 쳐서 받을 수 있기 때문에 개인적으로 크게 손해 보는 일이 아닙니다. 그렇기 때문에 양보할 수도 있는 일입니다. 그러나 나봇은 세상의 권력에 의해 자신이 감당해야 할 사명을 저버리지 않았습니다. 죽음을 당한다고 해도 결코 굽히지 않는 자세입니다.

그런데 포도원은 이세벨에게 빼앗기고 맙니다. 인간이 보기에는 포도원을 빼앗기고 나면 그대로 끝납니다. 포도원을 빼앗기지 않았다면 다른 문제이지만 빼앗겼으니 이제 아무런 의미가 없는 것 같습니다. 우리가 보기에 하나님의 백성이 패배하는 것 같은 인상을 지울 수 없습니다. 고개가 갸우뚱해지고 의심이 가지 않을 수 없습니다. 그러나 하나님께서 하나님의 교회와 그 백성을 대적하거나 훼방하는 자들을 징벌하시고, 하나님의 능력을 보여주십니다.

아합 왕이 전쟁터에 나갔는데 적군이 우연히 하늘을 향하여 화살을 쏩니다. 그런데 그 화살이 날아가 아합 왕의 갑옷 솔기를 통과하여 심장을 맞추게 됩니다. 열왕기상 22장 34절에 "한 사람이 무심코 활을 당겨 이스라엘 왕의 갑옷 솔기를 맞힌지라 왕이 그 병거 모는 자에게 이르되 내가 부상하였으니 네 손을 돌려 내가 전쟁터에서 나가게 하라 하였으나"라고 하였습니다. 아합 왕은 그 자리에서 죽게 되고, 그의 시신을 실은 마차가 궁으로 오는 도중에 개들이 따라오며 그 시체에서 흐르는 피를 핥아먹는 비참한 죽음을 당하고 맙니다. 열왕기상 22장 38절에는 "그 병거를 사마리아 못에서 씻으매 개들이 그의 피를 핥았으니 여호와께서 하신 말씀과 같이 되었더라 거기는 창기들이 목욕하는 곳이었더라"라고 하였습니다.

그리고 이세벨 왕후는 포도원이 내려다보이는 왕궁의 2층 난간에서 그 시종이 이세벨을 밀어버려 떨어져서 죽고, 그 시신이 조각조각나서 다 찾을 수 없을 정도로 비참하게 되었습니다. 하나님이 그들을 징벌하고 치셨습니다. 열왕기하 9장 33에서 35절에는 "이르되 그를 내려던지라 하니 내려던지매 그의 피가 담과 말에게 튀더라 예후가 그의 시체를 밟으니라 예후가 들어가서 먹고 마시고 이르되 가서 이 저주 받은 여자를 찾아 장사하라 그는 왕의 딸이니라 하매 가서 장사하려 한즉 그 두골과 발과 그의 손 외에는 찾지 못한지라"라고 하였습니다. 하나님 앞에서 바르게 살려는 나봇을 죽이고, 하나님을 대적하고 하나님의 역사를 훼방하는 악한 자들은 반드시 하나님이 징계하십니다. 그리고 모든 악을 반드시 제거하셔서 정의가 승리하게 하시는 것입니다.

나봇이 조상으로부터 이어 온 포도원을 지키려다가 죽음으로 모든 것을 잃은 것처럼 보입니다. 또 더 이상 정의가 승리하지 못하는 것처럼 보입니다. 그와 같이 하나님의 교회가 어려움을 당할 때 순교자가 생겼습니다. 그 순교자들이 생겨날 때 교회는 끝이 났다고 생각할 수 있습니다. 그런데 교회는 그 순교자들의 희생과 섬김으로 하나님은 영광을 받으시고, 또 그 희생이 하나님의 교회를 세워 가는 것입니다. 성도의 희생과 헌신을 다한 섬김이 교회를 세워 가는 것입니다. 그 어떤 세상의 악한 것이 교회를 흔들며 멸하기 위해 노력해도 결코 패하지 않습니다.

성도 여러분!

성도들이 마음을 다하여 하나님을 섬겨야 합니다. 교회는 입으로 섬기는 것이 아닙니다. 교회는 머리로 섬기는 것이 아닙니다. 우리 성도들이 손과 발로 힘을 다하여 섬겨야 합니다. 나봇은 사명감을 가지고 생명을 다하여 섬깁니다. 희생과 섬김이 가득한 것입니다. 우리 교회는 이런 믿음의 모습들이 모여 섬김으로 세워져가는 것입니다.

나봇은 조상으로부터 내려오는 아름다운 포도원을 위하여 마음과 정성을 다하여 충성하였고, 그것을 보존하기 위해 목숨까지도 내어 놓고 사수했습니다. 그리고 아무 말없이 그것을 실천하며 죽어갔습니다. 그때 하나님은 그를 외면하는 것처럼 아무런 말이 없습니다. 그러나 하나님이 모르시는 것이 아니라 반드시 그의 교회는 하나님이 지키시는 것입니다. 그리고 그것을 대적하는 자들을 책망하시는 것입니다. 기회가 주어져 있을 때 저와 여러분들은 하나님의 교회를 위하여 힘을 다하여 충성하시고, 감사하시고, 아름답게 잘 보존하고, 준비하여 교회가 계속 이어져 가도록 해서 사명을 다하시는 여러분들이 되셔서, 교회를 통하여 주시는 하나님의 복을 누리시기를 주님의 이름으로 축원합니다.

지난 시간을 위한 질문

예레미야애가 4:17-22

***

딸 시온아 네 죄악의 형벌이 다하였으니 주께서 다시는 너로 사로잡혀 가지 아니하게 하시리로다

딸 에돔아 주께서 네 죄악을 벌하시며 네 허물을 드러내시리로다

***

예레미야애가는 하나님의 백성으로서 하나님 앞에 바르게 살지 못한 결과 그들이 당해야 했던 고통과 괴로움을 토로하면서, 마치 심장을 끊는 듯한 간절함으로 기록한 성경입니다.

본문 17절의 내용을 우리들의 말로 표현하면, 이스라엘 백성들이 절대적으로 믿고 따라야 할 하나님은 믿지 않고, 믿지 말아야 할 권력과 힘인 바벨론과 앗수르를 믿고 나라를 맡겼는데, 도움을 받기는커녕 오히려 그들은 이스라엘을 속속들이 알고서 그들을 조종하고 억압하였다는 것입니다. 그래서 그들이 하는 말이 "아이구 이제 어쩌면 좋을까? 내 손가락으로 내 눈을 찔렀구나!"라며 탄식하고 있는 것이 본문의 내용입니다. 사실 그들이 진실로 믿고 의지할 이는 하나님뿐임을 더욱 절실하게 표현하고 있는 것입니다.

예수님을 믿는 믿음의 백성에게 그 삶의 여정에 형통한 길도 있지만, 어찌할 수 없는 고난을 통하여 괴로워해야 하는 시간들도 있기 마련입니다. 그런데 그 고난들의 대부분은 하나님이 문제라기보다는 우리들이 잘못하여, 본문의 표현처럼 자기 손가락으로 자기 눈을 찌르는 경우가 대부분입니다.

그러나 이렇게 성도들이 잘못하였음에도 불구하고 하나님은 성도들의 고난을 통하여 계획들을 진행하십니다. 즉, 비참하게 망하여 폐허화된 예루살렘성과 이스라엘 백성들이 포로가 된 사실을 통해 회개하고 돌아서서 바른 길로 나아오면 하나님은 그 백성들의 마음을 어루만지시고 새로운 삶을 살도록 이끌어 주시는 분이십니다.

본문은 이렇게 고통스러워하는 백성들을 향하여 예레미야가 하나님이 그 뜻을 이루시도록 잠잠히 기다리는 자세를 가져야 할 것을 백성들에게 권하고 있습니다. 성도가 절망 가운데서 이기는 방법은 잠잠히 하나님의 역사를 기다리며 바라는 것입니다.(시62:1) 그런데 그들의 삶은 그 방법보다는 인간적인 일들로 오히려 고통을 더 가중시키는 일을 하였습니다. 저자가 이 사실을 회상하며 주신 말씀을 통하여 우리의 지난날을 결산하는 도구로 삼아야 할 것입니다.

연말을 맞이하여 우리의 삶을 잠잠히 돌아보면서 어떤 결산을 해야 하는지를 깊이 생각하면서 은혜 받고, 새롭게 되는 복된 시간이 되시기를 주님의 이름으로 축원합니다.

우리는 세상의 헛된 도움을 바라지는 않았는지 돌이켜 보아야 합니다.(17-19)

예레미야 선지자는 이스라엘 백성들이 고통을 더 심하게 당한 이유를 헛된 세상의 도움을 너무 기대하였다가 그들의 눈이 상하게 된 것이라고 말합니다. 우리의 말에 자기 눈을 자기가 찔렀다는 말이 있습니다. 이스라엘 백성들이 자신들을 침공한 바벨론을 이기는 비결은 하나님을 의지하고, 하나님께로 돌아가는 것이었습니다. 그런데 자신들을 이 시간까지 인도하신 하나님을 의지하지 않고 애굽으로 사람을 보내어 원병을 요청한 것입니다. 이것이 잘못이라는 말입니다.

예레미야 44장 30절에 보면 유다인들은 애굽 바로 왕의 지원군을 기대하였습니다. 그러자 눈엣가시와 같은 바벨론에 대해 악한 감정을 갖고 있었던 애굽은 유다의 요청을 듣고, 실제 바로 왕의 군대가 예루살렘을 도우러 왔었지만 소용이 없었습니다. 이스라엘 백성들은 자신을 구원치 못할 나라인 애굽에 온통 마음을 빼앗기며, 그들을 의지하였습니다. 그런데 이 일로 바벨론은 흥분하여 예루살렘과 이스라엘 백성들을 더욱 잔혹하게 핍박하게 됩니다.

우리는 여기서 어리석은 이스라엘 백성들을 봅니다. 어떤 사람이 적과 싸움을 벌이는데 자기 옆에 총을 두고, 몽둥이로 싸운다면 우리는 그를 어리석은 사람이라고 할 것입니다. 바로 이스라엘 백성들이 그와 같은 것입니다. 전능한 능력을 가진 주님을 두고, 막대기 같은 주위의 사람들을 의지하거나 자기의 수단을 의지하는 것을 봅니다. 아주 어리석은 행동입니다.

사람들이 지나치게 자기 머리를 의지하고 자기 지혜를 사용하여 자기 꾀에 자기가 걸려 넘어지는 경우를 본문에 나타나는 이스라엘 백성들을 통하여 보게 됩니다. 이스라엘 백성들은 애굽이 넉넉히 바벨론의 대적이 될 수 있다고 착각하였습니다. 그러나 그들은 바벨론의 대적이 될 수 없었습니다. 하나님이 바벨론을 대적하신다면 얼마든지 이길 수 있었음에도 불구하고, 그들은 하나님을 무시하였습니다.

만약 그들의 의도대로 애굽의 도움을 받아 바벨론을 물리쳤다면 그들에게 자유와 기쁨이 주어졌겠습니까? 그것도 착각입니다. 만약 애굽이 바벨론을 이겼다면, 그들은 예전에 애굽에서 종살이하던 때로 돌아가게 되는 것입니다. 이제는 바벨론의 종이 아니라 애굽의 종이 되는 것입니다. 그러므로 세상을 의지하는 것은 아주 어리석은 행동입니다. 한쪽의 도움을 받아 다른 쪽을 쳐서 승리하면, 그쪽에서 지배하려는 것이 세상의 이치입니다. 우리는 주님을 의지하고 살아야 승리하게 됩니다. 주님만이 우리를 신실하게 인도하시기 때문입니다.

기계를 파는 사업을 시작한 어떤 성도가 있었습니다. 그는 그동안에 쌓았던 인맥을 이용하여 사람들을 만났습니다. 그런데 그 사람들이 '이 사람이 새로운 사업을 시작하였으니 도와주어야겠다'는 마음으로 한결같이 다가와 주었습니다. 그래서 힘든 사업을 시작하는 입장에서 천군만마를 얻었다는 생각이 들었습니다. 그런데 1년쯤 지나자 한 사람이 이상한 소문을 냈습니다. 도저히 이해할 수 없는 핑계를 대며 기계에 문제가 있다고 흠을 잡기 시작했습니다. 그 소문은 점점 더 크게 퍼져 갔습니다. 그러나 그 성도는 자신이 그동안 쌓아 놓은 인맥을 믿고 염려하지 않았습니다. 그런데 이게 왠일입니까? 거짓말처럼 사람들의 발길이 끊어지고 인맥도 소용이 없었습니다. 결국 그는 사업을 접어야 하는 상황이 되었고, 세상적으로 말해서 망하고 말았습니다.

그 성도는 절망에 빠졌습니다. 그리고 생을 포기하려는 마음도 가졌습니다. 그런데 어느 날 바로 본문의 말씀을 듣게 되었습니다. 사람을 의지하는 것은 어리석은 것이라고 말입니다. 그래서 그는 기도하며 다시 일어나겠다는 각오를 했습니다. 하지만 사업을 구상하며 기도를 해도 막막하게 무엇을 해야 할지 떠오르지 않았습니다. 어느 날 서울의 한 공원에 앉아서 비둘기를 보고 있는데 한 아이가 자기 앞으로 달려오더니 넘어지면서 울었습니다. 무릎을 보니 피가 나고 있습니다. 그 성도는 너무 안타까운 마음에 달려가서 아이를 일으켜 세워주면서 피나는 무릎을 닦아 주었습니다. 그리고 그 순간 하나님이 그의 머릿속에 번뜩하고 지혜를 주었습니다. '이 아이들의 무릎을 보호해 주어야겠다' 는 생각이 들었습니다. 그래서 무릎보호대, 어린아이용 헬멧, 팔꿈치 보호대를 만들 생각을 하게 되었고, 그 사업을 시작하여 크게 성공하였다는 것입니다.

사람이 세상의 능력이나 권력을 의지하는 것은 어리석은 것입니다. 헛되이 도움을 바라고, 구원치 못할 것에 마음을 빼앗기며, 쫓지 않았는지 살펴보아야 합니다. 우리는 우리의 인생을 열심히는 살았는데 가치 없는 데 많은 시간을 낭비하였다는 것을 곧 발견하게 됩니다. 하나님을 의지하고 믿음으로 살아가는 계획을 새롭게 수립하기를 바랍니다.

한 해를 돌이켜 볼 때 많은 아픔들이 있었습니다. 개인적인 일들을 돌아보면서, 혹 이스라엘 백성들과 같이 세상의 다른 것을 의지하다가 고통이 가중된 것은 없는지, 스스로의 꾀에 넘어가서 고통이 가중된 것은 없는지, 다른 사람의 도움을 기대하다가 고통을 더 받은 것은 없는지 살펴보시고, 이제 오직 하나님만 의지하며, 일이 생긴 후 하나님께 나아가 호소하는 어리석음보다는 일하기 전에 기도하며, 시작 전에 하나님의 뜻을 살피고 결정하는 지혜 있는 그리스도인으로 세워질 수 있기를 주님의 이름으로 축원합니다.

우리는 인간적인 기대나 사람을 의식하지 않았나 돌이켜 보아야 합니다.(20-21)

본문 20절에는 "우리의 콧김 곧 여호와께서 기름 부으신 자가 그들의 함정에 빠졌음이여 우리가 그를 가리키며 전에 이르기를 우리가 그의 그늘 아래에서 이방인들 중에 살겠다 하던 자로다"라는 말씀이 있습니다. 이 말씀은 유다 백성들이 그들의 왕이었던 시드기야를 굳게 믿고 있었음을 말하는 것입니다. 그러나 시드기야 왕은 백성들의 기대와는 달리 바벨론 왕 느부갓네살에게 사로잡혀 두 눈이 뽑히는 불행을 겪고 말았습니다.

바벨론 군대는 이집트 군대를 추격한 뒤에 다시 예루살렘으로 돌아와 진을 치고 성읍을 공략했습니다. 그렇게 해서 시드기야 왕 11년 4월 9일에 성읍이 서서히 무너졌습니다. 뿐만 아니라 시드기야 왕이 도피를 시도하였으나, 워낙 강력한 바벨론의 군대를 피하지 못하고 사로잡히고 말았습니다. 이스라엘 백성들의 희망이자 의지였던 왕 시드기야에 대해 표현하기를 '우리의 콧김 곧 여호와의 기름 부으신 자'라고 말합니다. '여호와의 콧김'이라는 말은 '우리의 생명'이란 뜻으로서 역시 시드기야 왕이 얼마나 그들의 기대였는가를 보여주는 것입니다. 그런데 시드기야 왕은 사로잡히고, 그 눈이 빼임을 받는 비참한 말로를 당하고 마는 것입니다. 시드기야 왕은 하나님을 의지하는 왕이어야 하는데 그렇지 않았습니다. 그들의 희망이었던 왕도 결국 의지할 대상이 되지 못하였습니다.

하나님을 바라보기보다는 인간적인 기대나 사람을 의식하여 넘어지지는 않았는지 살펴보아야 합니다. 사람을 기대하면 반드시 실망하게 되어 있습니다. 믿었던 사람에게 배신을 당하고, 의지했던 사람에게 상처를 받는 경우를 수없이 당했음에도 금년 한 해에 또 이런 일은 없었는지를 점검하고 하나님을 의지하는 신앙으로 새롭게 무장해야 합니다.

아무리 학식 있고 인격이 훌륭하게 보인다 할지라도 결코 사람의 기대를 충족시켜 줄 수는 없습니다. 자신들의 왕을 믿고 기대했던 유다의 백성들은 종국에 가서 가슴을 치고 한탄할 수밖에 없는 지경에 이르고 말았던 것을 보게 됩니다. 이 말은 서로를 믿지 말라는 말이 아닙니다. 성도들끼리는 서로 사랑하고, 용서하고, 신뢰하는 마음을 가져야 합니다.

그러나 항상 다른 성도들이나 이웃은 사랑하고 신뢰하되 자체가 하나님 앞에서 범죄한 인간이라는 사실을 항상 기억해야 하는 것입니다. 하나님처럼 완전하다고 믿는 것은 큰 잘못입니다. 만약 그렇다면 여러분은 항상 고통의 시간들을 피할 수 없을 것입니다. 오직 완전하신 분은 하나님밖에 없다는 것을 더욱 확신해야 합니다. 특히 경제적인 문제들로 말미암아 많은 어려움을 당한 한 해였습니다. 국가적인 불황으로 인하여 상당한 어려움을 당하게 되었습니다. 그런 여파로 성도들의 개인적인 곤란이 컸습니다. 이런 여러 가지 상황에서 사람을 너무 믿음으로 말미암아 상처를 주고받은 일들은 우리 자신을 다시 한 번 돌아보게 합니다. 사람은 사랑하고, 용서하고, 도와주어야 할 존재이지 하나님처럼 신뢰하는 대상이 아니라는 것을 돌아보는 기회가 되기를 바랍니다.

우리는 실패나 실수에 대해 지나치게 집착하지 않았나 돌이켜 보아야 합니다.(22)

이스라엘 백성들은 이미 하나님을 의지하지 않음으로 말미암아 실패했습니다. 그 실패에 대해서 당당히 인정해야 했습니다. 하나님께서 이제 유다가 바벨론의 포로생활로부터 자유를 얻게 하실 날을 선포하고 있습니다. 하나님은 당신을 의지하는 유다인들에게 다시는 고통의 멍에로 인해 괴로움을 당하지 않을 것을 선포하시는 것입니다. 하나님의 이런 약속이 주어졌다면 그동안의 실패나 실수는 완전히 잊고 다시 시작할 수 있어야 하는데 그들은 과거에 매여 앞을 향하여 나아가는 힘을 잃게 되었던 것입니다.

그것뿐만 아니라 그들은 실수와 실패에 대해 교훈을 삼아 위로하고 격려하여 다시 일어서도록 도와주어야 하는데 오히려 비방하며 이야기꺼리로 삼은 것은 하나님이 아주 싫어하시는 것이었습니다. 22절 마지막 부분에 "처녀 에돔아 주께서 네 죄악을 벌하시며 네 허물을 드러내시리로다"라고 하십니다. 이 말의 의미는 에돔의 백성들이 유다의 패망함을 보고 조롱하고, 멸시하는 행동을 했습니다. 그것에 대해 하나님은 기억하였다가 그들을 심판하여 다시는 그런 악언을 하지 못하도록 하겠다는 채찍의 표현인 것입니다. 이것은 하나님이 그 사랑하는 자녀들의 아픈 상처에 대해 얼마나 큰 관심을 가지고 있는지를 보여주는 것입니다.

이 말은 실패를 당연시 하자는 말이 아니라, 실패할 수 있지만 그 실패에 매여 앞으로 나아가지 못하도록 발목을 잡는 일은 없어야 한다는 말입니다. 예전에 어떤 놀이 프로그램에서 술래가 고무줄을 허리에 매고 밖에 있는 사람들을 잡기 위해 달려가다가 어느 정도에 도달하면 고무줄의 복원력 때문에 넘어지면서 안으로 끌려갔다가 다시 반복하는 게임을 한 적이 있습니다. 어느 정도의 한계에 도달하면 원위치가 되는 것입니다. 게임은 그럴 수 있지만 실제 우리의 인생은 그래서는 안 됩니다.

원래 인간은 연약하고, 부족하며, 그래서 지극히 불완전한 존재이기 때문에 실수나 실패도 경험하게 되어 있습니다. 그래서 비판을 하려면 그 비판에서 예외인 사람은 아무도 없습니다. 사람은 용서하고 이해하며 사랑해 주어야 하는 존재인 것입니다. 그러나 하나님은 믿음의 대상입니다. 그분은 우리의 기대에 부응해 주시는 영원하시고 완전하신 분이십니다. 아무것도 믿을 수 없는 세상에 사는 이 가련한 인간을 위해서 하나님은 예수를 이 땅에 보내셨습니다. 그분을 믿으면 믿는 자마다 자유와 해방을 얻습니다.

그런데 그 실패나 실수에 대해 지나치게 집착하고, 하나님의 인도와 도우심을 의심하지 않았는지 살펴보아야 합니다. 그러나 하나님은 우리의 생각과는 상관없이 회복하시고 도우시는 축복을 주십니다. 하나님의 회복이 있는데 우리는 늘 지난 시간들에 매여 헤어나지를 못합니다. 버릴 것을 다 버리고 주님 앞에 서기를 바랍니다. 가치 없는 일에 매이지 않았는지 점검해야 합니다.

성도들은 누구나 세상을 살면서 실패나 실수를 할 수 있습니다. 그러나 그 경험들이 앞으로 나아가는데 걸림돌이 되어서는 안 됩니다. 하나님은 여러분의 과거의 어떤 것도 묻지 않으시고, 다시 일어서기를 원하시고 있습니다. 그런데 성도들은 자꾸만 과거에 매이게 됩니다. 하나님은 여러분을 인도하시고 도우시는데 여러분은 계속 의심하지는 않았는지 돌이켜 보아야 합니다.

성도된 우리는 자신의 허물에 대해서는 하나님 앞에 기도하고 고백함으로서 용서받는 것을 믿으시고, 타인의 허물에 대해서는 관대하게 용서하는 삶을 사심으로 하나님이 여러분을 축복하시고 채워 주시는 은혜를 누리시기를 주님의 이름으로 축원합니다.

한 예화를 나누면서 말씀을 마치고자 합니다.

수술실에 들어가기 전에 잠시 혼자 있는 시간을 고집하는 의사가 있었습니다. 그는 매우 유명한 의사였기 때문에 후배 의사들은 '혹시 그의 성공과 이 독특한 습관 사이에 어떤 관련이 있는 것은 아닐까?' 하고 궁금하게 생각했습니다.

드디어 한 인턴이 그 이유를 물었습니다. "선생님, 선생님께서 수술에 들어가시기 전에 늘 혼자 있는 시간을 갖는 것과 선생님의 성공과 무슨 관련이 있습니까?" 그는 이렇게 대답했습니다. "네, 그것도 아주 밀접한 연관이 있지요. 수술 전에 저는 제 손을 인도해 달라고 위대한 의사 선생님께 도움을 구합니다. 수술 도중에 무엇을 해야 할지를 몰라 당황할 때도 왕왕 있지요. 그러나 다시금 수술을 진행할 수 있는 힘이 솟아난답니다. 그러기에 하나님의 도움을 구하지 않고는 결코 수술에 임하지 않습니다. 그건 생각할 수도 없는 일이지요."

성도 여러분!

본문의 말씀은 우리들에게 실패와 실수에 매여 앞으로 나아가지 못하는 연약함을 버리고 앞을 향하여 나아가라는 말씀을 받아들였습니다. 그런데 이 말씀의 더 깊은 의미는 이후에 이스라엘 백성들이 다시 로마의 속국이 되었던 것을 생각해 보면, 유다에 대한 약속이 아니라 예수님 안에서 영생을 누리고, 다시는 억압받지 않을 영원한 자유를 주시는 것을 말하는 메시야적인 약속인 것으로 이해할수 있습니다. 그러므로 우리는 예수 그리스도 안에서는 영원한 안식과 자유를 마음에 확신하고, 오직 예수님만 의지하는 삶을 사시기를 바랍니다.

그리스도 안에서 우리는 세상의 어떤 도움보다도, 인간의 어떤 도움보다도, 자신의 어떤 지혜로운 판단보다도 하나님을 신뢰하는 신앙이 있어야 합니다. 다른 성도들의 실수나 실패에 대해서는 정말 사랑의 마음으로 격려하고 위로하여 일으켜주는 그리스도인다운 삶을 회복해야 합니다. 이 연말에 주님 앞에서 이런 신앙을 회복하시고, 자신의 삶을 아름답게 결산하시는 여러분이 되시기를 주님의 이름으로 축원합니다.

내가 가야 할 목자의 길

김영일

저기 저 벗어날 수 없는 어둠에 앉아
가야 할 길이 없어 울부짖으며 난 양이라 한다
험하고 거친 길에 넘어져 피투성이로 난 양이라 한다
가면서 울고 앉아서 울면서 난 가야만 하는 양이라 한다
난 또 저기 저 벗어날 수 없는 어둠에 앉아
어찌할 수 없는 먼 하늘 바라보며 울고 울며 난 목자인데

가야 할 길이 있다면 가야 하나
건너야 하지만 건널 수 없는 시내가 있어 주저하고
넘어야 할 산을 쳐다보고 한숨짓는 난 목자이다
낭떠러지 앞에서 가라하시는 주님을 못 믿고
여기 수판을 튕기고 있는 난 분명 목자인데

푸른 초장도 잔잔한 시내도 내게 저 산 너머처럼
있음은 보이지 않아도 알고 들리지 않아도 아는데
저 산에 눈이 내렸음에 난 오늘도 주저하고 있다
저 산에 비가 내리고 있음에 난 여기 머뭇거리고 있다
그럼에도 난 분명 목자인데

올라 하고, 떠나라 하고, 가라 하고,
난 또 양이 되어 길을 달라고 아우성치며
난 또 푸른 초장을 달라 외치는 이들과 함께
난 오늘도 다시 일어서야 하고
다시 거기까지 걸어가야만 하는 난 목자인데